XaaS[자스]의 충격

모든 것이 서비스화하는 신 비즈니스 모델

닛케이산교신문(日経産業新聞) 편
NIKKEI BUSINESS DAILY
노규성, 박세정 역

[권말특집 한국편] 박세정 / 한국NFT거래소 이사장

★
(주)광문각출판미디어
www.kwangmoonkag.co.kr

머리말

인터넷의 보급이 본격적으로 시작된 1990년대 중반 이후 사반세기가 흘렀습니다. 처음에는 종량 요금제 전화회선으로 간신히 연결한 퍼스널 컴퓨터(PC) 화면을 통해 전 세계 어디든지, 지구 반대편에 이르기까지 다양한 정보를 문자나 영상으로 순식간에 공유할 수 있다는 사실에 그저 감동했었습니다.

그러던 것이 지금은 당시의 PC를 훨씬 능가하는 고성능 스마트폰을 항상 몸에 지니고 다니면서 고속 대용량의 무선통신으로 드라마나 영화 같은 동영상을 즐기며, 식사도 쇼핑도 전부 인터넷을 통한 택배나 통신판매에 의존하고, 인생의 파트너조차도 매칭 앱에서 찾기에 이르렀습니다. 실생활에서 인터넷과 연관되지 않은 부분이 더 적을 정도입니다.

인터넷과 연결되어 있는 것은 각 개인이나 소비자뿐만이 아닙니다. 현대사회를 지탱하는 각종 공업제품 혹은 제품군을 생산해 내는 제조 설비나 설비를 내포하고 있는 건축물, 도시 인프라 등 모든 사물이 인터넷과 상시 접속해서 관리할 수 있게 되었습니다.

이른바 IoT(Intenet of Things, 사물인터넷) 시대가 도래한 것입니다. 이에 따라 물건이나 물건을 만드는 것, 그 자체보다 이들로부터 인터넷을 거쳐서 얻을 수 있는 대량의 데이터를 활용한 공유 서비스 개발이나 효율 개선의 구조에 보다 높은 가치를 두게 되는, 서열의 역전을 낳게 되었습니다. 이것이 '제4차 산업혁명'으로 불리는 움직임으로, 인터넷이 초래한 혁명은 분명히 IoT에 의해 새로운 단계에 올라섰다고 할 수 있습니다.

이런 현상이 단적으로 드러난 것이 오랜 기간 산업계의 정점에 있던 자동차 산업의 동요입니다. '산업계의 꽃'이었던 자동차 제조 기업이 인터넷 혁명과 더불어 자율주행, 전동화 등 C.A.S.E (Connected/연결, Autonomous/자율주행, Sharing/공유, Electrified/전동화로 대변되는 미래차 패러다임)에 휘둘려 IT(정보기술) 기업이 플랫폼(기반)을 쥐고 있는 공유 서비스에 차량이나 제공하는 하청업체로 전락할지도 모릅니다. 그런 위기감에 떠밀려 막대한 연구개발 투자와 합종연횡을 감행하며 스스로 모빌리티(이동, Mobility)의 서비스화 'MaaS(Mobility as a Service – 마스)'에 대응하는 자동차 기업의 노력은 강렬한 인상을 주고 있습니다.

물건에서 서비스로, 소유에서 이용으로 향하는 움직임은 모빌리티에 머무르지 않고 모든 제품과 산업에 이르는 'XaaS(X as a Service – 자스)'로 발전하지 않을까, 그런 예감에서 이 책의 발간으로 이어지는 일련의 취재가 시작되었습니다. 이 책은 2019년 4월부터 2020년 3월에 걸쳐 〈닛케이산교신문〉에 장기 연재한 《XaaS의 충격》, 그리고 코로나 바이러스 유행으로 인한 정세 변화를 추가한 보완판 《XaaS의 충격 위드 코로나》를 가필 수정한 것으로, 첫 공개 인터뷰 등 새로 쓴 원고도 추가해서 정리한 것입니다.

니혼게이자이(日本經濟) 신문사의 일선 기자들은 지속적으로 취재하고 기사를 작성하면서, 100년에 한 번 있다는 변혁의 물결에 올라타려는 수많은 스타트업 기업가와 타 업종에서 새로운 업종으로 진출, 나아가서는 파도에 휩쓸려 떠내려가지 않으려고 자기 변혁과 외부와의 협업에 적극 나서는 기존 대기업들의 모습에 주목했습니다.

2020년 초부터 온 세계를 불안에 빠뜨리고, 아직도 수습될 전망이 서지 않는 코로나 사태는 사람이나 물건의 흐름을 정체시키며 기업의 경영 환경에도 큰 영향을 미치고 있습니다. 하지만 인터넷 혁명에 있어서는 오히려 한층 더 가속하는 역할을 하고 있으며, 그 결과 서비스화의 흐름은 멈추지 않고 발전하고 있습니다. 이 책은 모든 기업인이 자신의 경영 환경에서 생각했을 때 힌트를 얻을 수 있는 내용을 풍부하게 담고 있습니다. 이러한 내용들은 코로나 상황하에서도 동일하게 적용될 것입니다. 이 책에 등장하는 연령이나 직함, 명칭, 수치 등은 기본적으로 신문 게재 당시와 동일합니다.

닛케이산교신문(日経産業新聞)

목 차

제1장
코로나 사태도 막을 수 없는 XaaS의 물결

제2장
서비스화의 선두 주자 MaaS
– 국경을 초월한 경쟁

제3장

도심에서, 지방에서 움직이기 시작했다. - '일본형 MaaS'

interview 11

특집 한국편
한국형 XaaS, '손님이 짜다면 짠 거고, 손님은 왕이다'

제1장

코로나 사태도 막을 수 없는 XaaS의 물결

'밀접·밀집·밀폐'를 피해 출퇴근 합승

– MaaS 진화, 재검토되는 자동차 서비스

모든 사물이 인터넷으로 연결되어 서비스로 제공되는 'XaaS (자스)' 의 물결은, 신종 코로나 바이러스의 세계적 유행의 영향을 받아 어디로 향할 것인가. 감염 방지 대책이나 사람들의 의식 변화는 이동 (모빌리티 Mobility)을 서비스화하는 'MaaS(마스)'에는 역풍으로 보이지만, 변화에 적응해 서비스를 진화시키는 움직임은 이미 시작되고 있다.

도어 투 도어 배차 서비스로 출퇴근

2020년 6월 중순 어느 아침, 아이오이 닛세이 도오와 손해보험의 남성 사원(56)이 도쿄 시나가와구 자택 맨션에서 승합차를 타고 향한 곳은 근무처인 시부야구에 있는 본사. 회사가 이용하고 있는 출퇴근 전용 합승 배차 서비스 '니어미 커뮤트'를 통해 약 10분, 도어 투 도어로 이동한 것이다.

이전에는 근처의 JR야마노테선과 도보를 포함해 20여 분 걸리는 출근길이었는데, 신종 코로나 감염 리스크가 있는 '밀접, 밀집, 밀폐' 공간을 피하기 위해 픽업 서비스 이용으로 전환했다. 승합차는 최대 9인승의 대형차로, 합승 인원은 평균 3명에서 최대 5명으로 제한한다. 좌석 간 간격을 띄우고 소독과 환기도 철저히, 마스크 착용과 더불어 안심할 수 있는 공간을 제공하고 있다.

코로나가 MaaS를 진화시킨다.

이동은 보다 개별화 경향

nearMe(니어미) 도쿄 츄오

2020년 6월1일부터 시작한 출퇴근용 배차에서는 승차 시나 하차 시에 소독. 승객은 회사 직원들이므로 추적이 가능

출퇴근용으로 사전 예약을 받아 AI 로 배차 루트 설정

도쿄15개구 내의 자택 등 지정 장소

최대 9인승 승합차이며, 승차 인원은 3명 전후로 간격을 띄워 승차

도쿄역, 시부야역 주변의 기업

시부야   도쿄

Luup(루프) 도쿄, 시부야

2020년 5월 말에 소형 전동 어시스트 자전거의 공유 서비스에 진출, 처음에 60개소가 넘는 거점에서 스타트

이동 장소의 서비스도 확대

Mellow(멜로우) 도쿄, 치요다

음식업자용으로 푸드 트럭 정액제 서비스를 개시, 2020년 5월에 도쿄도 내에1호점을 개점

사원들은 "장마철에도 비 맞을 염려가 없어 좋다."라며 반기지만, 수지가 맞을까? 사실은 이 서비스, 하네다나 나리타 등 공항에 픽업 배차 서비스를 제공하는 스타트업 'Near Me'(니어미, 도쿄)가 코로나 사태로 인해 항공 이용이 급감하게 되자 새로 시작한 서비스다.

직원들의 출퇴근에 대량 수송하는 대중교통 기관은 피하고 싶은데, 1명밖에 태울 수 없는 택시는 비용이 많이 든다는 것이 기업의 고민. 그렇다면 소수 인원이 합승하는 방식이라면 수요가 있을 것이라는 생각에 "당장 시작하자!"(니아미의 다카하라 코이치로 사장) 그래서 4월부터 거래처 등에 홍보를 시작했다. 예상은 적중, '아이오이 닛세이' 외에도 '도쿄 카이죠니치도 화재보험', '도쿄 다테모노' 등 총 10개 기업의 참여를 얻어 6월 1일부터 개시했다.

참가 기업 사원들로부터 받은 사전 예약을 바탕으로 인공지능(AI)을 사용하여 효율적인 배차 경로를 짠다. 루트에 따라 여러 택시회사로부터 단시간 렌트를 받아, 매일 아침 5~10대를 운행. 공항 픽업으로 이미 실적이 있는 시스템을 사용해 출근길에 필수적인 '시간도 정확'하다고 호평을 받아 문의가 늘고 있다. 향후에는 대상 지역을 확대하고 문의가 많은 자택까지의 픽업 서비스도 검토할 예정이다.

'만원 지하철 등을 기피'가 90%

'Near Me'가 주목한 기업의 새로운 니즈는 감염 예방과 경제 활동을 양립하는 '위드 코로나' 시기에 높아질 것 같다. '빅그로브'(도

_{쿄, 시나가와)}의 조사에 따르면 개인들도 방역을 의식하여 외출을 꺼리는 사람이 70%를 넘고, 만원 지하철 등을 꺼리는 사람은 90% 가까이에 달한다고 한다.

이러한 가운데 사람들이 신종 코로나에 굴하지 않고, 이동할 필요가 있을 때 이동할 수 있도록 서비스를 제공하겠다고 나선 회사가 있다.

코로나 후의 이동 방법은 세계적으로도 중장기적으로 바뀔 듯

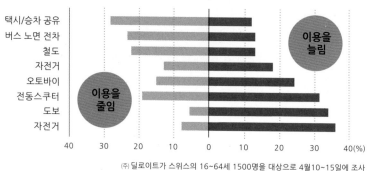

㈜ 딜로이트가 스위스의 16~64세 1500명을 대상으로 4월10~15일에 조사

일본 내에서도 코로나 이후, 외출이나 혼잡을 기피

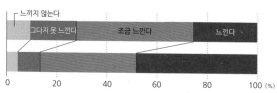

㈜ 딜로이트가 전국 성인 20~60대 1,000명을 대상으로 5월 26~27일에 조사

미국과 유럽에서 시작한 전동 킥보드(전동 킥스케이터) 보급의 선두 기업인 루프(LUUP)는 5월 25일부터 소형 전동 어시스트 자전거의 공유 서비스를 개시했다. 이 회사의 오카이 다이키 대표는 "(개인이 근거리 이동 수단으로 삼는) 마이크로 모빌리티를 확산시키려고 합니다. 전동 킥보드는 그 첫 단계입니다."라고 말한다.

신종 코로나에 따른 외출 자제로 인해 음식점에서도 포장이나 배달 수요가 증가한 것을 보고, 준비하고 있던 공유 자전거 비즈니스의 진출을 앞당겼다. 음식점 앞을 자전거 주차장으로 사용하는 대신에 이용료의 5~10%를 식당 측에 지급하는 구조를 제안해 단기간에 시부야 주변 65개소에 촘촘하게 자전거를 배치하게 되었다.

등록 회원은 2,000명을 넘어섰고, 외출 자제 완화에도 대응하여 평일에는 음식 관련 외에 회사 출퇴근용으로, 주말에는 연인들의 데이트용으로도 이용이 늘고 있다고 한다(오카이 대표). 원거리 이동은 부담되지만 근거리 이동에 대한 니즈는 앞으로도 높아질 것으로 보고 시부야 이외 지역으로의 확대도 순차적으로 추진할 계획이다.

위드 코로나 시대의 모빌리티는 세계적으로 개별적 성향이 강해진다. MaaS 선진국 스위스의 조사에서는 대중교통에서 자전거나 전동 스쿠터 이용으로의 전환이 확연히 나타나고 자동차 이용도 늘어났다. 딜로이트 토마츠 그룹의 히로세 시로 매니저는 "역이나 도로 등 교통 관련의 도시 기능에 대한 재배치 논의가 진행될 가능성도 있으며, 중요한 사업 기회로 인식해 가는 관점도 중요하다."라고 지적한다.

이동 음식 '고객이 안 오면 내가 간다'

위드 코로나는 이동 서비스와 타업종이 결합해 새로운 가치를 낳는 Beyond MaaS(비욘드 마스)도 촉진하고 있다.

이동 판매 차량으로 음식 서비스 제공을 지원하는 스타트업 멜로우(Mellow)는 신종 코로나 바이러스의 감염 확대로 인해 긴급 사태 선언 중이었던 4월 말, 음식업계용 서브스크립션(정액제)을 시작했다. 진입장벽을 낮춰 점포 개설을 늘리려는 목적이다.

서브스크립션 1호로 5월부터 도심부에서 일식 판매를 시작한 도야마 슈사쿠 씨는 "이런 입지에서 개인적으로 점포를 빌려 임대료나 인건비를 조달할 정도로 매상을 올리기는 어렵다."라고 판단해 이동 판매를 선택했다. 코로나로 인해 "고객이 오지 않더라도, 이쪽에서 고객을 찾아가서 팔 수 있다는 건 매력적"이라며 자신감을 보인다.

멜로우는 6월에 사이타마시와 오사카의 도요나카시와 연이어 제휴 협정을 맺었다. 신종 코로나의 영향으로 기존의 요식업과 관광업이 부진한 가운데, 부담 없이 이동 점포를 불러들여 지역에 활기를 불어넣고 창업 지원으로 연결시키려는 지자체와 사업 확대를 위해 새로운 판로를 찾던 멜로우의 이해가 맞아떨어진 형태이다

자동차 업계, 가속 늦추지 않아

한편 'CASE'로서 커넥티드카(통신망에 연결된 자동차)나 자율주행, 전동화와 함께 공유 및 서비스에 지금껏 주력해 오던 자동차 업계는 신종 코로나 영향 아래서 앞으로의 방향을 어떻게 전망하고 있을까?

토요타 자동차는 다양한 모빌리티 서비스 개발을 추진하는 방침을 일관하고 있다. 예를 들면 승차 공유 대기업인 미국의 우버 테크놀로지스와는 2021년에 자율주행차를 투입할 계획으로 공동 개발을 추진하고 있다. 식료품 배송이 순조롭게 성장하고 있어 "승차 공유 기업과의 제휴는 흔들림이 없다. 자율주행 개발 등 장기적 전략으로 추진해 나갈 것이다."라고 강조한다(토요타자동차 간부).

2021년부터 시즈오카현에 건설할 예정인 실증 도시 '우븐 시티(Woven City)'에 대해서도 계획은 변함이 없다. 스마트시티(차세대 도시)로 자리매김하고 CASE 등을 연구하기 위해 NTT 등과 협력하여 개발을 추진한다.

모빌리티 서비스는 다양화하여 정착

파크24 (차량 공유)	차량 대수 27,870대, 회원수 138만 6,000명(2020년 4월 시점)으로 5년간 2~3배 증가
이돔 (IDOM)(자동차 구독)	초보용 서비스에서는 월정액 29,800엔부터 다이하츠공업의 경승용차 CAST 등 이용 가능
도코모 바이크 셰어 (공유 자전거)	회원수 75만 명(2020년 3월 말 시점)으로 2년간 2.2배 증가 대출 거점 수는 2019년 말 시점에서 약 1,500개소 4월 신규 등록 수는 3월 대비 20% 증가

일반 이용자 대상 서비스도 신형차 구독 서비스 '킨토(KINTO)'에서 5월 26일부터 일부 차종에 한해 계약 기간이 5~7년인 장기 플랜을 추가하는 등 확충하고, MaaS 앱 '마이루트(my route)'의 서비스 지역을 후쿠오카 등에서 구마모토현의 미나마타 지역과 요코하마로 확대하는 등 순조롭게 진행하고 있다.

닛산자동차의 CEO 우치다 마코토 사장은 "자동차는 3밀(밀접, 밀집, 밀폐)을 피하는 공간으로 재평가되고 있습니다. 자율주행과 승차 공유 등을 함께 제시해 오던 기존의 전략에 대해 그 필요성을 재인식하게 됐습니다."라고 말한다. 닛산자동차는 자사에서 취급하는 차량 공유 서비스에 출퇴근용으로도 편리하게 이용하도록 6월 1일부터 평일 한정으로 정액 플랜을 도입했다.

"이동할 수 없는 고통을 전 세계인이 실감했으며, 밀집에 대한 불안도 생겼습니다."라고 말하는 혼다의 하치고 다카히로 사장은 "안전하고 안심할 수 있으며 개별적인 이동이 어느 정도 자유로운 것이 요구된다."라고 지적한다. 혼다 사장도 자사의 차량 공유 서비스에서 5일 이상 연속 사용자용 쿠폰과 토/일/공휴일의 단시간 플랜을 마련해 이용을 끌어내고 있다.

공유 서비스는 회복될 것

다만 자동차를 낯선 타인과 공동으로 사용하는 차량 공유나 이동 중에 차량 내부 공간을 공유하는 승차 공유에 대해 자동차 기업 중에는 신종 코로나 감염 예방 의식 때문에 "지금까지와 같은 공유 서비스의 보급은 어려워질 것으로 본다. 이용에서 소유로의 흐름으로 되돌아갈 가능성은 열려 있다."라는 견해도 있었다(혼다자동차 간부).

이에 대해 토요타 간부는 "중국에서는 디디추싱의 이용자 수가 회복되고 있다."라고 하면서, 소독이나 비말을 막는 칸막이 등 불안 해소책은 필요하겠지만, 감염 수습 이후의 승차 공유 이용 회복에 대해 자신감을 드러내고 있다. 그렇다면 차량 공유는 어떤가?

최대 기업 타임즈 카셰어의 '파크24(PARK24)'에서는 2~4월의 차량 공유와 렌터카를 합친 사업 매출이 지난해 같은 기간보다 9.6% 감소하는 등 외출 자제의 영향이 있었다. 5월에는 수익성이 낮은 렌터카를 축소시킨 여파도 있어 동 사업의 매출액은 절반으로 감소했다.

다만 차량 공유에 한해서는 회복세도 보인다. 5월 25~31일의 이용자 수는 4월 25일~5월 1일에 비해 16% 증가했다. 8월 1일까지 기간 한정으로 야간 정액 요금을 일괄 480엔으로 하는 등 수요 부양 효과도 있지만, 도심에서 근거리 이용이 늘어나며 쇼핑 등 일상 이용으로 전환되고 있다.

미쓰이부동산리얼티가 운영하는 '카레코(careco)'에서도 6월 2일~8일의 신규 회원 등록자 수는 5월 18일~24일의 약 1.6배가 되면서 2019년의 평균 수준을 웃돌았다.

신종 코로나는 그 자체가 이용의 계기가 되기도 한다. 중고차 판매점 '걸리버'를 운영하는 이돔(IDOM)의 서브스크립션 '노렐(NOREL)'에서는 4월 이후 신규 이용자의 약 25%가 이용 목적이 코로나 방역을 위해서였다.

노렐 시스템을 이용하여 의료 종사자 등 1만 명에게 자동차를 무료로 빌려주는 이동 서비스를 4월 하순에 시작했는데, 무료 이용이 종료된 후에도 그대로 노렐로 옮겨온 사람이 많았다. 차량 점검이나 자동차세 지급 절차 등이 필요 없으며, 구매할 때와는 달리 곧바로 타고 다닐 수 있기 때문에 자동차 출퇴근에도 즉시 대응할 수 있다는 점이 좋은 평가를 받고 있다고 한다.

다양해진 모빌리티 서비스가 영역을 넓혀 자동차를 소유의 개념
으로만 보았을 때는 생각할 수 없었던 수요를 창출했다는 사실은
부정하기 어렵다. 신형차의 수요 감소에 고민하던 자동차 업계도
계속해서 서비스화의 고삐를 늦출 수 없을 것 같다.

CHAPTER 2

대중교통을 타지 않고도 이동할 수 있다

– 맞춤형 MaaS

경제 활동을 유지하고 신종 코로나 바이러스 감염 방지를 병행해야 하는 위드 코로나 시기가 도래했다. 철도나 버스 등 대중교통은 3밀(밀폐, 밀집, 밀접)의 우려 때문에 기피하는 추세이며, 인바운드(일본 방문 외국인)를 기대하던 관광도 가까운 시기에는 회복하기 어려울 것으로 보인다. 교통 관련 사업자는 차세대 이동 서비스 MaaS를 활용하여 디지털의 힘으로 일상에서의 이용을 더 촉진하는 전략으로 역경에 맞서고 있다.

승객 수 반감

국토교통성의 조사에 따르면, 2020년 5월의 철도 승객 수는 민간 철도의 70%, 공영 철도의 90%에 해당하는 사업자가 전년 동월 대비 50% 이상 감소한 것으로 나타났다. 버스 승객 수도 일반 노선에서는 약 50% 감소, 고속버스의 경우 약 90% 감소로 추락했다. 긴급사태 선언 해제로 6월부터는 어느 정도 회복을 기대하지만 원래 수준에 도달하기까지는 갈 길이 멀다.

각 지역 간 경계를 넘나드는 이동에 대한 자제 요청은 6월 19일

chapter 2. 대중교통을 타지 않고도 이동할 수 있다 **23**

부터 해제되었다. 그러나 신종 코로나의 감염 우려가 여전히 남아 있는 가운데, 교통 사업자가 2019년부터 여행자들이 이곳저곳을 자유롭게 즐길 수 있도록 마련한 '관광형 MaaS'는 당분간 힘든 상황이다.

한편 새롭게 맞서는 사업자는 필연적으로 위드 코로나에도 대응이 가능한 MaaS를 목표로 한다. 도쿄 지하철(도쿄메트로)이 시작한 'my! 도쿄 MaaS'가 대표적인 사례라고 할 수 있다.

우선 기존의 '도쿄 메트로 앱'을 개선하여 지하철이나 상호 직통 노선 연장 철도에 추가로 버스나 택시, 공유 자전거 등 여러 이동(모빌리티)을 망라하여 다양한(multimodal) 경로 검색이 가능한 MaaS 앱을 만들었다. 이 정도에서 그친다면 이동의 '최적화', '효율화'에서 타사와 별 다를 바 없지만, 특징적인 것은 도쿄 메트로임에도 불구하고 '지하철을 타지 않는' 선택지도 제공하는 기능이다.

도쿄 메트로의 MaaS 앱

도쿄 메트로는 다른 이동 서비스와 제휴하여 동네에 밀착

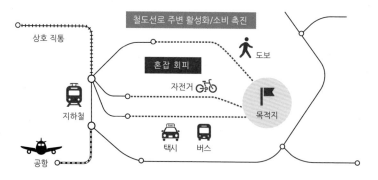

이 기능은 20년도 하반기에 추가할 예정으로, 예를 들면 목적지보다 한 정거장 앞의 역에서 내려 공유 자전거나 도보를 이용해 목적지에 도착하는 루트를 앱에서 제공한다. 자전거나 도보를 지하철 이동에 끼워 넣어 건강 증진이라는 부가가치를 제공하는 것인데, 위드 코로나에서는 혼잡을 피한 스마트한 이동 서비스라는 의미도 갖는다.

"혼잡을 피하고 싶은 고객에게는 정보를 제공하여 도움을 주는 것이 MaaS의 첫걸음이다."(ICT전략부 이시카와 아츠시 과장). 원래는 '내 스타일 도쿄'라는 이름을 붙여 이용자 개개인의 목적이나 기호에 맞추는 방향성이었는데, 이것이 신종 코로나로 인해 가속화됐다.

MaaS의 일환으로 역에 순차적으로 설치하고 있는 개인용 공간 '코코데스크(CocoDesk)'에서 이용자가 비어 있는 시간에 원격근무를 할 수 있도록 하는 서비스도 검토 중이다. 도쿄 내 각 지역의 마을버스들을 갈아타고 다니며 거리 구경도 하고, 디지털 쿠폰으로 음식점 등도 이용하는 서비스도 추가하여 철도 선로 주변을 활성화시킬 것이다.

지역 밀착도 가속화

위드 코로나에서 대중교통 주체인 MaaS는 외국인 관광객까지 불러들인 관광지 둘러보기에서 철도 선로 주변을 즐기는 일상적인 이용으로 회귀하여 지역 밀착 색채가 강해질 것 같다.

오다큐전철 앱 'EMot(에모트)'의 경우, 하코네 관광용 프리패스는 4~5월에 판매를 일시 중지하였다. 한편 가와사키시 신유리가오카 역의 상업 시설에서 쇼핑하는 고객을 대상으로 앱에서 제공하는 버스 왕복 무료 티켓은 이용이 그다지 줄지 않았다. "관광과 일상생활 이용의 조합이 오다큐 MaaS의 특징인데, 역시 일상생활 이용 부분에 강점이 있다."(경영전략부의 니시무라 준야 과장)라는 사실이 확인된 셈이다.

코로나로 외출 자제 중에도 오다큐전철의 MaaS 앱을 통해 신유리가오카역에서 출발·도착하는 버스의 무료 티켓이 사용되었다.

CHAPTER 3

효율적인 이동으로 일본형 서비스를 추구

지방도시의 출퇴근 정체를 MaaS로 완화

대기업 공장이나 중소기업이 밀집된 공업단지에서 자가용 출퇴근 러시가 매일 아침, 저녁으로 교통 정체를 일으키고 있다. 일본 각지에서 볼 수 있는 과제 해결의 한 예라고 할 수 있는 움직임이 히타치제작소의 창업지인 이바라키현 히타치시와 그 주변에서 시작되었다.

현지에서 버스를 운행하는 미치노리홀딩스그룹이 히타치제작소와 히타치시 등과 제휴하여 2020년 2월 3일~28일까지 약 1개월간에 걸쳐 실증 실험을 실시했다. 핵심은 전용 MaaS 앱으로 호출할 수 있는 디맨드 버스(demand bus)를 이용한 출퇴근 서비스였다. 앱의 다운로드 수는 목표치인 500건을 웃도는 856건에 달했다.

어느 2월의 평일 아침 7시가 조금 넘은 시각, 이바라키현 히타치나카시의 간선도로변에서 히타치제작소 직원(55)이 디맨드버스를 기다리고 있다. 평상시는 자가용으로 25분 정도 걸려 근무처인 히타치 시내의 공장 오미카 사업소까지 다니는데, 이날 밤에는 사내 친목회에서 회식이 예정되어 있어, 출퇴근하는 데 40여 분이 걸리

MaaS는 지방도시에도 도심에도 확산

자가용 사회의 과제 해결에 일조

- 이바라키현 히타치시와 그 주변 -

기존 | 출퇴근도 생활도 자가용으로

MaaS를 통해 선택 가능

앱을 통해 | 출퇴근은 디맨드 버스

쇼핑이나 병원 갈 때는 합승 택시.

노선버스나 자율 주행 BRT로 갈아 타기도

지만 '제시간에 도착'한다는 디맨드 버스를 선택했다.

디맨드 버스는 앱을 통해 이용 일시와 근처의 승강 장소를 지정하여 예약하면 그곳으로 버스가 데리러 오는 구조이다. 실험에서는 히타치 사원에 한전하여 유료 서비스로 제공하고, 승객은 신용카드 결제로 사전에 500엔을 지급했다.

버스나 전철을 갈아타는 것과 비슷한 시간이 소요되며 약 70엔 정도 비싸지지만 거의 도어 투 도어(Door to Door)로 공장까지 갈 수 있어서 문제되지 않는다. 10명 정도가 타는 아침도 있어, 아침 출근 이용자 수는 비교적 많은 것으로 보인다.

비교적 높은 산이 태평양 근처까지 근접해 있는 히타치에서 공장이나 연구 시설에 차량으로 접근하려면 해안을 따라 협소한 평지를 남북으로 달리는 6번 국도 같은 간선도로를 지나지 않을 수 없다. 시간대에 따라서는 출퇴근 차량이 집중해 주행 속도 면에서 '이바라키현 내 최악'이라는 정체가 만성적으로 발생한다.

이들 자가용 이용자들이 일부라도 대중교통으로 전환하면 교통 체증은 줄어드는데, 기존의 노선버스는 운행 편수가 적고 정류장도 한정돼 있어 불편하다. 예약을 통해 버스를 호출하는 출퇴근 디맨드 서비스는 이러한 약점을 가진 대중교통을 보완하는 대책이기도 하다.

콤팩트시티 구상과 MaaS를 링크

그 밖에도 실험에서는, 교외 단지에 살며 이전에 히타치에 근무했지만 지금은 은퇴한 고령층 주민들의 발이 되어 주는 합승 택시를 운행했다. 시내 노선버스나 철도 폐선로를 전용도로로 재활용해 버스를 운행하는 BRT(Bus Rapid Transit, 버스 고속 수송 시스템)를 무제한으로 이용할 수 있는 1일 승차권도 앱에서 판매해 환승을 지원했다.

BRT에서는 자율주행 버스 실험도 간헐적으로 실시했으며, 또한 BRT와의 환승이 수월해지도록 2019년 4월부터 약 50개의 버스노선 재편도 추진하고 있다. MaaS는 정부의 지원도 얻어 2020년도에도 기능을 확충할 방침으로, 앱 이용이나 운행에 대한 "데이터를 히타치시와 공유해 교통의 최적화로 연결시켜 나갈 것이다"(이바라키교통의 나카노 도쿠노리 집행임원)라고 한다.

히타치시는 BRT 주변의 택지 조성에 보조금을 지원해 거주 유도를 꾀하는 '콤팩트시티(Compact City)' 시책도 추진하고 있다. 이와 더불어 테크놀로지를 구사한 MaaS와 새로운 모빌리티, 자율주행이 결합하여 효과를 올리면 지방의 이동 변혁의 모델이 될 수도 있다.

실시간 검색으로 출퇴근 경로를 최적화

MaaS를 통한 출퇴근 개선은 지방이나 교외 도시에만 해당되는 것은 아니다. 일본을 대표하는 대도시 지역, 도쿄에서도 움직임이 있었다. 그중 하나가 도쿄 서부의 중심지 다치카와역 주변에서 오다큐전철과 JR 동일본, 경로 검색 서비스를 제공하는 Val 연구소가 제휴하여 2020년 1월 말~3월 13일까지 실시한 실험은 새로운 모빌리티의 투입도 없어 언뜻 보면 단순해 보이지만 의욕적인 시도였다.

다치카와역 주변에서 출퇴근 이동하는 사람들을 위한 MaaS 앱에서 실시간 운행 정보를 반영해 루트 검색 결과에 버스나 철도의 지연 정보를 추가할 수 있는 '실시간 검색 기능'을 제공했다. 예를 들면, 이 기능을 통해 평상시 타는 버스가 정체 등으로 지연되고 있는 것이 검색으로 확인되면, 다른 이동 경로를 통해 역까지 가는 것이 가능하게 되었다.

다치카와에서 도심 방면으로 갈 때는 JR 츄오선(中央線)의 '츄오특급'이나 '쾌속', 그리고 중간 역에서는 소부선(総武線) 직통 완행이나 도쿄메트로 도자이선(東西線) 직통 등의 여러 루트가 있다. 이들도 실시간 검색에서 최단 시간 경로는 변경될 수 있다. "검색 대상이 넓어지면 행동 변용을 일으킬 가능성이 있다."(Val 연구소)라는 가설 아

래, 보다 효율적인 출
퇴근 이동이나 비즈니
스 이동의 수요를 기
대하고 개발과 기능
강화를 계속해 나갈
것이다.

세계적인 신종 코로
나 바이러스의 감염
확대는 단기적으로는
도시 봉쇄, 록다운
(lockdown)이나 외출 제한
등을 초래해 사람들의
이동을 막기 때문에
MaaS 보급에는 역풍
이 된다. 게다가 홋카
이도에서 오키나와까
지 일본 전역에서 일
어난 MaaS의 상당수
는 인바운드(입국 관광객)를

실시간 검색으로 효율적인 출퇴근

-다치카와역(도쿄도 다치카와시) 주변-

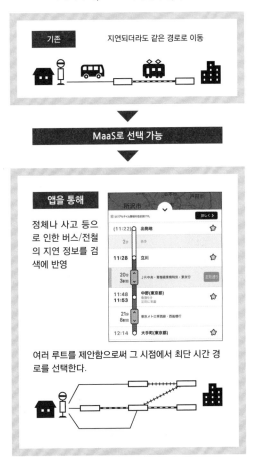

포함해 타 지역에서 온 방문객들의 관광과 이에 수반되는 소비를
끌어내기 위한 관광형 MaaS다.

배를 이용한 '바다 MaaS'도 등장

관광형 MaaS의 다양성은 확대되어 육지에서의 이동 수단뿐만 아니라 해상의 배를 추가한 '바다 MaaS'까지 등장하여 긴테쓰 그룹 홀딩스가 미에현의 시마 지역에서 2020년 1월~3월에 실험을 실시했다. 또한, 스타트업에서도 도쿄대학의 벤처기업 스킴버지(scheme verge)가 세토 내해 섬들을 잇는 소형 선박을 온디맨드로 호출할 수 있는 해상 택시와 관광 플랜을 세트로 예약할 수 있는 앱을 제공하고 있다.

신종 코로나가 관광형 MaaS에 미치는 영향은 심각하다. 니가타시의 관광 택시 합승 서비스의 경우, 2020년 3월 말까지 실시 예정이었던 것을 같은 달 3일로 앞당겨 종료했으며, JR 서일본의 MaaS 앱 '세토와(setowa)'가 자유 관광 디지털 티켓을 일부 판매 중지하기도 했다. 전동 킥보드 등의 실험에서도 중지나 연기하는 일이 잇달았다.

도쿄올림픽 연기로 차세대 서비스 선보일 무대 잃어

신종 코로나 감염 확대로 도쿄올림픽이 연기된 것도 영향이 있다. 토요타자동차를 비롯한 각 관련 업체들은 자율주행 기술과 차세대 모빌리티 서비스 등을 선보일 무대로 올림픽을 겨냥하고 있었다. 이러한 이벤트들은 재검토를 피할 수 없을 것 같다.

해외에서는 모빌리티를 선별적으로 취하는 경향이 보인다. 중국에서는 감염 리스크가 우려되는 지하철이나 버스 등을 기피하는 출퇴근 승객들로 인해 공유 자전거 이용이 증가하는가 하면, 반대로 미국의 우버 테크놀로지스나 리프트는 감염 확대를 우려하여 승차 공유 서비스를 2020년 3월 17일부터 일시 정지했다.

이에 대해 신종 코로나 유행이 수습된 후에도 "이동을 꼭 필요로 하는 사람들에게 얼마나 안전하게 안심하고 이동할 수 있는지를 어필하는 것이 중요해질 것"이라고 고속버스 대기업 월러(WILLER)의 무라세 시게타카 사장은 지적한다.

일본이나 대만, 아세안(ASEAN) 여러 나라에서 MaaS 전개를 목표로 하고 있는 이 회사는 신종 코로나의 영향으로 서비스 개시나 자율주행 실험 등이 지연되어 사장 자신도 거점인 싱가포르에서 어쩔 수 없이 발이 묶이게 되었다. 하지만 건물 출입자들의 체온을 재는 등 방역 조치를 철저히 함으로써 시민들이 안심하게 되고, 그 결과 사람들의 왕래가 회복되어 가는 싱가포르의 모습을 직접 목격하고 코로나 이후의 방향에 대한 힌트를 얻었다.

위드 코로나 시대의 이동 서비스, 힌트는 '안심'

승객들의 체온을 재거나 차량 소독, 차내의 혼잡 완화 등 하드웨어 면에서의 안심감을 높일 뿐만 아니라, 소프트면에서도 이동에 영향을 주는 재해 정보나 안전한 루트에 대한 정보 등을 앱을 통해 제공함으로써 안심감을 줄 수 있을 것이다. "이용자가 원하는 정보를 총망라하여 제공하고, 판단은 이용자 본인에게 맡기는데 원스톱으로서 MaaS의 의미가 있습니다."라고 무라세 사장은 말한다.

실제로 월러(WILLER)는 우선 일본 내에서 운행하는 고속버스에서

비말 방지나 차내 환기, 소독, 바이러스 제거 등의 하드웨어 측면의 대책과 더불어, 정보를 통해 혼잡 상황의 가시화 등 소프트웨어 측면의 대책을 세웠다. 스마트폰으로 실시간 혼잡 상황을 확인하면서 좌석이나 편수를 지정 예약할 수 있고, 출발 시각 전까지는 좌석 변경이나 다른 편으로 대체가 가능한 서비스를 도입하겠다고 발표했다.

외출 자체에 규제가 가해지는 상황에서는 여하튼 감염 리스크에 주의하면서도 이동할 수만 있다면 이용자가 주체가 되어 자신의 니즈에 맞추어 최대한 활용할 수 있도록 모든 선택지를 제공하는 MaaS는 코로나 이후에는 더욱더 강점을 발휘할 것으로 예상하고 있다.(일본종합연구소 창발전략센터 이노우에 다케이치 시니어 스페셜리스트)

데이터의 힘으로 고민을 해결하는 것이 XaaS

유럽에서 시작한 MaaS를 일찍이 일본에 소개하고, 공동 저서도 다수 출간한 바 있는 이노우에 씨는 "모빌리티가 바뀌면 이동 목적지도 바뀌게 되고 거리의 구조도 바뀌게 된다."라고 지적한다. 이용자의 기호를 데이터로 파악할 수 있는 MaaS가 고속 대용량을 특징으로 하는 5G 등의 고속통신 규격과 결합하여 중장기적으로 도시 자체를 바꾸어 갈 것이 분명하다.

2020년 3월 24일에는 토요타자동차와 NTT가 이동 데이터 등을 수집·분석하여 효율적인 도시를 실현하는 스마트시티(차세대 도시) 개발을 위해 자본·업무 제휴를 발표했다. 두 회사가 2,000억 엔을 상호 출자하는 데까지 발을 들여놓은 것도 이 같은 역동적인 이동 혁명에 뒤처지지 않기 위해서다.

기존의 자동차를 비롯한 다양한 사물이 이동을 필두로 하는 각종 서비스로 바뀌어 사람들에게 밀착하고 데이터의 힘으로 고민을 해결하거나 혹은 욕망을 실현함으로써 그 대가를 얻어 간다. 이러한 XaaS 시대의 도래는 신종 코로나의 어둠 저 끝에 실제로 이미 희미하게 보이고 있다.

CHAPTER 4

코로나 사태,
이동 공유 서비스에 직격탄

일본에서 철수

신종 코로나 바이러스의 감염 확대는 이동 관련 공유 서비스에 직격탄을 날리고 있다. 미국이나 유럽 등에서도 도시 봉쇄(록다운)에 따른 외출 제한 영향으로 축소나 중지가 잇따르고 있어 각 업체들은 경영에 어려운 국면을 맞이하고 있다.

일본 내에서는 전동 킥보드(킥스케이터)를 서비스하는 윈드모빌리티 재팬이 사이타마시와 치바시에서 운영하고 있던 공유 서비스를 2020년 4월 말에 종료했다. 이 업체는 전동 킥보드 차체 판매와 서브스크립션(정액제)으로 렌탈 서비스도 제공하고 있었는데 전부 종료하고 일본에서 철수했다.

전동 킥보드는 일본에서는 현행 도로교통규제법상 원동기 장치 자전거로 취급된다. 윈드모빌리티 측은 이에 대응하여 원동기 장치에 필요한 사이드미러 등을 갖추고, 번호판을 취득한 차체를 마련하고, 현지 경찰과 지자체 등과 조정을 거쳐 2019년 3월부터 사이타마시에서 일본 최초로 공공도로에서의 공유 서비스를 개시했으며, 같은 해 7월부터는 치바시에서도 실증 실험으로 제공했다.

2020년 2월에는 최신 기종 투입도 발표해 놓은 상황에서 벌어진 일이었다.

서비스 종료를 발표한 윈드모빌리티(Wind Mobility)는 "신종 코로나 바이러스의 영향으로 글로벌 실적이 부진하다."라는 이유를 들었다. 코로나로 인한 외출 제한의 여파로 본사가 있는 독일에서 일시 중지로 내몰렸고, 그 외 유럽 여러 나라에서도 의료 종사자들의 단거리 이동 전용으로만 제공하는 정도로 일시 축소했다.

같은 업계인 루프(Luup)나 미국 라임(Lime) 등이 각각 일본 내에서 예정하고 있던 실증 실험이 일시적으로 백지화되었다. 라임은 버드(Bird)와 함께 세계 100여 개 도시에 사업을 전개하고 있는 대기업인데, 한국을 제외한 모든 시장에서 서비스를 일시 중지했다.

전동 킥보드는 차세대 이동 서비스 MaaS로 대중교통이나 자동차가 커버할 수 없는 근거리 이동의 다리 역할을 할 것으로 기대되고 있다. 정부도 규제에 대한 재검토를 본격적으로 논의하고 있던 차에 신종 코로나가 찬물을 끼얹은 셈이다. 운영 기업은 외부 자금에 의존하는 스타트업이 대부분으로, 지속적인 운영과 사업 규모의 적절화 등이 요구된다.

안전성 어필에 주력한다

배차 서비스에서는 크루(CREW)라는 브랜드명으로 자기 소유 차량으로 픽업을 하는 운전자와 승객을 매칭하는 아지트(Azit)가 7개 지자체에 긴급 사태 선언이 발령된 후인 2020년 4월 8일 오후 6시부터 도쿄에서의 서비스 제공을 접었다. 그 후 한때 전국에 확대된 긴급 사태 선언이 같은 해 5월 25일 전면 해제된 뒤에도 이 회사는 계속해서 서비스 정지 상태에 있다.

아지트의 서비스는 유류비 정도의 실비만 승객이 부담하는 서비스로, 사례비를 임의로 정해 유료 픽업하는 승차 공유와는 구별되지만 픽업 서비스를 제공한다는 점에서는 동일하다. 미국이나 유럽에서도 외출 제한의 여파로 승차 공유 이용은 격감하고 있다. 미국의 대기업인 우버 테크놀로지스(Uber Technologies)와 미국의 리프트(Lyft)는 배차 서비스 중 목적지가 같은 방향인 승객을 합승시키는 서비스를 유럽과 미국에서 2020년 3월 17일부터 일시 중단했다.

신종 코로나의 감염 확대에 제동이 걸려 외출 제한이 완화되어도 회원끼리라고는 하지만 모르는 사람과 차체나 차내 공간을 공유하는 공유 서비스에서는 코로나의 유행이 종식되지 않는 한 감염의 우려가 계속 발목을 잡고 있다.

이 때문에 우버는 배차 서비스 운전자에게 소독제를 제공하고 전동 킥보드 기업 라임(Lime)도 차체의 세척과 소독 빈도를 늘리는 등 안전성 홍보에 힘을 쏟고 있다. 일본의 공유 이동 서비스의 선두인 공유 자전거의 경우는 서비스 제공에 큰 영향은 없었으나, NTT도코모와 Z홀딩스 산하의 각 운영사들이 이용 전 손씻기와 손소독을 호소하는 등 안심감을 높이기 위해 애쓰고 있다.

CHAPTER 5

코로나가 바꿔 놓은 나들이 장소, 자동차 검색 데이터로 드러나다

신종 코로나 바이러스의 감염 확대로 인해 외출 장소와 이동 수단이 크게 바뀌고 있는 모습이 웹사이트나 스마트폰 앱의 경로 검색 데이터를 통해 드러났다. 경로 검색은 여러 이동 수단을 하나의 서비스로 묶어 예약 및 결제와 함께 간편하게 이용하도록 하는 MaaS에서 중요한 역할을 한다. 사람들의 이동 상황을 가시화하는 경로 검색 등의 데이터 분석은 위드 코로나 시대에 감염 확대를 막으면서 경제사회 활동을 어떻게 유지해 나갈지를 검토하는 데 있어서도 유용성이 크다고 할 수 있다.

도심 방면을 향해 자동차 교통량이 회복되고 있다.

감염 확대의 제1차 유행이 덮친 2020년 3~4월, 내비타임재팬(Navitime Japan)의 도쿄도 내를 목적지로 한 상위 검색에, 병원이나 할인점, 그리고 교외의 아웃도어나 행락 시설이 부상했다. 당시는 긴급사태 선언 등으로 외출 자제 요청이 있던 시기였는데, 정부의 가이드라인은 의료기관 진료, 식료품, 의약품, 생활필수품 구매, 직장 출근, 야외 운동 및 산책 등 '생활 유지에 필요한 것'은 제한 대상에서 제외되어 있었다. 다만 데이터에서는 '불필요하거나 시급하지 않은' 외출이 드러난 양상이다.

이동 자제에 대한 피로감으로 숨 고르기?

내비타임은 대중교통 및 자동차, 자전거 등의 이동 수단별 검색 서비스에서 도쿄도 내를 목적지로 검색한 데이터를 분석했다. 그 중 자동차의 경우, 4월 5일~11일 주간을 보면 대형 마트나 할인점이 상위 10위이내에서 3건을 차지했다. 기존에 상위를 차지하던 백화점이나 쇼핑몰이 긴급 사태 발령 전후로 잇달아 영업을 자제하면서 대신 생활필수품을 취급하는 대형 마트가 부상한 셈이다.

그런데 5위에 도쿄도 히가시구루메시의 대형 목욕 시설 '스파디움 자폰', 12위에는 오쿠타마 호수 등의 교외 행락지도 순위에 들어 있었다. '이동 자제에 대한 피로감'을 느낀 사람들이 자가용으로 방문해 재충전하고 있었을 가능성이 있다.

내비타임은 검색 실수치를 공표하지 않고 있지만, 대중교통에 관한 검색은 전년 동기 대비 건수가 대폭 감소했으며, 자동차도 어느 정도 감소한 것으로 보인다. 그 결과 대중교통에서는 4월 5일~11일 주간의 상위 20위 중 8건이 병원이었다. 루트가 매일 변하지 않기 때문에 검색에 잘 드러나지 않는 출퇴근 이동을 제외하면 병원 진료로 대표되는 '필요한 외출, 이동'이 두드러지게 나타난다.

외출 시에는 밀폐 공간이 되기 쉬운 대중교통이나 택시 등을 기피하는 경향도 나타났다. 내비타임에 따르면 자전거 관련 검색 건수는 3월 첫 주(1일~7일)를 기준으로 같은 달 15일 이후 각 주에서 계속 증가했다고 한다.

긴급 사태 선언이 발령된 4월 5일~11일은 3월 첫 주와 비교해 약 20% 증가했으며, 전 주와 비교에서도 19% 증가했다. 자전거 이동 목적지 상위 10곳으로는 오쿠타마 호수 외에 타마 호수와 다카오산, 고마자와 올림픽공원, 쇼난지마 해변공원, 미즈모토 공원 등의 대규모 공원이 순위에 올라 있다.

이동 자제 해제 후에는 테마파크도 부상

한편 5월 25일 긴급 사태 선언이 해제되자, 자동차 외출에 아울렛이나 상업 레저 시설이 적극 선택되고 있었다는 사실이 내비타임의 데이터를 통해 드러났다. 대형 할인점 등이 많았던 이동 자제 기간 상황에서 일변하여 도심을 향하는 자동차 교통량도 긴급 사태 선언 전의 90% 정도로 회복되었다.

자동차 경로 검색에서 7월 12일~18일에 상위를 차지한 목적지를 보면 미쓰비시토지 계열이나 세이부 홀딩스 계열의 아울렛, 도쿄 디즈니랜드, 가모가와 씨월드(Sea World)가 10위 이내에 들어 있다.

20위 이내에서는, 미츠이부동산 계열의 아울렛과 쇼핑몰 라라포트, 후지큐 하이랜드, 유니버설 스튜디오 재팬도 순위에 들어 있다. 상업 레저 시설 외에는, 이세신궁과 이즈모 오오야시로, 닛코 도쇼궁 등의 관광 명소도 이름을 올리고 있다.

외출은 생필품 구매에서 레저 소비로 회귀

4월 12~18일	→	7월 12~18일
코스트코 홀세일 신산고 창고점	1	고텐바 프리미엄 아울렛
에노시마(해변)	2	도쿄 디즈니랜드
코스트코 홀세일 가와사키 창고점	3	도쿄역 야에스 중앙출구 개찰구 앞
스파비바홈 토요스점	4	코스트코 홀세일 신산고 창고점
나카노 에코다병원	5	가모가와 씨월드
하네다공항 국내선 여객터미널	6	이세신궁
도쿄 디즈니랜드	7	하네다공항 국내선 여객터미널
코스트코 홀세일 마쿠하리 창고점	8	롯폰기 힐즈
도쿄역 야에스 중앙출구 개찰구 앞	9	코스트코 홀세일 가와사키 창고점
이케아 신산고점	10	가루이자와 프린스쇼핑플라자

(주) 자동차용 검색 서비스의 전국 목적
(출처) Navi time Japan 조사

외출과 영업 자제를 호소하던 4월 12~18일에는 회원제 대형 할인마트 코스트코, 가구 판매점 이케아, 대형 홈센터가 20위까지 순위의 절반을 차지하고 있다. 일용품을 대량 구매하거나 재택근무에 필요한 가구 구매 등이 방문 목적이었던 것으로 보인다.

그 후 추이에서도 황금연휴를 지난 5월 17~23일은 코스트코나 이케아 등이 상위를 차지하는 경향이 이어지고 있었다. 전환점은 긴급 사태 선언이 전면 해제된 5월 25일을 포함한 24~30일이다. 그 주간에 영업을 재개한 아울렛이 급부상하여 10위 이내에 3곳이 진입했다. 7월 하순 이후부터 8월 중순 명절 연휴에 걸쳐서도 비슷한 경향이 이어지고 있다.

쇼핑의 회복이 두드러지다

검색 데이터를 외출 장르별로 살펴보면, 6월 15일 주간 시점에서는 쇼핑몰/상점가의 검색 수는 이동 자제 요청 전인 2월 3일 주간에 비해 80% 정도까지 회복되었다. 숙박/온천은 50%, 영화/극장/홀/라이브하우스는 30% 가까이로 회복되었다.

그 외 내비타임은 자동차 내비게이션 앱 이용자들의 동의를 얻어 확보한 주행 데이터를 바탕으로 도쿄 인접 지역에서 도심 방면으로 향하는 토/일/공휴일의 평균 교통량도 분석했다. 6월 15일 주간은 2월 3일 주간에 비해 90% 정도까지 회복되었다. 그 후에도 거의 비슷하게 90% 정도를 보이고 있다.

긴급 사태 선언이 발령된 4~5월은 60% 정도까지 감소했으나, 긴급 사태가 해제되자 급속히 증가로 돌아섰다. 자동차 교통량의 변화는 도쿄도와 인근 지역과의 경계에 해당하는 다마가와오하시(도쿄, 가나가와, 1번 국도), 이치가와바시(도쿄, 치바, 14번 국도), 도다바시(도쿄, 사이타마, 17번 국도)에서 집계했다.

내비타임의 데이터에서는 이동 수단별 회복도의 차이도 선명하게 드러나고 있다. 자동차 검색 수는 2월 3일 주간을 100으로 놓고 볼 때, 한 때 50%까지 침체했지만 6월15일 주간에는 70% 넘게 회복되었다. 자전거도 3월 이후는 증가 추세로 한때는 2월 시점의 약 2배, 6월 중순경에 벌써 1.5배를 넘어 활발한 상황이 이어졌다.

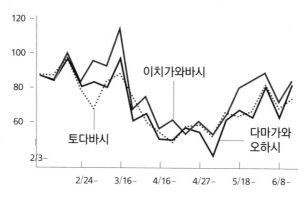

(주) 2020년 2월 3일 주간을 100으로 한 도심 방면으로의 1일 평균 교통량. 토/일/휴일
(출처) 내비타임재팬 조사

폭염 속에서도 마스크를 쓴 사람들이 대부분인 고텐바 프리미엄 아울렛이 자동차 목적지 검색 부문 1위를 차지했다.

각 교통 관련 기업은 동향을 예의 주시

이에 반해 대중교통은 약 20%로 바닥을 치고 반등하고 있지만, 움직임은 둔하다. 6월 15일 주간에도 50%에 미치지 못했다. JR 동해나 JR 동일본의 신칸센 이용자 수는 8월까지도 전년 대비 70% 전후로 감소했으며, 야마노테선도 마찬가지로 40~50%의 감소가 이어졌다는 실태와도 일치하고 있다.

자전거 이용은 이동 자제 기간을 제외하고 높은 수준을 유지

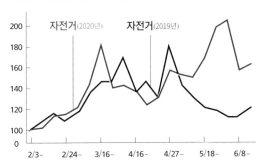

(주) 2020년 2월 3일 주간을 100으로 한 도심 방면으로의 1일 평균 교통량. 토/일/휴일
(출처) 내비타임재팬 조사

뉴노멀(New Nomal)에서는 신종 코로나의 감염 리스크를 피하기 위해 개별적으로 이동할 수 있는 자동차나 자전거를 택하는 경향이 강해지고 있다. 한편 '3밀(밀집, 밀폐, 밀접)'을 연상하기 쉬운 대중교통은 기피하는 분위기라 7월 22일부터 시작된 정부의 여행 부양책 'GoTo 트래블' 캠페인의 효과도 제한적이었다. 이러한 경향은 어느 시점에서 반등할 것인가. 각 교통 관련 기업들은 동향을 예의 주시할 필요가 있다.

교통사업자, 디지털 전환(DX)과 지역 상생에 비즈니스 기회가 있다

미치노리홀딩스그룹 CEO 마츠모토 준

위드 코로나의 어려운 경영 환경에서 교통사업자는 어떻게 살아남아 뉴노멀에 맞추어 변혁을 이루어 낼 것인가? 동일본 각지에서 버스회사 등의 경영 회복에 많은 기여를 하고, 자율주행과 차세대 이동 서비스 MaaS의 실증 실험에도 적극적인 미치노리 홀딩스의 마츠모토 준(松本順) 사장에게 물었다.

— 신종 코로나 바이러스 감염 확대의 영향은?

"코로나 1차 유행 때와 같은 최악의 시기는 벗어났지만 5월 하순 시점의 이용자 수는 노선버스의 경우 예년의 50~60%, 고속버스는 예년의 30%에 그치고 있습니다. 전세버스는 직원 수송 등을 위해 기업용으로는 운행하고 있었지만 관광은 거의 제로입니다.

긴급 사태 선언 해제로 회복은 되겠지만, 100% 원래대로 되돌아가는 일은 절대 없을 것입니다. 교통사업자들은 중장기적으로 이용자 수가 감소할 것을 감안해서 경영에 임하지 않으면 안 될 것입니다. 단기적으로는 2차, 3차 유행에 대비해 우리 회사는 대응 태세가 갖춰져 있지만 자금 조달도 문제입니다."

— 어떻게 이용을 회복시킬 것인가?

"마스크 착용 의무화나 창문 열기, 에어컨 환기, 간격을 두고 앉기 등 갖은 감염 대책을 실시할 것입니다. 가나가와현에 있는 그룹 회사 쇼난모노레일에서 차내 항균제 코팅을 시공 완료했고, 각 버스회사들도 순차적으로 시행하고 있습니다.

관광 부문은 정부의 경기 부양책도 예정되어 있어 국내 여행부터 회복되도록 노력할 것입니다. 공중위생도 개선하고 관광업계와도 확실히 협력할 것입니다."

— 위드 코로나, 또는 코로나 이후의 교통과 이동은 어떻게 달라질 것 인가?

"디지털 기술로 사업을 변혁시키는 DX(Digital Transformation, 디지털 전환)와 지역 상생, 이 두 가지가 핵심입니다. 대중교통 이용이 일정 수 감소하는 것은 피할 수 없으므로 DX로 생산성을 높여야 합니다. 구체적으로는 MaaS(Mobility as a Service)를 통해 이용 데이터를 축적할 수 있는 기반을 지역마다 구축하는 것, 그리고 MaaS를 구성하는 모빌리티의 진화, 자율주행이나 인공지능(AI)으로 변화 가능한 경로 운행 등을 들 수 있습니다.

지역 상생에 대해서는 원격근무나 두 지역 거주가 늘고 있어 대도시 집중에서 지방 분산으로 전환되는 좋은 기회가 올 것입니다. 지역 인프라를 담당하는 우리 회사로서는 4시간을 넘지 않는 범위에서 운행 가능한 중거리 비예약형 고속버스를 확충해 나갈 예정입니다."

— 교통사업자들의 재편이 가속화될 가능성은?

"합승 버스 사업의 경영 통합에 대해 일정 조건하에서 독점 금지 법의 적용을 제외로 하는 특례법이 국회에서 통과되었습니다. 공영 사업을 민영화해서 통합하고 지속 가능하도록 하겠다는 방침입니다. 상당히 적극적인 것이어서 지금보다 더욱 재편을 시도해 갈 여지가 생겼다고 할 수 있습니다."

(2020년 6월)

interview **2**

MaaS 실증 실험이 정체,
코로나 외출 자제로 이동도 감소

마스테크재팬(MaaS Tech Japan) 대표 히다카 요스케

히다카 요스케(日高洋祐)

2005년 철도회사에 입사하여 스마트폰 앱 개발 및 대중교통 연계 프로젝트 등의 업무를 담당했다. 2014년 도쿄대학 학제정보학부 박사과정에서 일본판 MaaS의 사회 배치에 관한 제언을 정리하였으며, 2018년 11월 MaaS Tech Japan을 설립했다. 공동 저서에 《MaaS 모빌리티 혁명의 끝에 있는 산업 전반의 게임 체인지》(닛케이 BP)가 있다.

철도나 버스사업자들이 보급하려던 차세대 이동 서비스 MaaS가 신종 코로나 바이러스의 감염 확대로 정체되고 있다. MaaS는 사람의 효율적인 이동과 다양한 이동 수단을 앱을 통해 일괄 예약하고 결제할 수 있는 등 이동에 부가가치를 갖게 하는 것이 목적이다. 다만 외출 자제로 이동하는 사람이 격감했기 때문에 실증 실험 등이 진행되지 않고 있다. MaaS 컨설팅 기업 마스테크재팬(MaaS Tech Japan)의 히다카 요스케 대표 겸 최고 경영책임자(CEO)에게 코로나 영향과 수습 후의 과제에 대해 물었다.

— 교통사업자가 추진하는 실증 실험이 예상대로 진행되지 않고 있는데, 이에 대한 생각은?

"얻을 수 있는 데이터 자체의 근거가 비교 대상인 작년 2019년과 다르기 때문에 실증 실험을 정확하게 실시하기는 어렵습니다. 특히 인바운드 여행자(입국 관광객)는 지금까지도 유동 상황을 정확히 파악하기 어려웠는데 코로나로 더 어려워질 것입니다.

한편 정량적 접근이 아닌, 사업 모델을 검증하기 위한 정성적이고 간결한 실증 실험이라면 유효성이나 과제 추출은 가능하며, 올해 실증 실험을 예정하고 있는 사업자는 이런 방식으로 접근하는 예가 증가할 것입니다."

— 비상사태로 인해 MaaS가 더욱 활성화될 여지는 없는가?

"우리 회사에서는 이동 경로 정보를 활용해 감염 경로를 추측·파악하거나 혼잡을 피할 수 있는 루트를 제공할 수 없는지 검토 중입니다. 타사의 사례에서는 합승 택시로 출퇴근 서비스나 음료와 식사를 제공하는 푸드 트럭이 비상사태 선언 중에 신속하게 비즈니스를 개시했습니다.

비상사태라 하더라도 물류나 의료, 인프라 등은 아주 기본적인 사회활동이므로 이동이 필수적입니다. 긴급 사태 상황이기 때문에 더욱더 3밀(밀집, 밀접, 밀폐)을 피할 수 있는 자동차를 배차하거나, 뉴욕에서는 대중교통이 아닌 자전거로 쉽게 이동할 수 있도록 제도를 설계하는 케이스도 있습니다. 이동 수단을 위드 코로나 상황에 맞추어 나가는 움직임이 생겨날 것입니다."

— 코로나가 MaaS 보급을 저해하지 않을까요?

"고령자나 교통 약자의 이동 수단을 확보하고 혼잡 완화를 위한 이동의 평준화 요구는 오히려 높아질 것입니다. MaaS를 활용한 도시 과제 해결이나 부가가치 창출의 흐름은 계속될 것입니다.

교통사업자뿐만 아니라 통신사업자나 지자체 측도 주체가 움직일 가능성이 있습니다. 대만에서는 IT를 잘 활용해 코로나 감염자 수 증가를 차단하는 등 MaaS를 포함한 디지털 기반이 이러한 상황에 더욱 그 역할을 한다는 증거이기도 합니다."

— 코로나 수습 이후, 서비스 보급을 위해 지금부터 준비해야 할 것은?

"MaaS는 원래 지역이나 유저의 과제를 각종 교통수단의 조합과 새로운 모빌리티의 도입을 통해 해결하는 것입니다. 일본에서는 법률적인 장벽이나 사업자들 간의 경쟁 등으로 진행하기 어려운 일면이 있었습니다. 지금 시기에 MaaS라고 하는 사업자를 초월한 연계 구조가 어떠한 가치를 창출할 수 있는지를 생각하고 논의해야 합니다."

(2020년 6월)

interview **3**

이동 서비스에 코로나 역풍

미국 비아트랜스포테이션 CEO **다니엘 라못**

신종 코로나 바이러스의 감염 확대에 따른 외출 자제는 대형 철도회사 등 대중교통 기관의 실적에 커다란 타격을 주고 있다. 이와 동시에 새로운 비즈니스인 다양한 이동(모빌리티) 서비스도 그 영향을 피해 갈 수 없다. 어떻게 손을 쓸 것인가? 차량 공유 시스템을 개발하는 미국의 비아트랜스포테이션(Via Transportation)의 CEO 다니엘 라못(Daniel Ramot)에게 물었다.

— 신종 코로나 감염 확대 이후, 독일 베를린에서 새로운 서비스를 시작했더군요?

"베를린에서는 대략 1년 6개월 전부터 대중교통 사업자와 연계하여 일반 이용자를 대상으로 온디맨드형 승합차를 제공하고 있습니다. 신종 코로나 바이러스 감염이 확대된 3월 하순에 의료 종사자 전용으로 서비스를 전환했습니다. 야근의 필요성이 갑자기 높아진 데 대한 대응책입니다. 오후 9시부터 오전 8시까지 대중교통을 보완하는 형태로 운영하고 있습니다.

승합차는 사전 예약제로 자택과 근무지 사이의 이동에만 사용할 수 있습니다. 운용 비용은 현지 지자체와 연계해서 이용자가 무료로 이용할 수 있도록 했습니다. 의료 관계자들 사이에 니즈가 커서 현재는 서비스 구역을 베를린 교외까지 처음의 2배로 확대했습니다. 가장 최근에는 베를린 내 병원의 75%를 감당하고 있습니다."

— 택시나 버스 등과 비교할 때 장점은?

"심야 시간대에 의료 종사자용으로 택시를 운행하면 1인당 이동에 드는 인건비 등 비용이 커지고 운전사도 많이 필요하게 됩니다. 비아(Via)의 승합차는 합승 서비스이기 때문에 비용을 택시의 3분의 1 수준으로 낮출 수 있습니다. 일반 버스는 노선이 고정되어 있지만 우리 회사의 경우, 예약 내용에 따라 유연하게 노선을 변경할 수 있습니다. 비용과 쾌적함이 장점입니다."

— 감염 방지를 위한 대책은?

"승객들 간 거리를 적절하게 유지하기 위해 평소보다 적은 승차 인원으로 운행하고 있습니다. 이용자들이 의료 종사자들이어서 본인들 스스로도 소독이나 충분한 예방책을 취하고 있습니다. 운전자에게는 지자체가 마스크나 소독제 등 필요한 물자를 제공합니다. 우리도 적절한 환기나 소독에 대해 지도하고 있습니다."

— 비아(Via)의 기술이 다른 국가에도 적용될 수 있을까요?

"우리 기술은 긴급 시 일본 사회에서도 활용할 수 있을 것입니다. 규제 문제는 있지만 Via의 방식을 택시나 버스 같은 기존의 교통사업자에게 제공해 차량을 운행하게 하는 것도 방법입니다. 이용자를 의료 관계자로 좁히면 우리가 소프트를 제공하고 교통사업자가 차량을 제공해서 심야에 운행하는 식의 전개도 가능하다. 몇몇 사업자를 상대로 서비스를 소개하고 있습니다.

베를린 이외의 사례도 있는데, 이스라엘의 텔아비브에서는 100대 이상의 승합차가 도입되고 있습니다. 지중해에 접해 있는 몰타에서는 타사와 연계해서 고령자들의 자택에 식품이나 일용품을 배달하는데 Via의 기술을 활용하고 있습니다. 이런 서비스들은 일본에도 응용할 수 있다고 생각합니다."

— 이토추(伊藤忠) 상사 등과 연계해서 일본에서 사업을 전개하고 있는데, 현황은?

"2019년 10월부터 이토추 직원들을 대상으로 도쿄 내 이동용 합승 서비스를 전개하고 있습니다. 처음에는 이토추 본사가 있는 미나토구나 츄오구 등의 작은 지역부터 시작했는데, 거의 반년 만에 이용 횟수가 누계 2만 건에 달해 지역을 확대했습니다. 현재는 재택근무로 인해 일시 중지 상태지만, 이러한 기업용 셔틀 사업은 도쿄에서도 성공한다는 것을 확인할 수 있었습니다."

— 코로나 영향이 심각한데, 일본에서의 사업 계획에 변화는 있나요?

"중장기적으로는 일본 사회에서 우리 사업은 성장할 것입니다. 고령화와 근로자 부족, 지방의 대중교통망 유지 등의 과제를 감안하면 온디맨드형 교통수단을 기존의 교통망에 추가하는 것은 합리적일 것입니다."

기자의 시각 일본의 규제 논의에도 파문을

미국의 비아 트랜스포테이션(Via Transportation)은 배차 대기업인 우버 테크놀로지스(Uber Technologies.)와 비교하면 젊은 기업이다. 리프트(Lyft) 와 마찬가지로 2012년 뉴욕에서 설립되었다.

사업 형태도 두 경쟁사와 다르다. 두 경쟁사는 승객 개개인을 수송하는 승차 공유를 주력으로 하는데, Via는 여러 승객의 합승 서비스를 주로 한다. 가장 효율적인 승하차 장소와 경로를 계산해 수송하는 기술이 강점이다. 그 배차 소프트는 기존의 교통사업자 등에게 제공하고 있으며 스쿨버스 운행 등에도 활용되고 있다.

신종 코로나 바이러스의 감염 확대로 전 세계적으로 외출 제한이 걸려 있어 배차 서비스의 상황은 어디나 어렵다. 리프트(Lyft)도 미국에서 의료기관 등을 대상으로 식품 및 생필품 배송을 시작했다. 각업체들은 '사회 기여'를 키워드로 현재의 어려움을 딛고 서비스를 계속해 나가기 위한 지혜를 짜내고 있다.

Via의 의료 인력 수송도 같은 맥락이다. 의료 종사자나 식료품 마트 점원, 기본적인 사회생활 유지를 위해 외출해야만 하는 사람들은 많다. 이들이 안전하게 이동할 수 있는 수단을 확보하는 것은 일본 사회 전체가 생각해야 할 과제라 할 수 있다.

일본에서는 도로 운송을 둘러싼 여러 가지 규제가 있어 Via가 제공하는 서비스는 기업의 사원 수송에 한정되어 있다. 그렇지만 Via

가 베를린에서 실시하고 있는 서비스에서 배울 점은 있다. 코로나 상황에서 새로운 모빌리티의 가능성을 시사하는 Via의 사례는 향후 규제를 재검토하는 논의에도 파문을 일으킬 것 같다.

(2020년 5월)

interview **4**

서비스화 거부는 이용자를 부정하는 일

일본종합연구소 시니어 스페셜리스트 이노우에 다케카즈

이노우에 타케카즈(井上岳一)

1994년 도쿄대학 농학부 졸업. 미국 예일대대학원 경제학 석사. 산림청 등을 거쳐 2003년에 일본종합연구소 입사했으며, 내각부 규제개혁추진회의 전문위원과 후쿠시마현 미나미소마시 부흥 어드바이저도 역임했다. 공동 저서에《MaaS》(닛케이BP), 후속편으로 2020년 3월에 발매한《Beyond MaaS》(닛케이BP)가 있으며, 단독 저서에는《일본열도 회복론》(신초사) 등이 있다.

모든 사물(X)이 서비스화하는 XaaS 시대는 신종 코로나 바이러스의 세계적 유행을 극복한 후에 어떤 모습으로 변할 것이며, 개인이나 기업은 어떻게 대처하는 것이 좋을까? 모빌리티의 서비스화(MaaS)의 물결을 재빨리 일본에 소개한 일본종합연구소 창발전략센터의 이노우에 고이치 시니어 스페셜리스트에게 물었다.

움직이지 않는 사람들, 오프라인에서는 '감동'으로 승부

— 신종 코로나 바이러스의 감염 확대는 XaaS나 MaaS에 어떤 영향을 주는가?

"단기적으로는 MaaS의 저해 요인이 됩니다. 불필요하고 급하지 않은 이동은 하지 않아도 되는 세상이어서 운송업계에게는 힘든 시대입니다. 사람들이 움직여야 성립되던 비즈니스가, 사람들의 움직임이 없어지자 본질적인 전환을 생각지 않을 수 없게 되었습니다. 단지 신종 코로나에만 국한된 문제가 아니라, 일본의 젊은이들은 점점 바깥세상으로 나오지 않게 되었습니다. 노인들보다 더 밖으로 나가지 않는 현상은 세계적으로 보아도 이상한 일입니다.

젊은이들이 밖으로 나오지 않는 것은 거기에 재미있는 것이 없기 때문입니다. 넷플릭스 같은 동영상 서비스를 비롯해 인터넷 세계가 점점 진화하는 한편, 밖에서 무언가를 하는 것에 매력을 느끼지 못하고 있는 것입니다. 실제 체험을 기반으로 하는 비즈니스는 최대의 도전을 받고 있습니다."

— 움직임이지 않는 사람들을 움직이게 하려면 어떻게 해야 할까요?

"서비스화는 '상시 접속'으로 바꾸어 말할 수 있는데, 인터넷은 이용자와 상시 접속하고 있다는 강점이 두드러집니다. 미국의 아마존 닷컴은 인터넷에서 수집한 데이터로 이용자의 기호를 분석해서 추천 서비스를 합니다. 오프라인 매장은 이용자의 기호에 맞출 수 있다는 점 외에도 만남을 제공할 수 있다는 점이 강점인데, 상시 접속 가능한 인터넷의 매력은 오프라인을 능가하기 시작했습니다.

오프라인이 서비스 이용자와의 사이에 인터넷 이상의 연대를 얼마나 만들어 낼 수 있는가 하는 문제가 아닐까요? 예를 들면 나는 동일본 대지진의 피해 지역을 정기적으로 방문하고 있는데, 대지진이 발생한 지 9년이 지난 지금도 찾아가는 것은 만나고 싶은 사람이 있기 때문입니다. 관광 명소나 경치, 먹거리가 없어도 만나고 싶은 사람이 있으면 만나러 갑니다. 생생한 감동을 줄 수 있는가 하는 것이 관건입니다."

MaaS는 포스트 마이카(My Car) 사회의 과제

— 마을이나 이동에 관해서는 어떻게 될 것으로 예상하는가?

"모빌리티는 목적지가 있기 마련인데, 목적지가 바뀌면 모빌리티도 바뀌고 또 마을의 구조도 변합니다. 신종 코로나 이후는 도시와 교외의 토지 가치도 달라져서 오히려 사람이 많은 곳에 사는 것이 위험하다고 여기게 될지도 모릅니다. 지금까지 교외 지역은 도심의 베드타운에 지나지 않았지만 원격근무 등이 많아지면 교외에서 일과 삶을 함께하는 생활이 가능해지는 등 베드타운 이외의 가치가 생겨납니다. 생활 방식과 일하는 방식이 변하고 사람들의 움직이는 양상도 변합니다. 도심과의 왕래를 전제로 하는 대중교통 이외의 이동 수단에 대한 니즈가 높아집니다. 여기에 MaaS의 비즈니스 기회가 찾아올 것입니다.

사회가 크게 변화하는 상황에서는 지금과 같은 도시 형태에 얽매이지 말고, 교통 시스템도 재검토할 필요가 생깁니다. 지금처럼 도심으로부터 방사형으로 교통기관이 뻗어 있던 것이 거미줄처럼 연계·연결되는 형태로 바뀌게 될 것입니다. 버스나 철도처럼 한 방향으로의 대량 수송을 전제로 하던 것이 공유 자전거나 전동 킥보드 등을 포함해 보다 작은 이동 수단으로 움직이게 될지도 모릅니다."

— 사회의 변화란?

"21세기에 이르러서는 테러나 리먼 쇼크, 대규모 자연재해, 신종 코로나 팬데믹 등 기존의 가치관을 뒤흔드는 사건이 잇달아 일어나고 있습니다. 과밀, 대규모, 집중 등 20세기에 부지런히 쌓아온 것들을 부정하는 듯한 움직임이 생겨나고 있으며 MaaS도 그중 하나입니다. MaaS를 대중교통으로의 회귀라고 보는 경향도 있는데, 대중교통도 대규모 수송을 전제로 하는 것이므로 엄연히 다릅니다.

자가용에 의존하지 않으면서 동일한 방향으로의 대량 수송도 아닌 이동 본연의 모습, 포스트 마이카 사회를 어떻게 만들지가 MaaS의 과제입니다. 도시화가 앞서는 유럽은 포스트 마이카 사회의 선진 지역입니다. 도시로 사람들이 모여들고 있기 때문에 도시를 자가용으로부터 자유롭게 해주지 않으면 폭발하고 말 것이라는 생각들을 하는 것입니다. 그래서 MaaS를 활용해 기존의 대중교통이나 그 외의 모빌리티를 이용자 관점에서 수평적으로 엮어 자가용 이상의 가치를 만들어 내려는 것입니다.

일본은 자동차가 기간산업이어서 포스트 마이카 사회를 고려하지 않았던 측면이 있습니다. 다나카 가쿠에이 전 총리의 '일본열도 개조론'은 도로를 만들어 지방에 일을 창출하고 단카이 세대 (1947~1949년에 태어난 일본의 베이비붐 세대)에게 자동차를 파는 식의 일본 국가 차원의 비즈니스 모델로 확실한 성공을 거두었습니다. 그러나 이제 단카이 세대는 은퇴했고 자동차 관련 세수입도 감소하고 있습니다. 비즈니스 모델을 국가적으로 바꾸지 않으면 안 되는 전환기에 들어섰습니다."

선택은 이용자의 몫, 부가가치를 제시해야

― 일본판 MaaS의 현황과 과제는?

"하드웨어로서 모빌리티도 다양해지고 유연하게 연결되어 도어 투도어의 MaaS를 실현해야 하는데 일본에서는 기존의 틀에 묶여 있습니다. 해외에서 유행하는 전동 킥보드도 일본에서는 법적으로 어떻게 자리매김할 것인지를 두고 옥신각신하고 있습니다. 새로운 모빌리티로 세계가 크게 변화하는 시기에 하나하나 법률로 규정되기 전에는 운행할 수 없다는 것이 안타깝습니다.

일본은 엄연한 모빌리티 대국인데도 중국이나 이스라엘에는 흔한 스타트업 기업도 적습니다. 법률적 속박에다 자동차 업계의 기존 질서, 서플라이 체인(공급망)이 있어 신흥 기업이 일본에서 제조를 하고 싶어도 부품 공급을 받을 수 없기 때문에 사실상 불가능하다는 것이 현실입니다."

― 규제 완화가 돌파구가 될까?

"예를 들면 승차 공유가 자유화되어 있다면 기존의 버스나 택시 사업자가 아닌 플레이어도 나올 것입니다. 버스나 택시 사업자가 들어오지 않아 교통수단이 없는 지역도 일본에는 많이 있습니다.

도심에서도 비가 오면 택시가 잡히지 않는 일은 허다합니다. 승차 공유는 수급 조정의 기능을 할 수 있습니다.

스위스와 프랑스에서는 미국의 우버 테크놀로지스가 등장함으로써 택시 업계가 성장했습니다. 업계의 노력으로 서비스가 향상되고 앱도 사용할 수 있게 되어 우버보다는 조금 비싸지만 택시를 선호하게 되고, 그 결과 우버는 스위스와 프랑스에서 철수했습니다."

— 선택은 이용자의 몫, 일본은 입구에서 미리 차단하고 있는가?

"MaaS는 이용자가 니즈에 따라 최대한 활용하도록 하는 서비스입니다. 이에 저항하는 것은 이용자 주권을 부정하는 것입니다. 수요자 측의 요구에 맞추어 공급하는 쪽이 어떻게 이익을 가져갈 것인가? 이용자에게 지속적으로 만족을 제공해야 하기 때문에 사물에서 서비스로 전환하는 것은 힘든 일입니다. 서비스를 이용함으로써 얻을 수 있는 부가가치가 무엇인지 제시해야 할 것입니다.

(2020년 3월)

interview 5

[대담] 데이터 시대는 'aaS'

DMG모리정밀기계 사장 모리 마사히코,
노무라종합연구소 사장 고노모토 신고

고노모토 신고(此本臣吾)

1985년 도쿄대학 대학원 수료, 노무라종합연구소 입사. 타이베이 지점장 등을 거쳐 2016년부터 현직에 있으며 글로벌 제조업의 전략 컨설팅이 전문이다. 저서로는 《2020년의 중국》(공동 편찬), 《디지털 자본주의》(감수) 등이 있다.

모리 마사히코(森 雅彦)

1985년 교토대학 공학부 졸업. 이토추 상사를 거쳐 1993년에 모리정밀기계 제작소에 입사. 1999년 모리정밀기계 사장에 취임했다 (현직). 2009년 독일의 최대 공구 제조기업 길데마이스터(Gildemeister)와 자본 제휴하여 2015년에 자회사화했으며, 국제생산공학아카데미(CIRP, The International Academy for Production Engineering)의 특별회원으로 활동하고 있다.

인공지능(AI)이나 모든 사물이 인터넷으로 연결되는 IoT(Internet of Things, 사물인터넷) 등 디지털화와 기술혁신이 급속히 진행되는 세상이다. 기업의 경쟁 환경은 어떻게 변하고, 사회는 어떤 모습으로 변할 것인가? 데이터의 세기에 기업이 성장할 수 있는 조건은 무엇인가? 독일과 자본 제휴한 DMG 모리정밀기계의 모리 마사히코 사장과 노무라종합연구소의 고노모토 신고 사장의 지상 대담이 이루어졌다.

— 디지털화와 기술 혁신으로 기업의 경영 환경이 급변하고 있다.

고노모토 지금 일어나고 있는 변화는 자본주의 형태의 변화입니다. 지금까지 가치의 원천은 노동력, 생산성을 높여서 수익을 올리고 기업의 이윤을 창출했습니다. 디지털 자본주의라고 할 수 있는 앞으로의 가치의 원천은 데이터입니다. 노동 생산성보다 지식 생산성, 알고리즘입니다. 부가가치를 창출하는 메커니즘이 바뀌고 있다고 할 수 있습니다.

위치 정보 등 개개인의 데이터는 제한적이지만 축적되면 가치를 창출합니다. 예를 들어 자동차 운행과 연결시키면 미국의 우버 테크놀로지스와 같은 비즈니스가 가능합니다.

모리 공작기계의 환경도 달라졌습니다. 2차 세계대전 후, 미국 매사추세츠공과대학이 수치 제어(NC) 공작기계를 개발했습니다. 1970년대 화낙(FANUC)이 후지츠로부터 독립하고 우리 회사도 NC선반에서 일본 국내 1위를 차지하는 등 일본 업체들이 활약했습니다. IoT 같은 지금의 변화는 이에 필적할 만한 움직임으로 감지됩니다.

— 세계적으로 주목을 끄는 것이 GAFA(Google, Amazon, Facebook, Apple)로 대표되는 미국의 IT 대기업이며, 시가총액도 상위를 독점하며 일본 업체들은 밀리고 있다.

고노모토 디지털 시대에 무엇이 가치를 창출하는가? 이를 재빨리 알아차린 사람들이 데이터를 모을 수 있는 곳, 즉 플랫폼에 엄청난 선행 투자를 했습니다. 대량의 ID를 모아서 우위를 선점하겠다는 것입니다.

중국의 승차 공유 업체 디디추싱(滴滴出行)에 갔을 때, 일본의 어느 자동차 업체에서 그렇게 선행 투자해서 어떻게 회수할 것인가? 하고 물었더니, 그런 발상이라면 플랫폼 비즈니스는 그만두는 것이 좋다는 것입니다. "고객의 ID를 대량으로 수집할 때까지 우리는 투자 회수 같은 건 생각해 본 적도 없으며, 그래서 처음에는 비상장을 일관했습니다. ID만 모이면 다양한 서비스를 제공하는 에코 시스템이 갖추어지고 투자 회수는 자연히 이루어집니다."라고 말했습니다.

— 비즈니스의 발상이 전혀 다르군요.

고노모토 그렇습니다. 일본은 기존의 산업 형태인 산업자본주의의 승자였습니다.

공급자의 관점이 아니라 고객의 니즈에 맞추어 서비스를 제공하는 XaaS의 시대로

MaaS(Mobility as a Service)	HaaS
Mobility as a Service	House keeping
자동차+운전=이동 수단의 제공 철도나 버스, 배와 조합. 카 셰어 등	가구·가전을 조합해서 가사에 대한 부담을 경감

NaaS	RaaS
Nutrition	Residence
데이터를 근거로 식생활을 개선	주택을 베이스로 주거 환경 개선

EaaS	CaaS
Education	Communication
교육 서비스를 다양한 형태로	통신을 사용한 교류나 각종 서비스

(출처) 노무라총연의 자료를 바탕으로 작성

    현장에서 독창적인 연구를 거듭해 생산성을 높이고 고품질의 제품과 서비스를 낳는 모델을 추구했습니다. 반면 디지털 시대의 비즈니스는 전략적인 선행 투자로 플랫폼을 구축하고 압도적인 고객 ID를 획득해서 독점 상태를 만들어 냅니다. 그런 다음 에코 시스템을 통해 열매를 차분히 거둬들입니다. 일본 기업은 성공 체험이 강한 만큼 기존의 발상을 바꾸기 힘듭니다. 이노베이션의 딜레마 (Innovation Dilemma)입니다.

— 모리 사장의 의견

모리 GAFA에 대한 나의 인상은, 19세기 후반 미국의 철도왕 밴더빌트(Vanderbilt) 가문과 같다는 것입니다.

새로운 기술이나 산업이 생겨날 때 처음에는 부호들의 수단이 되지만 수십 년이 지나고 나면 인프라가 됩니다. 그들은 그 이후로도 여전히 부자지만, 조용히 사회를 지탱하는 존재가 되어 갑니다. 인프라화된 인터넷 환경을 활용해서 회사를 어떻게 성장시킬지, 어떻게 지속 가능한 사회를 만들어 갈지를 생각해야 합니다. 나는 오히려 환영하는 입장입니다. 긴 안목으로 냉정하게 바라보면 반드시 대립해야 할 존재가 아닙니다.

— 도미넌트(dominant, 지배적 사업자 독점)에 대한 규제론은 차치하고, 데이터의 세기에 기업은 어떻게 발상을 전환해야 하는가?

고노모토 타사보다 압도적으로 성능이 좋은 것을 만들어 어떻게 파느냐 하는 공급자 위주의 발상에서 탈피하는 것입니다. 고객의 데이터를 모아 분석하고, 고객이 필요로 하는 것을 어떻게 연계해서 제공할 것인가. 고객과 접속하면서 어떤 서비스를 제공할 것인가. 사업을 설계하는 방식이 전혀 다릅니다.

예를 들면 최적의 이동 수단을 제공하는 MaaS라면, 자동차뿐만 아니라 철도와 대중교통 등도 연계됩니다. 메이커도 폭넓게 취급하는 것이 좋습니다. 일본의 자동차 기업들이 그런 발상을 할 수 있을까요? 어려울 것 같습니다. 다만 소비자용 플랫폼을 직접 구축하는 것이 어렵다면 이미 고객 ID를 많이 보유하고 있는 플랫폼 기업과 손을 잡아도 좋습니다. 앞으로는 고객의 니즈를 바탕으로 서비스를 제공하는 'aaS' 시대가 될 것입니다.

— B to C 비즈니스는 승자 독식이라고도 하는데, B to B는 성격이 다르다. 공작기계 등은 일본이 강한 분야다.

모리 업계에서도 과거 최고 수익 수준으로 경쟁력은 높습니다. 중국의 안티 덤핑(anti-dumping)이 상징적입니다. 일본의 일부 공작기계를 대상으로 조사를 시작했다는 것은, 중국 기업들이 가격 경쟁에 백기를 들었다는 뜻으로 좀 봐 달라는 것입니다. 승부는 분명히 드러났습니다.

고노모토 공작기계 분야에서는 2가지 변화가 일어났습니다. 이전에는 3축이던 것이 동시에 5축으로 제어 가능하게 된 것과 복합화 기술입니다.

모리 그렇습니다. 5축의 경우, 가공하는 부품의 한 곳을 로봇이 잡고 있으면 축을 회전시켜서 전면 가공할 수 있기 때문에 교환할 필요가 없어집니다. 연삭 작업이나 검사도 복합화되어 자동화가 가능하게 되었습니다. 자동으로 움직이게 하려면 센서나 카메라를 켜서 IoT로 감시합니다. 결과적으로 트레이서빌리티(traceability, 추적) 데이터도 얻게 되는 것입니다. 중요한 것은 제어 프로그램으로 제어되면 될수록 정밀한 세계가 됩니다. 그래서 부정확한 것은 도태됩니다. 일본 기업들에게는 기회입니다.

— 제4차 산업혁명의 주도권 싸움에서 미국, 중국, 독일, 일본의 경쟁이

치열하다.

모리 우선 공작기계, 로봇, 센서류 등은 단연 일본이 강합니다. 비슷한 수준을 가진 나라가 독일, 스위스, 일부 유럽 국가, 미국, 극히 일부의 한국, 중국, 대만 기업들 정도입니다. 미국 제너럴일렉트릭(GE)이 최근 디지털 사업을 축소하는 등 IoT에서 고전하고 있습니다. 원래 GE는 제어 장치 부분이 강했는데 매각해 버렸습니다. 팔다리가 없으니 싸울 수가 없습니다.

반면 서버 센터는 일본이 약하고 미국이 강합니다. 더욱이 일본의 문제는 언어에 있습니다. 영어로 소프트웨어를 쓸 수 없는 것은 치명적입니다. 최근 젊은 세대를 보면 오히려 퇴화하고 있습니다. 영어를 못하는 사람은 일본어도 이상합니다(웃음). 국가적 차원의 문제입니다.

고노모토 공작 기계나 B to B의 세계는 고객의 전문성이 높습니다. 단순히 저렴하다고 되는 분야가 아니기 때문에 아마존도 진입이 어렵습니다. 스케일만으로 승부하는 세계가 아닙니다. 현장의 암묵적 지식을 알고리즘화하면 일본도 유리한 싸움을 할 수 있습니다. 이 부분은 일본도 세를 넓힐 수 있는 여지가 있습니다.

— 트럼프 정부에서는 경영의 방향을 잡기가 어려워지고 있다.

고노모토 국내총생산(GDP)에 마이너스 영향이 없도록 수입 초과를 없애는 것이 기본 방침입니다. 그래서 무역 전쟁으로 발전했지만 최근에는 조금 변화의 조짐도 보입니다. 미국 제너럴모터스(GM)이 공장을 멈추는 등 국내에서도 악영향이 나타나기 시작했습니다.

지지 기반에 미치는 영향을 생각해서 다소 균형을 잡으려고 할 것입니다. 그렇다고는 해도, 중국에 대해서는 안전보장이라는 부분이 크게 작용합니다. 중국에 비중을 둔 기업은 영향을 받을 수 밖에 없을 것입니다.

세계적으로 보호주의가 한층 가속화되고 있으므로 글로벌 공급망을 구축할 수 없다면 지역 생산/지역 소비로 갈 수밖에 없습니다. 효율이 크게 떨어질 것을 각오해야 합니다.

모리 무역 전쟁의 영향은 이미 나타나고 있습니다. 중국의 수주가 감소했기 때문에 2018년 10월부터 수주가 전년 대비 반감하기 시작했습니다. 고성능 기계에 대한 수요는 있으나 중국은 수주 보증 선금을 지급하기 어려운 상황입니다. 우리 회사는 DMG와 통합한 것이 상당한 위험 분산 효과를 내고 있습니다. 약 5천억 엔의 매출의 절반이 유럽이니까요.

— DMG모리 정밀기계는 일본/독일 제휴라는 드문 형태이다. 과거에 다임러 클라이슬러(현 Daimler) 등 파국을 맞은 사례도 많은데 성공의 비결은 무엇인가?

모리 잘 되고 안 되고 하는 것은 감정론입니다. 비관주의는 금물입니다. 낙관주의라고 할까요, 경영 마인드가 중요합니다. 항상 이 방향으로 나간다고 하는 경영 마인드가 필요합니다. 한 가지 말해 둘 것은 리더가 성실하게 발로 뛰고 현장과 고객을 찾아다니며 문제가 있으면 책임 소재를 명확히 가리는 것, 이것이 기본이라 생각합니다. 특히 서로가 말이나 동작, 그림이나 표 등으로 제대로 이해할 수 있도록 면밀하게 이야기를 나누는 것이 중요합니다.

— 무엇보다 커뮤니케이션이 기본

모리 이 부분을 귀찮게 생각하면 끝입니다. 나는 흔들리지 않는다고 할까요, 흔들리면 바로 은퇴입니다(웃음). 앞으로 10년 정도는 경영할 수 있을 것으로 생각합니다.

— 출자도 서서히 늘리고 있다. 부작용도 고려해서 시간을 들였다?

모리 당연합니다. 상대편의 리더 10명을 비롯해 (의사결정 기관인) 감사회(監事會)에서 우선 신뢰를 얻은 다음, 이사회, 공장, 개발 책임자, 고객의 의견도 들으며 지지자를 늘려갑니다. 정치가와 비슷합니다. 혼다는 귤 상자 위에서 연설을 했다는데 나는 공장 팔레트 위에 서서 600명 정도의 사원에게 이야기합니다. 지금도 반년에 한 번은 이렇게 하고 있습니다.

— 독일 기업에서 배울 점은 무엇인가?

모리 독일 기업 문화의 뛰어난 점은 문장이나 구조 등을 누구나 이해할 수 있는 차원으로 완전히 구체화시킨다는 점입니다. 품질을 만들어 내는 것은 일본이 우수하지만, 큰 그림을 그리고 룰을 만들어 모두가 이를 따르게 하는 점은 정말 대단합니다. 그것이 만들어지기 전까지는 그야말로 일본의 100배는 논의를 거듭합니다. 하지만 일단 결정되고 나면 모두가 조용히 따릅니다.

고노모토 독일 기업의 업무 프로세스는 매우 간소화되어 있어 효율적입니다. 일본은 일본인 특유의 말하지 않아도 호흡이 맞는 복잡 기이한 시스템이라서 외국인을 현지 리더로 세워 계승하려고 해도 잘되지 않습니다. M&A는 규모 확대도 있지만 경영 노하우를 습득하려는 의도도 있습니다. JT(Japan Tobacco)가 RJR 나비스코(미국 담배 기업)를 인수해 글로벌한 오퍼레이션 모델을 취득하고 제네바에 통괄회사를 둔 것이 전형적인 예일 것입니다.

— 글로벌 기업의 강자, 닛산르노의 카를로스 곤(Carlos Ghosn Bichara) 전 회장이 체포되었는데, 기업이 배워야 할 점은?

고노모토 오너의 범죄나 탈선을 제어하는 것이 얼마나 힘든 일인가를 여실히 보여 줍니다. 오너가 아닌 다른 사람이었다면 현재의 관리 시스템에서 어느 정도 컨트롤이 되겠지만 오너는 다릅니다.

오너의 독단을 견제한다는 점에서는 보수위원회(임원들의 보수를 결정하는 역할), 지명위원(회사장이나 경영진의 선임, 해임을 결정)를 가동시키는 등의 대책은 효과가 있습니다. 어느 기업의 지명위원회에서는 집행임원까지 체크합니다. 사외 임원의 말에 따르면 개인의 능력까지는 판단하기 어렵지만, 사장과 같은 출신 계통의 사람이 갑자기 늘어나면 빨간 신호라고 합니다. 예스맨만 있는 경영팀이 되어서는 안 된다는 의미일 것입니다.

모리 닛산의 카를로스 곤 회장의 경우는 (보수를 결정하는) 룰이 없었습니다. 우리 회사의 경우, 나는 상대 측 회사의 감사회(업무감사, 회계감사 등의 역할) 의장이자 보수위원회 위원장이기도 합니다. 끝없이 논의합니다. 노조나 주주 측 대표도 옵니다. 매출이나 현금의 흐름, IT화 등 여러 가지 항목이 있습니다. 이번 회기의 실적 급여, 단기, 장기의 인센티브도 거기서 논의 핵심 사항이다. 각자의 대응과 과제는?

고노모토 IT업계도 일찍이 극한 직업이라는 딱지가 붙을 만큼, 모든 기업이 일정 시간 외의 노동 삭감을 톱다운으로 하고 있습니다. 반면 젊고 우수한 사람일수록 인재 교육면에서 시간이 부족하다는 의견도 있습니다. 그러한 의욕을 살리기 위해서는 겸업, 부업을 인정하는 것도 선택지 중 하나입니다. 본업에서 얻는 경험 외에도 스킬업이나 경험을 쌓게 될 것입니다.

컨설팅 업무는 제안서를 쓰는데 꽤나 많은 시간이 소요됩니다. 시니어 컨설턴트라면 노동 시간의 40~50%는 제안서 작성에 할애하고 있을지도 모릅니다. 그래서 지난 7년치 제안서를 전부 사내의 클라우드에 올렸습니다. AI로 검색해서 유사한 자료를 찾는 구조입니다. 이로써 제안서 작성은 상당히 효율화가 가능합니다. IT 투자로 업무를 효율화할 수 있는 여지는 많습니다.

모리 독일 등 해외에서는 솔선해서 효율적인 근무 방식을 추진하고 있습니다. 일본도 최근 몇 년간 총노동 시간은 줄고 있지만, 2017년에 2,000시간이었던 것이 2018년은 약 2,100시간으로 다시 되돌아왔습니다. 수주 증가로 인해 개발업 관련 직원을 중심으로 늘어난 것 같습니다. 한 가지 좋은 소식은 유급 휴가 취득률이 거의 100%가 되었다는 점입니다.

나도 연말연시는 17일간 쉬었습니다. 요트도 좋아해서 작년에는 35일간 바다에 나가 있었습니다. 스키도 자주 갑니다. 우리 회사의 모토는 "열심히 배우고, 열심히 놀고, 열심히 일하라."입니다. 일하기 위해서는 재충전도 필요합니다. 작년에는 직원들의 평균 연봉을 수십만 엔 늘려 805만 엔으로 책정했습니다. 놀기 위해서는 돈도 필요하니까요.

— DMG에 출자 비율을 높이는 것은 어떤가?

모리 이미 75% 넘게 출자하고 있으나 상장은 유지하려고 합니다. 특히 독일 사람은 독일 기계가 아니면 안 됩니다. 그런 의미에서 독일과 일본의 퍼블릭컴퍼니라는 지금의 형태는 매우 중요합니다. 다만 일본과 독일의 연합이라 상대측의 기업 문화와 인더스트리 4.0(2012년 독일 정부의 핵심 미래 프로젝트)이라는 최신 동향도 알 수 있어서 매우 좋았습니다. 정말 통합하기를 잘했다고 생각합니다.

대담을 듣고 나서

디지털 자본주의 시대에는 가치의 원천이 '노동력'에서 '데이터'로 바뀐다는 고노모토 사장의 지적은 핵심을 찌른다. 고객이나 제품의 가동 데이터 등 방대한 정보를 바탕으로 새로운 서비스를 창출하고, 한층 더 진화를 추구한다. IT에서 제조업까지 세계의 메가 플레이어가 대량의 ID 나 데이터 수집에 나선 것이 그것을 증명하고 있다.

중요성을 부정하는 것이 아니다. 다만 자동차의 경우 승차 공유나 자율주행이 확대되면 소유에서 이용으로 바뀐다. 제조 업체는 이동 서비스 업체에 차량을 제공하는 단순한 공급자로 전락할 가능성마저 있다. 경영자는 시대의 변화에 맞추어 비즈니스 모델 그 자체를 변혁할 각오가 필요하다.

공작기계는 그 전형적인 사례이다. 5축 및 복합화 기술 등 기술혁신에 맞추어 자동화를 실현했다. IOT로 데이터도 수집하며 보다 고정밀을 요구하는 고객 니즈에 대응할 수 있었다. 모리 사장도 "정작 눈길을 주어야 할 곳은 중국 등 라이벌 업체가 아니라 고객 니즈의 변화"라고 지적한다.

격변하는 환경 아래에서는 자전주의(自前主義, 기업이 기술연구부터 생산까지 직접 한다는 생각)에서 벗어나야만 한다. 모리정밀기계가 독일 길데마이스터와 자본 제휴한 것은 2009년 3월로, 리먼쇼크 직후였지만 성장을 위해 좋은 기회라 판단했다. 타사와의 콜라보에서 중요한 것은 리더의 경영 마인드와 철저한 커뮤니케이션이다. 창업가 일족 경영이어서 장기적으로 일관된 관점을 유지할 수 있었다고는 하지만 모리 사장의 행동력이 큰 역할을 했다고 할 수 있다.

2019년은 헤이세이(平成)에서 연호가 바뀐다. 지난 30년간 세계의 시가총액 순위 10위 이내에서 일본 기업들이 자취를 감추었는데, 포스트 헤이세이 시대를 바라보며 다시 한번 세계에서 존재감을 높이기 위해서는 발상의 전환이 필요하다. (닛케이산교신문 편집장 미야히가시 하루히코)

(2019년1월)

interview **6**

데이터 활용을 통한 이노베이션이 본질

도요대학 교수 사카무라 켄

사카무라 켄(坂村 健)

1979년 게이오대학대학원 수료. 컴퓨터 아키텍처(architecture)를 전공하고, 가전제품 등의 편성 기본 소프트(OS) TRON(트론)을 개발했다. 도쿄대학 조교, 교수, 도쿄대학 대학원 교수 등을 거쳐 2017년부터 도요대학 교수로서 철도와 버스, 항공 등의 운행 정보를 제공받는 대중교통 오픈 데이터 센터의 운영 주체, 대중교통 오픈데이터협의회 회장도 맡고 있다.

모든 사물을 인터넷으로 연결해서 서비스화하는 것은 서비스를 제공하고 이용할 때 얻은 데이터를 분석하고 활용하는 것과 밀접한 관계가 있다. 데이터 활용의 의의와 향후 있을 수 있는 방향성에 대해 일본 정보통신 분야의 중진이며 대중교통 데이터 활용의 선도 역할을 하고 있는 도요대학의 사카모토 켄 교수(정보연계학부장)의 이야기를 들어 보자.

— 데이터 활용에 대한 기대가 높아지고 있다.

"디지털 기술로 과제를 해결하는 디지털 트랜스포메이션(DX)이나 빅데이터 분석, 인공지능(AI)의 기술로 세상을 바꾸어 나가려는 것이 세계적인 흐름입니다. DX에서 중요한 것은 지금까지의 종이나 팩스를 기반으로 하는 업무 진행 방식과는 선을 긋고, 디지털을 활용해서 업무 그 자체를 변혁시켜 이노베이션을 일으키자는 것입니다.

통신 인프라도 고속 통신 규격 5G를 시작으로 정비되고, 모든 사물이 인터넷에 연결되는 IoT나 스마트폰을 경유해서 데이터가 모이게 되었습니다. 지금까지는 전혀 없었던 데이터를 분석할 수 있고 AI 등의 테크놀로지도 갖추어졌지만, 테크놀로지만으로 되는 것이 아니라 업무의 진행 방식 자체를 바꾸어 나갈 필요가 있습니다."

— 일본의 현황에 대해서는 어떻게 평가하는가?

"업무 진행 방식을 바꾸기 어려운 곳이 일본입니다. 알기 쉬운 예를 들면, 일본은 일찍이 고속도로 자동 요금징수 시스템(ETC)을 개발했는데도 아직까지 톨게이트가 없어지지 않았지만, 반면 일본이 ETC를 수출한 싱가포르에서는 ETC 탑재를 법으로 의무화해서 게이트 없는 운행을 실현하고 있습니다. 최첨단 기술 개발에 막대한 돈을 쏟으면서도 제도 개혁이나 업무 개혁은 멀리해 온 대가를 지금 치르게 된 것입니다.

IoT의 센서에서 얻을 수 있는 정보 외에 통계나 시간표 등 단지 데이터만이라면 엄청나게 갖고 있지만, 그것들이 공개되고 정비되어 사용 가능한 형태가 아니면 이노베이션은 진행되지 않습니다. 대중교통 분야에서 오픈데이터협의회를 만든 것은 이러한 의도에서였습니다. 시간표만 해도 그렇습니다. 외국인들도 읽을 수 있도록 100개국 이상의 언어로 번역하기 위해서는 컴퓨터 분석이 가능한 디지털 데이터로 만들 필요가 있습니다. 대중교통 오픈데이터협의회를 통해 지금 있는 데이터를 사업자들에게 받아 내려는 것입니다."

— 공공 데이터를 오픈하는 장점은 구체적으로 무엇인가?

"일본을 포함한 여러 선진국들은 저출산, 고령화로 인해 새로운 일을 시도하려고 해도 재정 사정이 어렵습니다. 그래서 미국의 오바마 대통령은 '거버먼트 2.0'을 시작했습니다. 인터넷이 발달한 IT(정보기술)를 사용해 정부가 데이터를 제공할 테니 민간이 활용해 주기 바란다는 메시지를 내놓았습니다. 이것이 유럽에도 확산되어 대중교통의 경우, 시간표와 변동 상황 데이터가 클라우드에 공개되어 이노베이션이 일어났습니다. 2012년 런던올림픽에 맞추어 오픈 데이터를 활용한 앱 개발이 진행되었고, 2016년 리우데자네이루 올림픽에서는 한층 더 발전했습니다.

리우올림픽에서는 전 세계의 '환승 안내'와 같은 서비스를 제공하는 회사가 오픈 데이터를 사용해서 리우 내에서의 이동을 편리하게 하는 소프트웨어를 개발했습니다. 런던올림픽용 앱도 무료로 개발되어 지금도 계속 버전업되고 있습니다. 차세대 이동 서비스 MaaS에서 앞서간다는 핀란드 정부도 인정하고 있듯이 교통사업자가 사비를 털어 앱을 개발하는 것은 한계가 있어, 불황이 되면 기업에서는 비영리성 서비스를 유지하기가 어려워집니다. 데이터를 오픈해서 다같이 개발하는 것이 좋습니다."

— 일본의 경우, 대중교통 데이터 활용의 과제는 무엇인가?

"런던올림픽에서 모든 대중교통 데이터를 공개할 수 있었던 것은 철도, 버스, 지하철 등이 전부 공영이었기 때문입니다. 반면 일본은 철도나 버스 등의 민영화가 전 세계에서도 가장 앞서는 나라여서 오히려 데이터의 오픈화는 어렵게 되었습니다. 필요한 데이터를 사업자들이 좀처럼 무료로 내놓지 않고 있는데, 조금 더 공공성을 의식해 주었으면 하는 바람입니다. 데이터 이외의 부분에서 이익을 취하는 것이 바람직하지 않을까 생각합니다.

오픈 데이터를 통해 앱 개발을 독려하기 위해 2017년부터 도쿄도 등과 공동으로 개최하고 있는 '도쿄 대중교통 오픈 데이터 챌린지'에서는 시각장애인이 상시 이용하는 노선버스가 버스정류장 근처 어디까지 왔는지를 음성으로 알려주는 앱이 만들어져 최우수상을 수상했습니다. 교통사업자가 좀처럼 생각지 못하는 관점입니다. 비영리 목적의 앱에서도 여러 기업이 시험 삼아 응모해 주어 개인과 기업은 반반 정도의 비율이었는데, (2021년에 걸쳐 실시하는) 제4회에서는 영리 목적의 앱도 새롭게 인정하기로 하는 등 기업의 앱 개발을 더욱 장려하고 있습니다."

(2020년 2월)

제2장

서비스화의 선두 주자 MaaS
– 국경을 초월한 경쟁

CHAPTER 1

MaaS 시대는 눈앞에

– 토요타와 대형 철도사업자, 외국 기업들도 잇따라 진출

급속히 확대되는 MaaS 시장에 토요타자동차도 뛰어들었다. 왜 토요타는 MaaS를 주력 사업의 하나로 결정했을까?

여러 이동 수단을 조합해서 이용

"출장 때 사용해 보니 편리하더군요." 회사원인 30대 남성은 웃는 얼굴로 말한다. 후쿠오카에서 '마이루트(my route)'라는 스마트폰 앱이 조용히 화제가 되고 있다. 출발지와 목적지를 지정하면 철도나 택시, 렌탈 사이클 등 여러 이동 수단을 조합해서 경로와 도착 시간이 표시되고 예약이나 결제도 앱에서 할 수 있다. 다운로드 수는 15,000건을 넘었다.

마이루트는 토요타가 서일본 철도와 제휴하여 2018년 11월부터 실증 실험을 시작한 앱이다.

후쿠오카 시내의 지역 정보를 제공하는 기업 등 약 10개 기업과 단체들과 함께 연계했다.

"사람들이 이동하기 싫어지는 포인트를 줄이고, 이동하고 싶어지는 요소를 추가합니다. 이 두 축으로 이동량을 늘리는 서비스를

만들 것입니다." 토요타의 아마노 나리아키(天野成章) 미래프로젝트실 대리는 이렇게 말한다.

마이루트처럼 여러 교통수단의 예약이나 결제를 통합한 서비스는 MaaS의 원천이다. 핀란드의 스타트업 마스글로벌(MaaS Global)이 세계 최초로 2016년에 서비스를 개시했고 MaaS라는 용어와 함께 전 세계로 확산되었다.

"자동차를 만드는 회사에서 이동에 관련된 모든 서비스를 제공하는 모빌리티 컴퍼니로 모델 체인지를 할 것입니다." 2018년 미국 라스베가스에서 열린 세계 최대의 IT 상품 전시회 CES의 기자회견에서 토요타의 도요타 아키오 사장은 이렇게 선언했다.

PwC컨설팅의 예측에 따르면 MaaS의 시장 규모는 2030년까지 미국과 유럽에서 약 150조 엔(약 1,490조 원)으로 확대될 전망이다. 자동차 산업과 IT와의 융합이 진행되는 가운데 미국의 구글이나 애플 등 타 업종과의 경쟁도 격해지고 있다. 자동차 업계의 비즈니스 모델이 크게 바뀌고 있는 상황에서 자동차 사업자들이 앞으로도 주역의 자리를 지킬 수 있으리라는 보장은 없다. 이러한 위기감이 토요타를 움직이게 했다.

토요타는 국내·외에서 MaaS 전략에 속도를 내고 있다.

일본

기자회견 중인 모넷 테크놀로지스의 미야카와 준이치 사장 겸 CEO와 토요타자동차의 도요타 아키오 사장 (2019년 3월)

앱에서 승하차할 버스정류장과 시각을 지정하고 예약한다. (아이치현 도요타시)

모넷 테크놀로지스 소매점과 부동산 등 일본 내 약 90사가 기업연합을 결성

마이루트
여러 교통기관의 예약/결제를 일괄로

KINTO(킨토)
자동차의 정액제 무제한 이용 서비스

토요타 셰어
도쿄에서 전개하는 차량 공유 서비스

TOYOTA
토요타의 다목적 완전 자율주행차
<e-Palette>

해외

우버 테크놀로지스(미국)
자율주행차를 공동 개발

디디추싱(중국)
블랙박스 탑재 차량으로 실험 중

그랩(Grab, 싱가포르)
승차 공유 차량의 유지 보수 서비스 제공

겟어라운드 (Getaround, 미국)
개인 간 차량 공유 서비스에 스마트폰을 이용한 열쇠 개폐기기 제공

토요타는 싱가포르에서 Grab에 기반 서비스를 제공 (싱가포르의 판매점)

세계적인 플랫포머(platformer)가 될 기업을

2019년 3월28일, 도쿄 롯폰기에서 기업 관계자들 약 600명이 모이는 이벤트가 열렸다. 토요타와 소프트뱅크의 공동 출자회사 모네 테크놀노지스(MONET Technologies)가 개최한 모네 서밋(MONET summit)이다.

"MaaS의 세계적인 플랫포머가 될 기업을 육성할 것입니다." 모네의 미야카와 쥰이치 사장이 이렇게 힘을 쏟아 만들겠다는 것이 MaaS 개발을 위한 컨소시엄이다. 미쓰비시지쇼(三菱地所), 패스트 리테일링(FAST RETAILING) 등 88개 기업이 새로운 서비스 창출을 위해 협력하게 된다.

모네 테크놀노지스는 스마트폰으로 예약할 수 있는 합승 서비스 '온디맨드 버스(on-demand bus)'를 운영하는 플랫폼을 2019년 2월부터 개시했다. 요코하마시와 아이치현 도요타시 등 지역의 특성에 맞춘 실증을 연달아 시작하고 있다.

2019년에는 이동판매 등에 사용할 수 있는 '서비스카'를 개시했고, 2023년 이후에는 이를 자율주행으로 대체할 계획을 갖고 있다.

이 플랫폼과 기업이 가진 데이터를 연계해 세계 시장에서 경쟁할 수 있는 MaaS를 일본에서 배출하는 것이 컨소시엄의 목적이다. 자동차 기업이 가진 주행 데이터 등을 공유하는 허브로서의 기능도 기대하고 있어 혼다도 새로 모네 테크놀노지스에 출자할 것이다. 오랜 라이벌이었던 토요타와 혼다가 협업하는 것은 이례적이다. 도요타 사장은 "자동차 업계가 공개적으로 연계하는 첫걸음이 될 것"이라고 말한다.

토요타는 잇달아 MaaS에 대한 시책을 내놓고 있다. 도쿄에서는 일부 지역에서 차량 공유를 개시했다. 월정액으로 일정 기간 새 차를 바꿔 탈 수 있는 서비스 킨토(KINTO)도 시작했다.

일본에서는 스스로가 중심이 되어 플랫포머를 목표로 하고 있지만, 세계의 차량 공유 시장에서는 미국의 우버 테크놀로지스나 싱가포르의 그랩(Grab) 등의 '거인'들이 두각을 드러내고 있다. 토요타는 세계 각지의 유력한 플레이어에게 자사의 강점인 기술과 서비스 등을 제공해 플랫폼 사업에 파고들고자 힘쓰고 있다.

유럽에서 앞서가는 '통합형 서비스'

그랩과의 제휴에서는, 서비스로 운행하는 15,000대의 토요타 차량에 블랙박스를 부착하고 차량의 상태, 움직임 등을 실시간으로 파악할 수 있는 시스템을 제공하고 있다. 신속한 유지 보수 등으로 자동차의 가동률을 올리는 것이 목적이다. 싱가포르를 시작으로 동남아시아 전역에 확대해 2020년까지 그랩에서 사용되는 토요타 차량의 점유율을 25% 끌어올릴 계획이다.

우버와는 2018년에 자본 업무 제휴를 맺고 2021년부터 미니밴 시에나를 차량 공유망에 도입하기로 결정했다. 시에나에는 토요타의 안전 지원 시스템인 '가디언(Guardian)'이 탑재되어 있어 우버의 자율주행 시스템 판단을 이중으로 체크한다. 유지 보수나 리스 서비스 등을 제공하는 별개의 회사 설립도 검토하고 있다.

MaaS 플랫폼 구축에 박차를 가하고 있는 토요타를 앞서고 있는 곳이 유럽이다. 자동차 기업이 자회사를 통해 철도나 지자체 등과 제휴하고 통합형 서비스를 제공하기 시작했다.

2019년 2월 22일, 베를린에서 독일 다임러(Daimler)의 차량 공유 서비스 앱 'Car2go'를 열면, 이용 가능한 차량을 표시하는 낯익은 하늘색 마크가 표시되고, 여기에 추가적으로 청록색 마크가 화면을 가득 채운다. 청록색 마크 하나를 눌러 보면 독일 BMW의 1 시리즈가 표시된다.

이날 고급 승용차 부문 세계 1위인 독일 다임러와 2위인 독일 BMW가 MaaS 제휴에 시동을 걸었다. 경쟁 사업을 통합하고 차량 공유와 배차, 주차장 예약 등 5개 분야에 걸쳐 공동 출자 회사를 설립했다.

세계 최대 규모의 단시간 차량 공유 서비스 'Car2go'와 BMW의 'Drive now'를 합쳐 유럽의 16개 도시(2020년 11월 시점)에서 전개했다. 차량 공유나 승차 공유는 이용자가 필요로 할 때 사용할 수 있는 차량이 많으면 많을수록 유저의 편리성이 높아진다. BMW의 헤럴드 크루거 사장은 "모빌리티 서비스에서 타사를 이기기 위해서는 규모가 필요하다."라며 통합의 의의를 강조한다.

자사의 서비스 제휴뿐만이 아니다. 슈투트가르트, 카를스루에, 뒤셀도르프, 각각의 도시 교통국 앱에 다임러와 BMW 연합이 들어갔다. 뒤셀도르프의 교통 앱은 버스와 지하철 등의 대중교통 외에 차량 공유와 자전거 공유 등도 넘나들며 검색할 수 있고, 결제까지 앱 안에서 원스톱으로 해결하는 통합형 서비스다.

"이용자는 상황에 맞추어 최단 시간 이동 방법이나 최저가 이동 방법 등을 선택할 수 있으며, 교통 정체가 없는 세상을 실현하는 것이 목적입니다."라고 복합 교통의 통합 브랜드 리치나우(ReachNow)의 CEO에 취임한 다니엘라 게레톰 마르코텡은 말한다.

양사는 향후 수년간 MaaS에 10억 유로(약 1조 3,800억 원)를 투자할 예정이다. 다임러의 디터 제체(Dieter Zetsche) 사장(당시)은 "모빌리티 서비스 시장의 우열은 향후 2~3년 내에 결정될 것이며, 속도가 중요합니다."라고 힘주어 말한다.

거대 시장으로의 성장이 기대되는 MaaS에는 철도회사나 국가, 지자체, 부동산 개발업자 등 타 업종과 IT 대기업도 뛰어들어 경쟁 환경은 혼란스럽다. 자동차가 산업의 정점이 아닌 세상에서 누가 승리를 거머쥘 것인가? 경주는 이미 시작됐다.

잇따른 진입, 일본 시장 확대, 2025년에는 2조 엔 돌파

자동차를 비롯하여 모빌리티를 서비스로서 제공하는 MaaS. 차량 공유나 미국의 우버 같은 승차 공유 서비스가 대표적인 예인데, 외국에서는 이미 버스나 철도, 택시 등을 결합하여 하나의 이동 서비스로 이용할 수 있는 경우도 존재한다.

일본에서는 현재 철도나 버스와 같은 대중교통, 택시, 차량 공유, 자전거 공유 등의 사업자가 각각 개별적으로 제공하는 상태에 머물러 있다. 다만 앞으로 횡적인 서비스도 등장하게 되면 주변 서비스도 포함해 급속한 시장 확대가 기대된다. 야노경제연구소가 2019년 2월에 공표한 조사에 따르면, 일본의 MaaS 시장은 사업자의 매출액 기준 2018년은 845억 엔(약 8,400억 원)을 전망하고 2025년에는 2조 엔(약 19조 9,000억 원)을 돌파할 것으로 예측된다. 제로에서 시작하는 서비스가 다수 등장하고 있기 때문에 높은 성장률이 기대된다는 것이다.

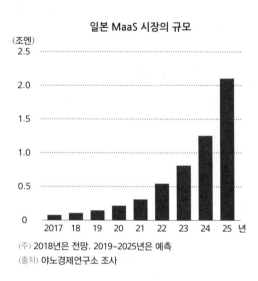

일본 MaaS 시장의 규모

(주) 2018년은 전망, 2019~2025년은 예측
(출처) 야노경제연구소 조사

이러한 예측을 뒷받침하는 움직임 중 하나가 앞서 말한 토요타자동차와 소프트뱅크의 공동 출자회사 모네 테크놀노지스가 2019년 3월 28일 발표한 이동 서비스 컨소시엄이다. 소매, 물류, 상사, 금융 등 다양한 업종의 기업이 참가했다. 타 업종들의 진입으로 인해 새로운 이동 서비스가 연달아 등장할 가능성이 있다.

CHAPTER 2

토요타, 전방위에서 MaaS 구축

– 열쇠를 쥐고 있는 데이터 집약

일본 기업 중 토요타자동차는 MaaS의 선두를 달리고 있다. 2020년 1월6일, 미국에서 열린 기자회견에서 자동차의 차세대 서비스를 핵심으로 한 거리 조성에도 나서겠다고 발표했다. 자동차 제조 기업에서 다양한 이동을 지원하는 '모빌리티 컴퍼니'로 변신을 꾀하고 있다.

이나시에서 '이동병원' 서비스 실증 실험

나가노현 남부에 위치한 이나시(伊那市), 남알프스 등 산들에 둘러싸인 조용한 도시에서 2020년 1월부터 이동병원이라 할 수 있는 서비스의 실증 실험이 시작되었다. 토요타와 소프트뱅크 등의 공동 출자 회사인 모네 테크놀로지스가 이나시 등과 손을 잡은 프로젝트다.

"혈압 정상이에요.", "다음 진료도 예약해 둘게요." 간호사를 태운 '하이에이스(도요타의 밴)'가 환자의 자택 근처까지 오면 병원에 있는 의사와 화상회의 시스템으로 연결해 필요한 검사나 처치 등을 할 수 있는 구조다. 차량은 병원 진료실처럼 꾸며져 있고, 혈압 측정기 등 진료에 필요한 설비도 갖추어져 있다.

이나시는 나가노현에서 세 번째로 넓은 지역으로 병원이 많은 도심부까지 이동하기 힘든 고령자가 적지 않다. "병원에 가는데 택시비가 1만 엔이나 드는 경우도 있습니다."(이나시 직원) 이러한 상황을 이동 서비스로 해결하는 것이 목적이다. 우선은 1대로 검증을 시작하고 앞으로 늘려나갈 방침이다. 향후에는 자율주행으로 운행하는 것도 생각하고 있다. "우리 시스템으로 운행 효율화를 꾀하고 전국으로 확대 전개할 예정입니다." 모네 테크놀노지스의 시바오 요시히데 부사장은 힘주어 말한다.

신형차 판매 의존에서 벗어날 수 있을까

자동차와 IT의 융합이 진행되면서 공유 서비스 등 새로운 이동 서비스가 잇달아 생겨나고 있다. 신형차 판매에 의존해 오던 비즈니스 모델에서 탈피하는 것은 자동차 제조 기업의 공통된 과제다.

토요타의 도요타 아키오 사장은 2020년 1월6일, 세계 최대 가전 기술전시회 CES 관련 회견에서 커넥티드카(connected car)와 자율주행 전기자동차(EV)를 중심으로 모든 사물과 서비스를 인터넷으로 연결

하는 스마트시티를 시즈오카현 스소노시(裾野市)에 건설한다고 발표했다. 토요타는 자동차에 관련된 종합 서비스업으로의 전환을

모네 테크놀로지스 등이 나가노현 이나시에서 실험 중인 이동병원

추진하고 있으며, 2021년 2월 착공을 목표로 하고 있다. 일본에서 자동차의 차세대 서비스를 핵심으로 하는 지역을 만드는 것은 이 례적이다.

시즈오카현 스소노시에 '커넥티드 시티'

토요타는 실증 실험하는 지역을 '커넥티드 시티'로 자리매김하고 있다. 폐쇄 예정인 토요타자동차 동일본의 히가시후지 공장 철거지를 활용할 계획이다. 지역명은 'Woven City(우븐 시티)'로 하고 처음에는 고령자나 육아 세대, 발명가 등 360명 정도가 거주할 것으로 전망한다. 부지 면적은 약 71만㎡이며, 투자액 등은 밝히지 않았다.

토요타가 상업용으로 개발을 추진하고 있는 자율주행 전기자동차 e-팔레트(e-Palette) 등을 운행할 계획이다. 연료 전지를 사용한 발전 시스템 등 도시 인프라는 지하에 둔다. 거주자는 자동차 외에도 실내용 로봇 등의 신기술을 검증하게 된다. MaaS나 인공지능(AI)의 개발에도 활용해 나갈 것이다.

모빌리티 분야에서도 토요타는 차근차근 입지를 견고히 실행하고 있다. 소프트뱅크와의 제휴로 주목을 모은 모네 테크놀로지스는 2019년 들어 도쿄 마루노우치와 아이치현 토요타시를 시작으로 전국 각지에서 온디맨드 교통 등의 실증 실험을 개시했다. 같은 해 12월 시점에 32개 자치단체와 연계해 이동의 과제 해결을 위한 서비스 제공에 나섰다. 자율주행 기술 등을 활용한 새로운 서비스 창출을 위해 제휴 대상을 만들기에도 박차를 가하고 있다. 2019년 3

월에 만든 컨소시엄에는 소매점과 물류 등 400여 사업자가 참가를 결정해 거대한 조직이 되었다.

토요타가 전개하는 이동 서비스 전략은 3가지 접근법으로 나눌 수 있다. 그 하나가 지역의 유력한 이동 서비스 기업과 제휴해서 사업을 전개하는 것이다. 모네 테크놀로지스는 외부 기업과의 제휴를 통해 신설 회사를 만들어 사업을 전개한다는 점에서 이에 해당된다. 해외에서는 미국의 승차 공유 최대 기업 우버 테크놀로지스, 동남아시아의 배차 서비스 최대 기업 그랩 등과 연계해 서비스 개발을 추진할 것이다.

나머지 두 가지는 토요타가 사업 주체가 되는 모델, 나아가서는 토요타 판매점이 사업 주체가 되는 모델이다. 토요타식의 '생산에서 판매까지 모두 자사가 부담'하는 형태와 비슷한 전개가 예상되는데 이 부분의 사업화도 속도를 내고 있다.

'마이루트'에 관한 문의 쇄도

"우리 지역에서도 해 줄 수 있나요?", "사업 내용을 자세히 알고 싶어요." 도쿄 시부야에 있는 토요타 미래 프로젝트실에는 2019년 말, 전국의 지자체와 교통 사업자들로부터 문의가 쇄도했다. 그 수는 수십 건에 달한다. 주목을 끌었던 이유는 2019년 11월, 본 장의 서두에서도 다루었던 '마이루트(my route)'라는 서비스를 후쿠오카시와 기타큐슈시에서 본격 전개를 시작했기 때문이다.

토요타는 이동 서비스를 3축으로 개척

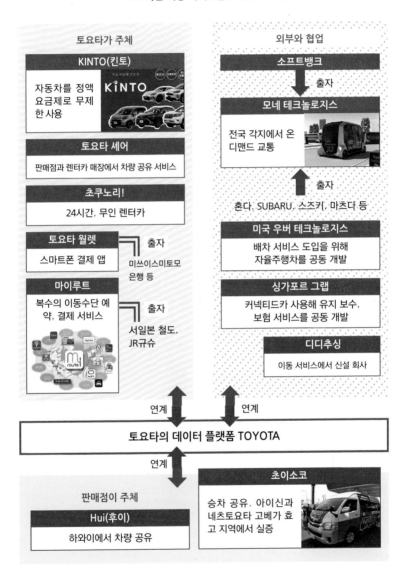

토요타가 주체

KINTO(킨토)
자동차를 정액 요금제로 무제한 사용

토요타 셰어
판매점과 렌터카 매장에서 차량 공유 서비스

초쿠노리!
24시간, 무인 렌터카

토요타 월렛
스마트폰 결제 앱

출자 → 미쓰이스미토모 은행 등

마이루트
복수의 이동수단 예약, 결제 서비스

출자 → 서일본 철도, JR규슈

외부와 협업

소프트뱅크
출자

모네 테크놀로지스
전국 각지에서 온 디맨드 교통

출자

혼다, SUBARU, 스즈키, 마쓰다 등

미국 우버 테크놀로지스
배차 서비스 도입을 위해 자율주행차를 공동 개발

싱가포르 그랩
커넥티드카 사용해 유지 보수, 보험 서비스를 공동 개발

디디추싱
이동 서비스에서 신설 회사

연계 ↕ 연계 ↕

토요타의 데이터 플랫폼 TOYOTA

연계 ↕

판매점이 주체

Hui(후이)
하와이에서 차량 공유

초이소코
승차 공유. 아이신과 네츠토요타 고베가 효고 지역에서 실증

마이루트는 여러 교통수단을 이용해 목적지까지 갈 수 있는 경로를 제시하고 예약, 결제 등도 일괄적으로 끝낼 수 있는 '멀티모달(multimodal)'이라 불리는 서비스다. 후쿠오카 등에서는 서일본철도, JR 규슈 등과 함께 전개했다. 두 회사의 철도, 신칸센, 버스와 더불어 토요타의 차량 공유 서비스 등도 연계해 목적지까지의 필요한 이동 서비스를 일괄 제공할 수 있다.

이와 별도로 토요타는 2019년 10~11월에 새롭게 두 가지 이동 서비스를 시작했다. 차량 공유 서비스 '토요타 셰어'와 결제 서비스 '토요타 월렛'이다.

차량 공유와 결제를 직접 제공

"예약 시간이 지났습니다.", "엔진 끄기, 잊지 않으셨나요?"

2019년 10월 말, 전국 서비스를 시작한 토요타 셰어는 판매 매장과 렌터카 매장에서 제공하는 차량 공유 서비스다. 앱에서 회원 가입 및 결제 정보 입력을 마치면 곧바로 예약이 가능하다. 예약을 하면 스마트폰에 다양한 안내가 공지되는 구조다. 차량의 잠금과 해제도 스마트폰으로 가능하다. 거점 수는 같은 해 12월 상순 100곳을 넘었다.

"지금까지 데이터 기반을 활용해 보수 점검이나 보험을 제공해 왔습니다. 여기에 결제가 세계 공통으로 추가되는 것은 주목할 만합니다." 토요타 간부가 이렇게 말하는 서비스는 2019년 11월부터 시작한 '토요타 월렛'이다. 스마트폰을 활용한 결제 서비스로 토요타 파이낸셜 서비스 등과 함께 개발했다.

다양한 스마트폰 결제 앱이 있는 가운데 토요타 월렛은 여러 결제 수단을 원스톱으로 사용할 수 있는 것이 특징이다. 사전에 충전해서 이용하는 전자화폐 '토요타 월렛의 잔액' 외에 신용카드와 연동한 후불형, 은행 계좌에서 즉시 인출형 등의 결제 서비스를 이용할 수 있다. 2020년에는 다른 국가에 진출도 고려하고 있다.

무엇보다 차량 공유도 결제도 이미 많은 기업이 진출해 있다. 토요타가 다양한 이동 서비스를 선보이는 한편, 경쟁 업체들과 어떻게 차별화를 이루어 낼지가 앞으로의 과제다. "지금은 모빌리티 컴퍼니가 된다는 목표가 있어서 여러 부서가 달려들어 추진하고 있는 상황이다."라고 어느 간부는 지적한다.

빅데이터 제휴가 관건

토요타의 이동 서비스의 진화 열쇠를 쥐고 있는 것은 토요타가 보유하고 있는 빅데이터와의 연계이다. 토요타는 2020년까지 일본과 미국에서 판매하는 신형차를 거의 모두 커넥티드카로 만들 계획이다. 연간 1,000만 대의 판매를 통해 수집한 이동 데이터와 서비스를 연결하면 여러 가능성이 생긴다.

예를 들면 결제에서는 이용 데이터를 기초로 소비 행동이나 기호를 파악할 수 있다. 이것과 이동 데이터를 엮으면 새로운 서비스를 창출하는 것도 가능하다. 만약 어떤 고객이 축구장에 자주 간다는 데이터가 있다면, 축구 경기 티켓을 추천한 뒤 차량 공유를 제안할 수도 있다. 토요타 관계자는 "이동의 제한을 풀고 좀 더 자유롭게 행동할 수 있도록 제안할 수 있다면 부가가치가 될 것이다."라며 기대감을 보인다.

도시 조성도 시야에 넣어, 파나소닉과 사업 통합

이동의 양상이 바뀌면 도시 조성의 양상도 바뀐다. 토요타 사장은 "자동차를 포함한 거리 전체, 사회 전체라고 하는 넓은 시야에서 생각해야 합니다. '커넥티드 시티'라는 발상이 필요합니다."라고 말한다. 미래의 도시 조성까지 내다보고 2019년 파나소닉과 주택 관련 사업 통합을 발표했으며, 2020년 1월에 신설 회사를 발족시켰다. 새로 설립한 통합 회사는 자동차와 주택, 가전, 에너지 인프라 등을 인터넷에 연결해 다양한 정보가 모이는 플랫폼 구축을 목표로 한다.

세계를 둘러보아도 IT나 이동 서비스를 조합한 차세대형 도시 만들기는 점점 확산되고 있다.

중국에서는 시진핑 국가주석의 주도로 건설 중인 신도시 슝안신구(雄安新區)에 알리바바 집단과 텐센트, 바이두 등 유력 IT 대기업이 대거 진출했다. 자율주행차가 달리는 선진적인 거리 만들기에 박차를 가하고 있다.

"이번 토요타 부스는 사람을 중심으로 한 미래의 삶을 테마로 정했습니다." 2019년 10월 도쿄 모터쇼 기자회견에서 도요타 사장은 토요타 부스를 이렇게 소개했다.

서비스를 진화시킬 수 있을까

다용도로 사용할 수 있는 자율주행차 e-팔레트가 이동 점포나 택시가 되어 거리를 달린다. 집까지 상품을 운반해 주는 소형 택배 로봇 '마이크로 팔레트(Micro Palette)', 이동 시간을 자유롭게 사용할 수 있도록 해주는 1인승 자율주행차 '이포미(e-4me)'도 미래의 거리에서는 익숙한 광경이 될 것이다. 토요타 부스에서 보여준 것은 이러한 새로운 이동 사회의 모습이었다.

IT 등 타 업종도 포함해 미래의 이동 사회의 주역을 둘러싼 공방은 앞으로도 더욱 치열해질 것이다. 토요타가 계속해서 존재감을 드러낼 수 있을지는 각계와 연계를 추진해 가면서 서비스를 진화시킬 수 있을지가 관건이다.

CHAPTER 3

MaaS 선진 도시 헬싱키 시민들의 이동 수단이 격변

도시와 지방의 교통 과제 해결, 핀란드 기업이 TOP

휴대용 콘텐츠 제공자 등으로 구성된 모바일 콘텐츠 포럼(MCF) 등이 2019년 3월 28일, 도쿄에서 차세대 이동서비스 MaaS에 관한 세미나를 열었다. 핀란드의 MaaS 플랫폼 개발 업체 뀨띠(Kyyti)의 CEO 페카 모토 등이 등단해 "도시나 지방이 안고 있는 교통 과제를 해결할 가능성이 있다."라고 말했다.

모토 대표는 MaaS가 가져올 효과에 대해 "지방에서는 이용자가 유연하게 이동 수단에 접근할 수 있고, 사업자는 적절한 비용으로 서비스의 질을 향상시킬 수 있다. 또한, 도시에서는 출퇴근 수단이 된다."라고 설명했다. 또한, "주택사업자나 소매업체도 MaaS 분야에 진입이 가능하다."며 교통 분야를 넘어 다양한 산업의 변혁으로 이어질 수 있음을 강조했다.

선두 주자는 마스글로벌(MaaS Global)의 앱 '윔(Whim)'이다. 여러 이동 수단을 조합한 최적의 경로 검색이나 앱 안에서 결제가 가능하다. 처음에는 택시 업계가 반대했지만 핀란드 경제고용부 산하 정부기관인 비즈니스 핀란드의 밋코 코스케 씨는 "택시의 한 달 이용 횟수가 4배로 증가하게 되었다."라고 설명한다.

교통의 효율화나 최적화는 일본에서도 중요한 과제다. 도시의 높은 철도 혼잡률이나 인구 감소와 고령화가 진행되는 지방에서의 대중교통 서비스 유지, 그리고 지속적으로 증가하는 외국인 관광객들의 자유 관광에도 MaaS는 중요한 역할을 수행할 가능성이 있다.

모리빌딩은 도쿄 도심에서 사원들이 출퇴근이나 외출할 때 승합차에 합승해서 이동하는 서비스에 대해 실증 실험을 하고 있다. 이 회사의 시오데 아야코 씨는 "누구나 편리하게 사용할 수 있으므로 도시의 인프라가 될 수 있다."라고 말한다.

MaaS 선진 도시로 전 세계의 주목을 받고 있는 북유럽 핀란드의 수도 헬싱키는 모든 이동 수단(모빌리티)을 통합해 정액요금으로 제공함으로써 수요를 자극해 대중교통으로의 전환이 일어나고, 택시 이용이 배로 증가하는 성과를 거두었다. 세계적 진출에 속도를 내고 있는 MaaS 운영회사 마스글로벌의 시선은 일본을 향해 있다.

시내의 이동 수단, 이용자 마음대로

헬싱키는 60만 명 이상이 사는 유럽의 가장 북쪽에 위치한 대도시다. 원래 버스나 철도 외에 트램(노면전차)이나 핀란드만의 섬과 마을을 연결하는 페리 등 대중교통이 잘 갖추어져 있다. 이들을 활성화시킨 것이 2017년 말부터 본격적으로 상용 서비스를 개시한 앞서 말한 MaaS 앱 '윔(Whim)'이다.

Whim은 '변덕'을 뜻하는 그 이름처럼 헬싱키 시내의 여러 이동 수단을 이용자가 마음대로 활용할 수 있도록 했다. 예를 들어 헬싱키 중앙역에서 북으로 약 2km 거리, 시가지가 한눈에 내려다보이는 명소인 올림픽 스타디움으로 가보자. 윔(Whim)에 출발지를 입력해 검색하면 도보와 대중교통, 택시를 이용한 여러 루트가 순식간에 표시된다.

경로를 선택하면, 요금 결제 및 배차 예약 버튼이 표시된다. 버스나 트램의 경우 2.8유로(약 3,800원)를 현금 없이 결제하고 디지털 승차권을 받는다. 택시는 12~18유로(약 16,000~24,000원)으로 이 중에서 선택해 배차 서비스를 받은 후, 나머지는 타기만 하면 된다.

윔(Whim), 세계 유일의 레벨 3

마스글로벌의 CEO 삼포 히에타넨(Sampo Hietanen)은 "택시를 포함해 모든 대중교통을 쉽게 통합시킬 수 있었던 것이 윔이 성공한 이유"라고 말한다. 대중교통에 렌터카, 차량 공유, 공유 자전거까지 총망라해 결제까지 앱 하나로 해결할 수 있다.

일본에서도 토요타자동차와 서일본철도가 후쿠오카 등에서 서비스하고 있는 MaaS 앱이나 통상의 경로 검색 앱을 통하면 이동 경로는 알 수 있다. 다만 앱으로 사용할 수 있는 것이 버스의 프리패스권이나 택시 배차에 한정되어 있고, 앱에서 제휴처 사이트로 옮겨지거나 하는 등의 제약이 많다.

윔은 MaaS로써 원스톱 서비스를 실현하고 있어 0~4까지의 5단계 평가에서 세계 유일의 레벨3에 와 있다고 스웨덴 연구팀이 평가하기도 했다.

요금 플랜은 '건당 지급'이 기본이지만, 정액요금제로 무제한 이용을 도입해 편리성을 높이고 있다. 일정액을 지급하면 계속 이용할 수 있으며 동영상이나 음악 서비스에서 보급되고 있는 서브스크립션의 모빌리티 분야의 선두이다. 30일간 62유로(약 85,000원)를 지급하는 플랜에서는 대중교통과 공유 자전거를 무제한 이용할 수 있으며, 택시(반경 5km 이내)나 렌터카도 저렴하게 이용할 수 있다.

게다가 1개월에 499유로(약 68만 원)를 지급하는 최고가 플랜에서는 택시나 렌터카, 차량 공유를 포함해 모든 이동 수단을 무제한 이용할 수 있다.

자가용 차를 소유하는 데 드는 비용과 비교해 보아도 웜을 통한 이동으로 전환하면 결코 비싸지 않을 것 같다.

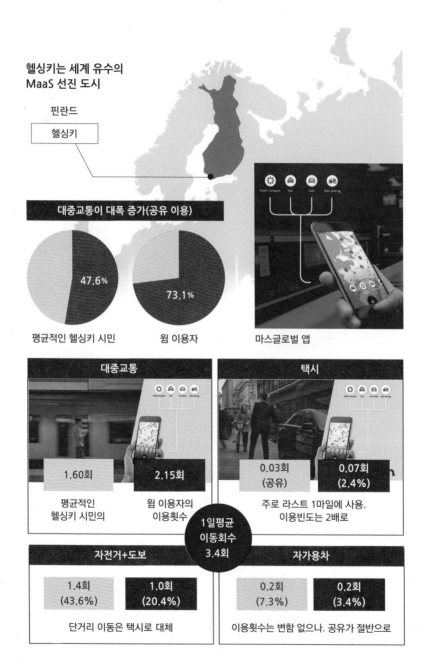

헬싱키는 세계 유수의
MaaS 선진 도시

핀란드

헬싱키

대중교통이 대폭 증가(공유 이용)

47.6%

73.1%

평균적인 헬싱키 시민

웜 이용자

마스글로벌 앱

대중교통

1.60회

2.15회

평균적인
헬싱키 시민의

웜 이용자의
이용횟수

택시

0.03회
(공유)

0.07회
(2.4%)

주로 라스트 1마일에 사용,
이용빈도는 2배로

1일평균
이동회수
3.4회

자전거+도보

1.4회
(43.6%)

1.0회
(20.4%)

단거리 이동은 택시로 대체

자가용차

0.2회
(7.3%)

0.2회
(3.4%)

이용횟수는 변함 없으나, 공유가 절반으로

정액요금제가 실제 모빌리티 이용에 영향을 미치고 있다는 사실도 드러나고 있다. 마스글로벌과 컨설팅회사가 공동으로 2019년 3월말 발표한 조사보고서 〈윔팩트, Whimpact〉에 따르면 윔의 이용자 중에는 대중교통과 택시를 조합해서 이용하는 사람이 헬싱키 평균의 3배로 매우 많다.

트램이나 버스를 타려면 집에서 정류장까지의 '퍼스트 1마일'과 하차 후 목적지까지의 '라스트 1마일'이 걸어가기에는 시간이 너무 걸리는 불편한 경우도 있다. 이 조사에서는 윔의 택시 이용자 중 9%가 대중교통 이용 20분 전이나 30분 후에 이용하는 것으로 보아 '대중교통에 편하게 접근하기 위해 택시를 이용하는' 가능성을 지적하고 있다.

정액요금제가 심리적 장벽을 낮춰 택시를 부담 없이 이용할 수 있게 한 것일까? 조사에서는 택시 이용 자체도 헬싱키 평균의 2.4배로 증가했다. 또한, 기존에는 이동 수단 전체의 48%에 머무르던 대중교통 이용이 윔 이용자에서는 73%로 크게 증가했고, 반면 자동차 이용은 7.3%에서 3.4%로 반감했다. 택시와 마찬가지로 증가 추세라는 자전거와 대중교통을 조합한 '멀티 모달'로의 이행이 진행되고 있다.

2019년은 세계 진출의 원년

2019년은 마스그로벌이 세계에 진출하는 원년이 되었다. 그때까지는 헬싱키 외 영국 버밍엄, 벨기에 앤트워프 등 유럽에서 서비스를 제공해 왔다. 히에타넨 CEO는 니혼게이자이신문(日本經濟新聞)의 취재에서 "전 세계 20개 이상의 도시에서 서비스를 검토하고 있다."라고 표명했다. 네덜란드 암스테르담이나 독일 뮌헨 등 유럽 지역과 미국의 도시, 싱가포르, 호주 시드니도 포함된다고 한다.

일본에도 진출해 서비스를 시작하고 싶다고 한다. 한편 히에타넨 CEO는 "고객에게 충분한 이동 수단을 제공하기 위해 충분한 수의 파트너가 필요하다."라며 일본에서도 헬싱키에서처럼 멀티 모달을 목표로 모빌리티 사업자와의 제휴에 시간을 들이고 있음을 시사했다. 각 지역에서 "유일한 오퍼레이터가 될 생각은 없다."라고 분명히 밝히며, MaaS를 독점하지 않는 개방적인 제휴 태도에 대한 이해를 구한다.

물밑에서 협상을 진행해 온 마스글로벌이 일본에서 처음 보인 구체적인 사업 계획은 2019년 4월 발표된 미쓰이부동산과의 협업이다. '도시 조성에 있어 MaaS의 실용화'를 위해 수도권에서 교통사업자 등과 연계로 실증 실험을 시작할 것이라고 발표했다.

2020년 10월까지 구체적인 정식 발표는 없으나 치바현 가시와시(柏市)에서 실증 실험을 시작했으며, 서브스크립션형 서비스를 계획하고 있는 것으로 보인다. 도시의 미래상으로서 헬싱키에서의 모빌리티 이용의 변화나 대중교통의 활성화는 힌트가 된다. 모빌리티뿐만 아니라 2차 세계대전 후 자가용 위주로 형성되었던 일본의 거리나 지역 자체를 이제는 마스글로벌 등의 MaaS가 바꾸어 갈지도 모른다.

CHAPTER 4
고속버스 '윌러',
차세대 이동으로 아시아에 도전

MaaS로 일본 자동차 대기업 등의 합종연횡이 분주한 가운데, 이에 아랑곳하지 않고 한발 앞서 해외 진출을 실현한 기업이 있다. 고속버스 운행 기업 윌러(WILLER)다. 아시아에서 기업 연합을 이루어 기술 개발과 상용화를 추진하고 있다. 윌러의 움직임을 통해 모빌리티의 공백 지대인 아시아 시장의 가능성을 볼 수 있다.

싱가포르에서 온디맨드 버스 운행

윌러가 도시국가 싱가포르에서 제휴 기업과 함께 시작하려는 것이 이용자가 스마트폰 앱에서 예약하면 경로 구간 어디서나 승하차가 가능한 자율주행 온디맨드 버스다. 보조 요원을 태우고 반년 정도 실제로 승객을 수송하며 실증 실험을 했다. 상용화를 목표로 수요와 개선점을 밝혀낸다. 규제가 심한 일본에서는 어려운 시도이다.

2018년 6월에 싱가포르 자회사를 설립하고 중심부의 복합 빌딩에 사무실을 개설했다. 2019년 1월부터 무라세 시게타카 사장을 포함해 3명이 상근하고 있다. 무라세 사장이 목표로 하는 것은 "아시아 어디에서나 사용할 수 있는 MaaS"로서 우선 자율주행 버스를 시행하고 있다.

구체적으로는 윌러가 차량을 제공하고 운행 시스템과 앱을 개발한다. 자율주행의 제어 기술은 싱가포르 기업이, 고객이나 차량 관리 등 운용 부분은 미쓰이물산의 자회사로 윌러도 출자하고 있는 현지 차량 공유 기업 '카클럽(CAR CLUB)'이 담당한다.

이러한 차세대 모빌리티의 개발을 아시아 각지에서 각각의 대기업 교통사업자들과 협력해 추진하고 있다. 베트남에서는 택시가 주력 사업인 마이링그룹과 함께 일본의 안전 기술을 탑재한 차량을 운행하고 있다. 2019년 6월에는 택시 배차 앱을 시작했다.

대만에서도 현지 버스회사와 연계

대만에서는 고속버스 운행 기업 궈광객운(國光客運)과 함께 AI도 활용해 효율적 운행이 가능한 합승 차량 개발을 목표하고 있다. 우선은 택시와의 환승 실험 등을 실시하고 있다. 말레이시아와 인도네시아, 미얀마에서도 제휴를 추진하며 기업 연합 구축을 서두르고 있다.

왜 일본이 아니라 아시아에서 시작한 것일까? 그 이유에 대해 무라세 사장은 "모빌리티를 일본에서 진화시키기는 어렵다."라고 지적한다. 도로교통 관련 법 규제가 엄격한데다 각 지역을 영업 기반으로 삼고 있는 철도나 버스, 택시 등 기존의 교통사업자가 존재한다. 세계적으로 확산되고 있는 승차 공유도 일본에서는 원칙적으로 금지다.

아시아의 경우 법 규제는 물론, 도로 인프라와 지하철 등의 대량 수송 수단도 정비 중에 있다. 집과 학교나 직장 등을 연결하는 도어 투 도어(Door to Door)의 이동 수단으로서 오토바이가 중시되고 있는데, 정체가 심하고 "배기가스나 무더위 때문에 결코 쾌적하지 않다. 관점을 달리하면 모빌리티의 공백 지대다."(무라세 사장). 오토바이에서 옮겨올 수 있는 시장이 있다고 본다.

윌러는 국제연합을 통해 '아시아 MaaS' 구축을 목표

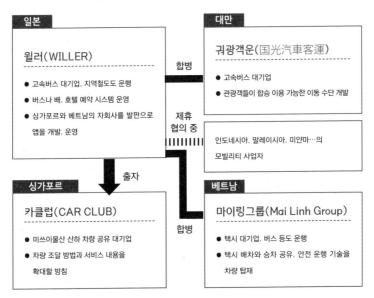

윌러는 아시아 각지에서 연마한 새로운 모빌리티를 다른 지역으로 반입해 재빠르게 확산시키려 한다. 나아가 스마트폰 앱 하나로 검색에서 예약, 결제까지 자유롭게 사용할 수 있도록 만드는 것이 윌러가 목표로 하는 '아시아 MaaS'다.

버스나 택시 외 철도, 렌터카, 차량 공유, 자전거 등 다양한 모빌리티를 통합 가능한 MaaS 앱으로 완성시키려 한다. 플랫폼은 아시아 공통이지만 지역별 수요에 맞는 이동 수단을 차례로 전개할 예정이다. 제1탄은 2019년 8월 일본 홋카이도 동부에서 자유 관광용으로 투입했다.

방대한 빅데이터, 효율적으로 수집

"MaaS에서는 이용된 데이터를 모으는 것이 중요하다."(무라세 사장) 기존의 교통을 경로 검색으로 연결하는 것만으로는 부족하다. 데이터에서 이동 수요를 발굴해 새로운 이동 수단을 투입하고, 개개인의 소비를 불러일으키거나 기업을 상대로 비즈니스를 제안하는 데까지 연결해야 비로소 수익화가 가능하다. 아시아 전역에서 수집된 이용 데이터는 원칙적으로 싱가포르의 클라우드 서버에 집약해서 분석해 나갈 생각이다. 교통 정체의 완화 등 사회적 과제 해결에 기여하면서 방대한 빅데이터를 효율적으로 수집할 수 있는 것이 아시아 각지에서 MaaS를 전개하는 숨은 이점이다.

일본 내 최대 고속버스 운행 기업인 윌러는 전국 22개 노선에서 매일 292편을 운행하며, 연간 309만 명(2018년)을 실어 나른다. 넉넉한 좌석과 여성 전용석 등을 설치하는 등 극진한 서비스로 인기를 끌고 있다.

1994년에 창업했으며, 무라세 시게타카(村瀬茂高) 사장이 "일본 전국 구석구석까지 간단히 이동할 수 있도록 하겠다."라는 생각에서 사업을 시작했다. 인허가 규제로 묶여 있는 버스를 여행 상품으로 팔면 비교적 자유롭게 행정이나 요금 등을 설정할 수 있다는 점에 착안해 여행 회사로 출범했다.

자사의 버스 운행은 2001년부터다. 2015년부터 교토, 효고현에서 철도도 운행하고 있다. 2018년 연결 매출액은 203억 엔에 달한다.

윌러는 IT 기업의 측면도 있다. 웹사이트에서 버스 상품의 예약을 접수하고 판매하는 시스템을 자사에서 개발했다. 타사로 연계의 고리를 넓혀 전국 약 90개사의 버스, 나아가 여객선과 호텔도 커버하는 시스템으로 발전시켰다.

수송 수단부터 기획력, IT까지 MaaS에 필요한 기능을 갖춘 윌러에 대해서는, 대기업 상사에서도 인정하고 있다. 미쓰이물산은 100% 자회사였던 싱가포르의 카클럽(Car club)에서 2018년 8월, 윌러의 싱가포르 자회사에 대한 제삼자 배정 증자를 하면서 제휴 관계에 들어갔다. 현지에서는 대기업이지만 한계에 부딪힌 감도 있었으나 카클럽에 윌러를 불러들여 "마케팅 실행력을 높여 서비스 개발에 속도를 내려 한다."라며 기대감을 보인다. (미쓰이물산 출신 류세 도모야 디렉터)

MaaS 시장에서는 신흥 기업의 활약이 두드러진다. 한편 자본력 있는 자동차 대기업이나 IT 대기업 등도 비즈니스 기회를 노리고 잇달아 진입하고 있다. 무라세 사장은 "이용자의 심층 심리를 꿰뚫는 서비스를 만들 수 있을지가 승부를 가른다."라며 자신감을 드러내지만 진가를 발휘할 수 있을지는 이제부터다.

자본력과 인력 면에서 밀리는 윌러는 대기업에 없는 민첩함과 결단력으로 아시아를 제패하려고 한다. 그 역동성이야말로 MaaS 시장의 장래성을 시사하고 있다고 할 수 있겠다.

윌러, 일본에서도 움직이기 시작

일본에서 2020년 실용화 예정인 자율주행 버스에서 윌러가 상용화 운행을 목표로 움직이기 시작했다. 싱가포르에서 개발, 실증 완료한 기술을 들여와 가까운 간사이 문화학술연구도시(케이한나 학연도시 쿄토, 세이카쵸)에서 안전성을 재확인하기 위한 실험에 들어간다. 우선 상업 시설과 같은 폐쇄 공간에서 유료 서비스를 시작하고 지방에서의 수요도 기대하고 있다.

앞서 말한 대로 윌러는 아시아 각지의 유력 기업과 협력해 차세대 모빌리티와 MaaS를 개발하고 있으며, 자율주행 버스는 그 일환이다. 실용화되면 비교적 비용을 낮춘 중량~대량 수송이 가능해진다. 윌러는 싱가포르에서는 이미 자율주행 버스를 상용화했으며 다음은 일본에서 지속 가능한 비즈니스 모델 구축을 서두르고 있다.

윌러가 처음으로 일본에 도입하는 것은 시속 18km로 달리는 프랑스 기업 나브야(NAVYA)의 15인승(내부 착석은 11명) 소형버스로 2019년12월 후쿠오카에서 시승회를 열어 선보였다. 싱가포르에서는 같은 해 10월부터 관광 명소이기도 한 대형 식물원 '가든스 바이 더 베이(Gardens by the Bay)'에서 유료 운행을 시작했다(2020년 10월 시점 운행 중지).

이 식물원 안에서 1.7km 거리를 5~10분간 달리며, 요금은 어른이 5싱가포르달러(약 5,000원)다. 주행 코스는 자율주행 버스 전용이 아니라 보행자 사이를 누비듯이 달린다. 차량 앞면에 부착된 '라이더(LiDAR)'라고 불리는 센서가 보행자를 감지해 자동으로 감속하거나 정지하거나 하며 안전을 확보한다. 보행자들도 이미 익숙한 듯 공존하고 있다.

　모니터 화면을 대신해 창문에 영상을 내보낼 수도 있는 이 차량은 단지 이동 수단에 머무르지 않고 엔터테인먼트 성향도 높아 "자율주행 자체가 고객을 끌어들이는 툴이 된다."(윌러의 무라세 시게타카 사장). 일본에서도 우선은 싱가포르와 같은 서비스를 검토하고 있는데, 예를 들면 유원지나 테마파크와 같은 관광/상업 시설 부지 내에서의 운행을 타깃으로 한다.

　정부는 '2020년까지 한정된 지역에서 무인 자율주행 이동 서비스 실현' 등을 내세우며 관련 법령을 정비했다. 이러한 시행에 따른 자율주행 버스의 실용화에

윌러는 일본에서 상용 서비스를 목표로 하는 소형 자율주행 버스 나부야 아르마(NAVYA ARMA)를 후쿠오카 모터쇼에서 일반인용으로 전시했다. (2019년 12월 20일, 후쿠오카시)

대비해 윌러는 우선은 안전성의 확인을 철저히 할 예정이다. 케이한나학연도시(京阪奈学研都市)에서 기업 등이 사용할 수 있는 주행 도로를 이용하여 반년 정도의 실험 기간을 가질 계획이다. 실험에서는 순차적으로 주행 지역을 넓혀 공용도로를 달릴 계획도 있다.

중/대형 차량 운행을 목표로, 지방 노선 인수도 고려

　윌러의 경우, 소형 차량을 이용한 자율주행 버스의 상용화는 이

미 문제될 것이 없고 "앱에서 앞으로 교통을 어떻게 더 편리하게 만들 것인지, 이것이 MaaS의 관건"(무라세 사장)이라며 한층 더 앞을 내다본다. 시속 30~40km 이상으로 주행하며 승객 수도 20명이 넘는 중형 규모 이상의 차량을 운행하는 것이 목표다.

일본에서 앞으로 자율주행에 대한 수요가 증가할 곳은 지방 등의 노선버스다. 고령화와 인구 감소 추세로 승객 수와 인건비의 불균형이 생겨 행정 보조금으로도 적자를 메우지 못해 운행 유지가 어려워지기 때문이다.

사실 윌러에 차량 제어 기술을 제공하는 파트너인 공기업 '싱가포르 테크놀로지스(ST) 엔지니어링'은 중형 규모 이상의 차량에서 운행 실적을 쌓고 있다. ST 엔지니어링 자동운전 부문 수장인 탄광홍 씨는 싱가포르에 비해 큰 일본에서는 여러 지역에서 수요가 예상된다."라고 기대한다.

윌러는 일본에서는 우선 프랑스산 소형 차량으로 실적을 쌓은 후에 중형 차량의 도입과 운행을 추진할 생각이다. 아울러 운용 구조나 요금 체계 등도 갖추어 지속 가능한 비즈니스로 만들어 가려고 한다. 자율주행 버스로 중/대량 수송이 가능해지면 MaaS에 투입해 운영 비용을 낮춤으로써 지방에서도 운행하기 쉬워진다. 주민들의 발이 되어 줄 이동 수단 확보에 고민하는 자치체 등에서 윌러(WILLER)를 서로 모셔가려고 할 가능성도 있을 것 같다.

CHAPTER 5

경로 검색 데이터, 보물섬이 되다

출발지와 목적지를 입력하면 최적의 이동 수단과 경로를 즉시 알려 주는 경로 검색 기능은 MaaS에 필수적인 요소다. 일본에서는 인터넷 초창기부터 대중교통을 중심으로 발달했지만, MaaS에서는 자동차나 자전거도 통합되어 예약이나 티켓 발권 기능까지 도입된다. 제휴도 포함해 각 주요 업체들의 움직임은 급하다.

MaaS 기업 연합 출범의 그늘에서

2019년 3월 28일, 토요타자동차와 소프트뱅크의 공동 출자회사인 모네 테크놀로지스가 MaaS 기업 연합을 출범했다. 그날, 내비타임재팬(Navitime Japan)의 주최로 MaaS 스터디 모임이 열렸는데, 모네 테크놀로지스보다 규모가 작다고는 하지만 교통사업자와 통신, 상사, 금융기관 등에서 100명 넘게 참가했다. 3일 전인 3월 25일부터 배차 앱 대기업 재팬택시와 제휴를 시작해 주목을 끌었던 것이다.

내비타임재팬의 앱 '내비타임(NAVITIME)'에서 경로를 검색하면 재팬택시 가맹 차량이 표시되고, 그대로 같은 앱상에서 배차도 가능하게 해 편리성을 높였다. 재팬택시가 공개한, 외부 기업이 시스템에 접속해 사용할 수 있게 하는 기술 사양 API(Application Programming Interface)와의 연계로 실현되었다. 실험을 제외하면 국내 최초라고 한다.

도로 검색과 대중교통 검색 기술을 융합한 NAVITIME은 자동차와 철도, 버스, 그리고 비행기, 도보까지 대응하는 멀티 모달 서비스다. 다양한 이동 수단을 IT로 통합하는 MaaS에 가깝다. 택시 외에도 2018년 9월에는 '도코모 바이크 셰어'와 제휴하여 공유 자전거의 경로나 빈 자전거 정보 표시를 시작하는 등 통합도를 높였다.

선두 기업들도 제휴 전략을 추진

이에 비해 대중교통을 중심으로 하는 경로 검색의 선두 기업이 '에키스퍼트(Eki Spert)'의 Val연구소와 '환승 안내'의 조르단(Jorudan)이다. 두 회사도 검색 대상을 기존의 대중교통 이외로 넓히고 타사와 제휴를 추진하고 있다.

Val연구소는 '에키스파토'를 MaaS로 발전시키는 것만 고집하지 않고 다른 교통사업자와의 연계를 중시한다. 실제로 OEM(상대편 브랜드에 의한 생산) 공급으로 대중교통 검색 상위인 'Yahoo! 노선 정보'를 운영하고 있으며, 검색 외에 운임 계산을 기반으로 한 교통비 정산 기능을 API 공개 등으로 제공해 "12만 개 기업과 연계 실적이 있다."(기쿠치 소우시 사업총괄본부장)

이런 Val연구소는, 대중교통과 공유 자전거 등을 함께 검색할 수 있는 시스템 '믹스웨이(mixway)'를 2018년 5월부터 웹상에서 제공했다. '도코모 바이크 셰어'를 포함한 각 공유 자전거 기업체들과 함께 전국 각지에서 실증 실험을 전개하고 있다.

경로 검색 주요 업체들은 각각 MaaS를 목표로 한다.

회사명	특징
Val 연구소 '에키스파토'	● 주력 상품 '에키스파토'(1988년 출시) ● 경로 검색과 경비 계산을 기업, 관공서에 제공 ● 2018년부터 대중교통과 자전거의 복합 검색을 제공, 합승 배차와도 연계
조르단 '환승 안내'	● 주력 상품 '환승 안내'(1993년 출시) ● 앱 다운로드 수 3,000만 건 초과, 구글맵에 경로 검색 데이터 제공 ● 2018년에 자회사 JMaaS 설립, 영국의 휴대폰 단말용 발권 업체와도 제휴
내비타임재팬 'NAVITIME'	● 주력 상품 'NAVITIME'(2001년 출시) ● 자동차와 대중교통의 '토탈 내비', 월 이용 5,100만 건, 유료 요금도 ● 2019년 4월에 MaaS 사업부를 본격 가동, 기업 외 지자체 등과도 연계

오다큐전철(小田急電鐵)의 MaaS 앱 '에모트(EMot)'에 대해서는 검색 기능을 제공하고 있다. 도쿄 급행 전철과 JR 동일본이 2019년 4월부터 시작한 시즈오카 이즈 반도에서의 관광객용 MaaS 실험에서도 JR 동일본 측의 요청을 받아 API 제휴로 검색 기능을 공급했다. 같은 달 10일부터는 'JR 동일본 앱'에 경로 검색 엔진을 제공해 대중교통 업계에서의 존재감을 한층 높였다.

조르단은 이와 대조적으로 자사 브랜드의 환승 안내를 MaaS에 대응한 앱으로 발전시킬 생각이다. 2019년 6월 이후 강화된 앱에서는 기존의 대중교통 검색에 자전거, 택시 등의 검색 기능을 추가했다. 나아가 철도 및 버스의 기획 승차권과 원하는 관광지의 입장권, 음식점 이용권을 앱으로 표시할 수 있는 모바일 티켓 기능을 추가했다. 이용자는 스마트폰 하나로 여행할 수 있어 아주 편리하다.

영국 기업과 연계해 외국 데이터도

조르단이 2018년 말, 모바일 티켓으로 제휴한 기업이 영국의 마사비(Masabi)다. 유럽과 미국에서 휴대폰 단말용 교통 발권 시스템을 제공하는 스타트업으로, 눈이나 QR코드로 간편하게 검표할 수 있는 시스템을 만들었는데 도입처인 미국의 보스턴과 로스앤젤레스, 뉴욕의 지하철에서는 승객의 전자 티켓 이용률이 30~60%로 높다.

"모바일 티켓은 스이카(Suica, 교통 IC카드)와 공존할 수 있다."라고 한다.(사토 히로시 전략기획부장) 경로 검색에서 관련이 깊은 철도회사나 버스회사를 상대로 종이로 된 기획 승차권을 대신해 번거로움과 경비를 절약하며 동시에 MaaS도 실현할 수 있는 툴로써 새로운 앱을 판매한다.

각 주요 기업들은 방법의 차이는 있겠지만, 경로 검색 대상이 되는 이동 수단을 늘리거나 경로 검색 이외의 배차 예약이나 티켓 등의 기능을 추가해서 서비스를 MaaS로 버전업하려고 노력하고 있다. 하지만 근간은 경로 검색이며, 그것을 지탱하는 "데이터 수집에 힘을 쏟는 것"이 각 업체들의 존재 가치를 높이고 있다.

예를 들면 Val연구소의 경우, 대중교통 운임이나 시간표, 버스

정류장 등의 정보를 모아 그 내용을 정밀 조사하는 전문 부서인 '교통데이터개발부'가 있다. 근속 20년 이상의 베테랑을 포함해 30명 이상을 배치해, 분담해서 교통 사업자와 연락한다. 예를 들면 버스에서는 데이터가 디지털화되지 않아 아직 종이 상태인 경우도 많기 때문에 "눈으로 체크할 수밖에 없다."(기쿠치 이사)

구글맵에도 데이터 제공

구글의 일본용 구글맵의 경로 검색 기능에는 조르단이 데이터베이스의 대부분을 공급하고 있다. 손이 많이 가는 데이터 수집이나 디지털화를 교통사업자나 IT 대기업이 자기 부담으로 착수한다면 모를까, 당분간은 사람 손을 거쳐 착실하게 데이터를 수집하는 경로 검색 기업들은 일본판 MaaS 핵심 테크놀로지를 손에서 놓지 않을 것이다.

급속한 확대가 예상되는 MaaS 시장을 두고, 자동차 대기업부터 철도, 버스, 스마트폰 앱 기업에 플랫포머라고 불리는 미국 IT 대기업까지 가세한 경쟁은 이제 막 시작됐다.

interview **7**

'팔면 끝'에서 벗어나라

노무라종합연구소 애널리틱스 사업부장
이시와타 쇼헤이

이시와타 쇼헤이(石綿昌平)

1988년 노무라종합연구소 입사했으며, ICT 미디어 산업 컨설팅 부장 등을 거쳐 2018년부터 애널리스틱 사업부장을 맡고 있다. 인터넷 서비스와 통신 업계 등의 산업 분석, 사업 전략 수립 등을 수행했으며, 이후 데이터 분석을 통해 다양한 산업 분야의 경영 개혁과 사업 개혁 등의 컨설팅을 담당하고 있다.

— 왜 MaaS가 주목받게 되었는가?

"인터넷 등의 디지털 기술과 결합되어 모두가 공유할 수 있게 된 것이 큰 이유 중 하나입니다. MaaS는 이러한 디지털화가 승용차 등 이동 수단 분야에서 일어나고 있는 현상이라 할 수 있습니다.

디지털화가 진행된 분야는 일반적으로 수급 균형이 최적화되어 이제껏 과잉이었던 것들은 팔리지 않게 됩니다. 승용차가 그 전형적인 예입니다. 많은 비즈니스맨이 자동차를 보유하고 있지만 평일에는 거의 타지 않기 때문에 시간당 가동률은 2% 정도밖에 되지 않습니다. 모두가 공유하면 가동률을 높일 수 있습니다. 소비자는 직접 자동차를 소유하지 않아도 효율적인 이용이 가능하게 됩니다."

— 자동차 기업들은 생산한 제품이 안 팔리게 될 텐데 문제는 없는가?

"분명히 지금까지 과잉으로 판매되었던 것만큼은 팔리지 않을 것입니다. 다만 사업을 바라보는 관점을 달리하면 성장은 가능합니다. 디지털화가 앞서고 있는 음악 업계가 참고가 됩니다.

CD 등 음악 매체 분야의 일본 내 시장은 피크였던 6,000억 엔에서 2,000억 엔까지 축소되었습니다. 하지만 라이브나 서브스크립션(정액제)의 음악 제공 서비스까지 포함하면 시장은 오히려 확대되고 있습니다. 해외도 마찬가지로, 마돈나 등 유명 아티스트들이 소속된 미국의 라이브네이션(Livenation)의 매출액은 불과 몇 년 만에 6,000억 엔(약 5조 9,000억 원)에서 1조 엔(약 9조 9,000억 원)으로 성장했습니다. 하나의 곡을 기점으로 다양한 형태로 고객과 계속 연결돼 수익을 올리고 있다는 것이 포인트입니다."

— MaaS의 경우, 고객과 어떤 형태의 연결을 생각할 수 있는가?

"핀란드의 MaaS 스타트업 마스 글로벌(MaaS Global)의 구상이 참고가 됩니다. 이 회사는 스마트폰 앱 '윔(Whim)'을 통해 이용자에게 이동 경로 정보를 제공하고 있는데, 최단 시간 경로를 제공하는 데 그치지 않고 정보 제공을 구상하고 있습니다.

예를 들어 이용자에게 약속된 스케줄이 있음을 앱이 파악하면, 약속 시간까지 약속 장소 근처의 스타벅스에서 기다리는 건 어떤지 제안하는 식입니다. 이동과 관련해서 발생하는 다양한 옵션들을 계속해서 제안하는 식으로 고객과 계속 연결될 수 있습니다."

— 기존의 기업이 MaaS 사업을 전개하는 데 있어 과제는?

"조직 체제부터 근본적으로 재검토할 필요가 있습니다. 제조업은 물건을 제조하고 판매하는 데 최적화되어 있지만 MaaS의 경우는 팔고 끝나는 것이 아닙니다. 계속적인 이용이 가능하도록 체제를 정비할 필요가 있습니다. 고객의 고정관념 때문에 서비스를 받아들이지 않을 우려도 있으므로 커뮤니케이션도 중요합니다."

(2019년 4월)

interview **8**

대중교통만으로는 불충분

마스글로벌 CEO 삼포 히에타넨(Sampo Hietanen)

마스글로벌은 일찍이 MaaS란 개념을 들고나와 모국인 핀란드의 수도 헬싱키에서 '윔(Whim)'이라는 앱으로 구체화시키고 세계적 확산을 목표로 하고 있다. 토요타자동차 계열 금융회사와 미쓰비시상사 등으로부터 출자를 받고, 미쓰이부동산과 제휴하는 등 일본과의 인연도 깊다. CEO인 삼포 히에타넨 씨에게 현황과 비전에 대해 물었다.

— MaaS는 핀란드에서 어떻게 성공할 수 있었는가?

"이동을 둘러싼 에코 시스템에 대해 오랫동안 논의되었고 테크놀로지를 활용할 준비가 되어 있었습니다. 대중교통을 모두 통합해 간단하고 신속하며 편리한 이용자 체험을 기술로 제공했던 것이 성공의 이유입니다. 대중교통만으로는 불충분하고 자동차는 MaaS 전체에서 중요한 이동 수단이 될 것입니다."

— 장벽이 있다면 구체적으로 무엇인가?

"이동에 관련된 모든 기업이 협력하여 사업을 전개할 수 있는지의 여부입니다. 일본에 국한된 이야기는 아니지만, 철도, 택시, 차량 공유, 자동차 기업 등 각각의 회사는 규모가 크고, 또한 협업하는 것에 익숙하지 않습니다. 에코 시스템 구축이 최대의 장벽입니다.

소비자의 요구는 전철이나 버스, 택시, 차량 공유, 공유 자전거 등 이 모든 것을 결합한 앱에 있지만, 관계 업계의 이해를 얻어내는 것이 어렵습니다. MaaS 시장을 빨리 작동시키기 위해서는 정부가 룰을 만드는 데 적극적인 역할을 할 필요가 있습니다."

— 2019~2020년 사이, 세계의 MaaS 보급에 대해 어떻게 생각하는가?

"인지도는 비약적으로 높아졌습니다, 데이터 연계 구조인 API(Application Programming Interface)가 여러 교통사업자에게 제공되었습니다. 최근 1년 사이에 무슨 일이 일어날지 예측하고 있었기 때문에 사전에 많은 계획을 세우고 실제로 각 지역 시장을 찾아 다니며 계약 및 이동 서비스 통합을 추진해 왔습니다.

MaaS가 유행어처럼 되어 있지만 내게는 아주 심플한 단어입니다. 디지털 디스럽션(Digital Disruption)이 최종 사용자의 눈에 어떻게 비치는지를 설명하는 것으로, 이동의 자유와 선택에 관한 것이며 동시에 사회나 환경에 보다 좋은 결과를 가져오는 것이어야 합니다. 서비스에 가입하면 전철, 버스, 공유 자전거, 차량 공유, 렌터카, 스쿠터 등 모든 이동을 서브스크립션(subscription, 정액제)으로 이용할 수 있으며, 이러한 이동 수단에 액세스할 수 있도록 해 주는 사업자를 선택할 수 있는 바로 이것이 MaaS입니다."

— 마스글로벌의 최근의 사업 추진 현황은?

"최근에는 오스트리아 빈에서 시작해 네덜란드, 호주 시드니에서도 전개하고 있습니다. 일본 진출도 목표하고 있지만, 유럽과는 여러 가지 면에서 다르므로 치바현 가시와시 지역에서 테스트부터 시작했습니다. 시가지와 그 근교 지역을 커버하고 있는 시드니가 그렇듯이, MaaS는 시가지에 한정되지 않고 3~5시간 정도의 드라이브로 이동할 수 있는 범위까지 커버하므로 자동차를 소유하는 것과 동등한 가치를 제공할 수 있습니다. 시드니, 싱가포르, 런던, 일본을 포함해 새롭게 약 3~10개국, 지역이나 도시로 말하자면 5~20곳에서 비즈니스를 시작하는 것이 목표입니다.

일본의 가시와노하(柏の葉) 지역은 MaaS를 다음 레벨로 끌어올리는 장소가 될 것입니다. 사람들이 가장 많이 지출하는 생활비와 교통비를 조합한 서비스로 세계적으로도 독특합니다. 가시와노하에서는 여러 교통사업자와 함께 테스트를 하고 있는 단계입니다. 대중교통을 통합하는 서비스에 대해서도 기술적 해결책을 찾고 있습니다. 언어나 기능에 지역적 차이는 있지만, 같은 윔(Whim) 앱을 모든 고객이 어디서나 사용할 수 있기를 바랍니다."

(2019년 2월 , 2020년 1월)

지역의 모든 이동 수요를 통합, 개발은 아시아에서

WILLER 사장 무라세 시게타카

무라세 시게타카(村瀬茂高)

1994년 서일본투어스(현 윌러) 창업

2006년 고속버스 윌러 익스프레스 운행 개시

2014년 교토 단고철도 운행 개시

2018년 싱가포르에 연구 개발을 담당하는 자회사 설립

— MaaS를 구성하는 앱과 서비스를 아시아에서 적극적으로 전개하고 있지요?

"베트남의 합병 사업으로 택시 배차용 앱을 출시해 서비스하고 있습니다. MaaS 앱은 2019년 8월부터 우선 일본에서 시작했고 대만, 싱가포르, 베트남, 말레이시아에서도 같은 앱을 사용할 수 있도록 개발해 준비가 완료된 상태입니다. 다만 신종 코로나로 동남아국가연합(ASEAN)에 출장을 갈 수 없는 상황이어서 타이밍을 재고 있습니다.

ASEAN 중 베트남이나 말레이시아, 필리핀에서는 오토바이가 많이 사용되고 철도나 버스 등 대중교통 기반이 잘 정비되어 있지 않아, 앱을 통해서 도어 투 도어로 이동 서비스를 제공해 오토바이에서 옮겨오게 하려고 합니다. 싱가포르, 대만, 일본은 대중교통이 잘 되어 있으므로, 앞서 이동 수단이 부족한 지역을 보완하는 형태로 전개해 갈 것입니다."

— 싱가포르 공기업 등과 제휴해 자율주행 서비스의 실용화를 목표로 하고 있지요?

"싱가포르의 대형 식물원 '가든스 바이 더 베이'에서 자율주행 버스를 상용 운행하고 있습니다. 신종 코로나 감염 확대 전에는 수익성도 있어 좋았습니다. (2020년 10월 현재 운행 중지) 또 다른 곳에서도 운행할 예정이었고 코로나가 없었다면 이미 운행을 개시했을 것입니다."

일본에서도 간사이문화학술연구도시에서 프랑스 기업 나비야(NAVIYA)의 차량으로 자율주행 실증 실험을 예정하고 있습니다. 각 지역 지자체로부터 요청도 있어, 해당 부처와의 조정을 거쳐 시작할 예정입니다."

— 일본에서는 홋카이도 동부와 교토, 효고현 북부의 쿄토단고철도 선로 주변에서 관광형 MaaS 실험부터 시작했는데, 앞으로 어떤 서비스를 구상하고 있는가?

"지방의 이동 서비스를 유지하는 데 있어 관광과 생활을 굳이 구분할 필요는 없다는 생각입니다. 대도시의 MaaS는 교통의 효율화가 목적이겠지만, 지방에서는 이동할 수단을 확보하는 것 자체가 중요하므로 이동 수단을 제공하는 것이 우선입니다. '지역에 있는 이동에 대한 모든 니즈를 묶어서 제공'하는 것이 중요한 포인트가 됩니다. 지방의 고교생도 시니어도 관광객도 모두가 이용할 수 있도록 하는 것이 이동 수단의 확보로 연결됩니다."

— 구체적으로는 어떤 서비스를 만들 것인가?

"2020년 2월에 교토 단고 철도 선로 주변에서는 QR코드를 이용해 철도나 버스의 즉시 결제를 시작했고 승객들의 반응은 좋았습니다. 철도와 버스가 따로따로여서 불편했으나 QR코드를 통해 하나의 편리한 서비스로 연결돼 기차역 바깥까지 막힘없이 선로가 연장되는 듯한 이미지입니다. 도쿄로 바꾸어 말하자면 각각 표를 사던 JR과 지하철, 민영철도가 IC 카드를 통해 하나의 서비스 같은 느낌으로 사용할 수 있게 된 것과 같습니다.

역에서부터 병원이나 마트, 주점 등의 목적지까지 연결하는 지역 온디맨드 이동 서비스도 제공하려고 합니다. 교토 단고 철도가 줄기라면 버스는 가지, 온디맨드 차량은 잎에 해당됩니다. 고령이라 운전면허증을 반납한 사람들도 지방에서 생활할 수 있도록 할 것입니다. 각각의 서비스를 매번 이용할 때마다 100엔이나 200엔씩 지급하는 것보다는 정액 요금제로 하는 것이 승차 시 스트레스가 없어 자가용에서 옮겨 오려는 결정이 수월해집니다. 정액 요금제를 목표로 전개하는 것이 필요하다고 생각합니다."

— 신종 코로나 감염 확대는 서비스 개발에 어떤 영향을 미치는가?

"지진 재해의 경우에는 이동의 확보가 중요해지지만, 신종 코로나의 경우는 감염 확대 방지를 위해 우선은 이동 자체를 꺼리게 됩니다. 그러나 이동해야만 하는 사람들이 있기 때문에 안전하게 안심하고 이동할 수 있는 환경을 만들고 이를 전달하는 것이 중요합니다. 불안 해소가 과제인데, 안심할 수 있는 곳에 가는 것과 어떻게 될지 모르는 곳에 가는 것은 다릅니다. 안심을 가시화할 필요가 있고, 버스 승차 시 체온 체크 같은 것이 그중 하나일 것입니다.

향후 MaaS 앱에서도 지역의 재난 정보를 이동 서비스에 포함해 제공할 수 있을 것입니다. '지진이 발생하더라도 이 장소에서는 이런 이동 수단으로 움직일 수 있다'라는 등 정보를 제공하고 이용자가 판단하도록 하는 데 원스톱 서비스로서의 의미가 있습니다. 지금까지는 운행 상황이나 운휴 상황 등 공급자 관점에서의 정보밖에 없었습니다. 고객이 원하는 정보를 망라해서 전달할 수 있는 것이 MaaS의 강점입니다. 평범한 일상으로 되돌아가려는 단계에서는 어떻게 하면 승객이 안심할 수 있는가 하는 커뮤니케이션이 중요해집니다."

— 위드 코로나 시대의 MaaS 이미지가 있으면 어떤 것인가?

"MaaS가 단지 이미 존재하는 이동 수단을 연결하는 것뿐이라면 가치가 없으며 수익화할 수 없습니다. 사람들의 행동 변용을 촉진하고 생활양식을 바꾸는 데 MaaS가 힘을 발휘한다면 가치가 있다고 할 수 있습니다. 뉴 노멀(New Normal) 시대의 진정한 교통 형태에 대해 어떤 서비스를 디자인해서 제공할 수 있을지, 이것이 앞으로의 MaaS가 아닐까 생각합니다.

윌러로서는 위드 코로나가 2022년까지 이어진다는 전제하에 사람들이 살고 있는 생활권 내를 안심하고 이동하며 경제를 활성화하는 것과 도시와 도시 사이를 안심하고 이동할 수 있는 것, 이 두 가지 과제를 해결하려고 합니다. 거리 조성, 지역 만들기의 플랫폼이 MaaS라고 보고, 최근에는 관광이라는 측면보다 매일 검색되고 사용되는 생활이라는 측면의 MaaS에 많은 자원을 할애하고 있습니다."

(2020년 6월)

제3장

도심에서, 지방에서 움직이기 시작했다.
- 일본형 MaaS

CHAPTER 1

이동 혁명이 바꾸는 도시 조성
후쿠오카, 홋카이도에서 기자가 체험

    차세대 이동 서비스 MaaS를 둘러싼 움직임이 보다 구체화되고 있다. 토요타자동차와 서일본 철도가 후쿠오카 등에서 전개하는 스마트폰 앱 '마이루트'를 기자가 실제로 체험해 보니, 앱에서 제시하는 의외의 경로가 가장 적절한 답이었다. MaaS는 대중교통 이용자들의 이동에 변화를 가져와 도시 조성도 바꾸어 놓을 수 있는 가능성을 내포하고 있다.

이용자의 약 70%가 만족

    토요타 미래프로젝트실이 2017년경부터 약 1,800개 도시의 교통 실태를 조사하고 실제로 도시를 방문해 '마이루트'를 개발했다. 후쿠오카를 실험지로 선택한 이유는 약 160만 명이라는 규슈 지역 최대 인구 규모와 버스망을 중심으로 대중교통의 대부분을 서일본 철도가 담당하고 있는 구조 때문이다. 서일본 철도 도시조성추진부의 오가타 신슈 과장은 "이동의 총량을 늘려 도시를 활성화시키자는 도요타의 생각에 공감했다."라고 회상한다.

    서일본 철도 이외의 교통기관과 이동 수단은 토요타가 모아서 앱으로 통합했다. 적어도 경로 검색에서는 선진국인 핀란드의 앱 윔 (Whim)에 다가서는 멀티 모달을 실현했다. 마이루트의 다운로드 수는 2019년 2월 말 1만 5,000여 건에서 같은 해 5월 말에는 2만 건으로 3개월 동안 30%의 증가세를 보이고 있다. 이용자 조사에서는 약 70%가 '만족'이라고 대답했다. 다운로드 수가 약 3만 건에 달한 같은 해 11월에는 본격 실시에 들어가, 기타규슈 등으로 차례로 대상을 넓히고 JR 규슈 등과도 제휴했다.

환승이 적은 '버스 경로'를 제안

기자도 체험해 보았다. 2019년 6월 초 주말, 마이루트의 안내에 따라 하카타만에 위치한 섬 노코노시마를 방문했다. 관광객들에게 인기가 높고 때마침 수국이 절정을 이루는 시기여서 섬 내의 공원 노코노시마 아일랜드파크를 목적지로 설정했다.

오후 3시가 넘은 시각에 후쿠오카의 중심부인 덴진에서 출발했다. 마이루트에서 목적지를 검색하자 여러 경로가 표시되었다. 택시로 이동하면 가장 빨리 현지에 도착하지만 7,000엔이라는 요금이 너무 비싸게 느껴졌다.

마이루트(my route)의 의외의 제안이 사실은 가장 적합한 경로였다.

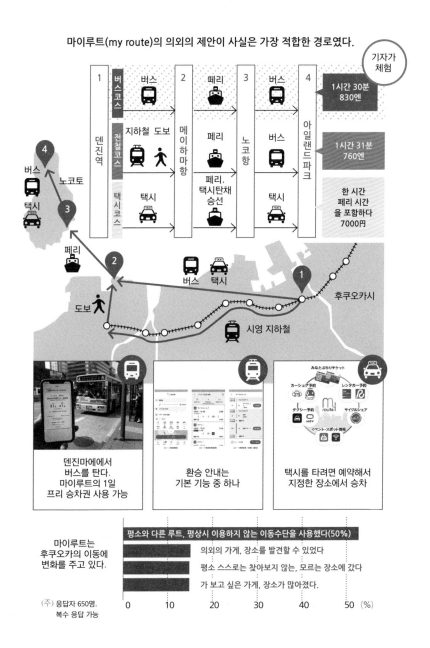

기자가 체험

	1	버스	2	페리	3	버스	4	
버스코스	덴진역	버스	메이하마항	페리	노코항	버스	아일랜드 파크	1시간 30분 830엔
전철코스		지하철 도보		페리		버스		1시간 31분 760엔
택시코스		택시		페리, 택시탄채 승선		택시		한 시간 페리 시간을 포함하다 7000円

4 버스 노코토
택시 3
페리 2
도보

버스 택시
1 후쿠오카시
시영 지하철

덴진마에에서 버스를 탄다. 마이루트의 1일 프리 승차권 사용 가능

환승 안내는 기본 기능 중 하나

택시를 타려면 예약해서 지정한 장소에서 승차

마이루트는 후쿠오카의 이동에 변화를 주고 있다.

평소와 다른 루트, 평상시 이용하지 않는 이동수단을 사용했다(50%)

의외의 가게, 장소를 발견할 수 있었다

평소 스스로는 찾아보지 않는, 모르는 장소에 갔다

가 보고 싶은 가게, 장소가 많아졌다.

(주) 응답자 650명, 복수 응답 가능

0   10   20   30   40   50 （%）

그래서 선택한 것이 저렴한 요금에 환승 횟수가 적은 버스를 경유하는 루트였다. 덴진에서 버스로 30분 걸려 노코노시마와 가까운 메이노하마항까지 간 다음, 페리를 타고 섬으로 건너가 다시 버스로 공원까지 가는 루트였다.

페리를 타는 시간은 10분, 버스로 공원까지는 15분 정도이다. 기다리는 시간을 포함해도 소요 시간은 1시간 30분 정도면 충분해 오후 5시 전에 목적지에 도착했다. 처음 가는 경로지만 순조롭게 도착했다. 앱 화면에 합계 편도요금(830엔)이 표시되어 경로 선택뿐만 아니라 사전에 안심감도 느낄 수 있었다.

지하철에서 페리로 환승할 생각이었으나 마이루트의 검색 결과에는 표시되지 않았다. 지하철 메이노하마역에서 항구까지 도보로 약 30분 정도 가야 하기 때문에 선택 항목에서 제외된 것 같다. 평소 지하철 이동이 잦은 기자에게는 버스의 편리성을 새삼 깨닫게 된 계기가 된 셈이다. 실제로 토요타 등이 이용자를 대상으로 실시한 설문조사에서는 52.7%가 "평소와는 다른 경로나 평상시 이용하지 않는 이동 수단을 사용했다."라고 답했다.

마이루트에서는 자동차 계통의 이동 수단도 편리하게 사용할 수 있다. 예를 들면 택시다. 경로 검색에 표시되는 것은 물론, 앱과 연계된 재팬택시의 배차 서비스 대응 차량이라면 화면상의 지도에서 승차 장소를 지정할 수 있고 결제도 가능하다.

렌터카나 차량 공유도 선택 가능

토요타그룹의 렌터카도 경로 검색에 표시되므로 화면 안내를 통해 가까운 영업소까지 찾아갈 수 있다. 렌터카로 이동할 경우 목적지 주변에 주차할 곳도 필요하게 되는데, 근처 주차장 정보를 지도상에서 확인할 수 있고 예약까지 원활히 연결되기 때문에 현지에서 헤맬 염려가 없다.

이용자 조사에서는 '의외의 장소나 가게를 발견했다', '가보고 싶은 장소나 가게가 많아졌다' 등의 응답도 각각 15% 정도 있었다. 이동 시간이 짧아서가 아니라 '편리함' 때문에 선택되는 이동 경로도 있을 수 있다.

이동 수단에 따라서는 다른 앱이나 웹사이트에서 예약과 결제를 해야 하는 등 조작성에 과제는 남아 있지만, 마이루트가 이용자의 이동에 있어서 선택의 폭을 크게 넓히고 있는 것은 분명하다. 서일본 철도는 이로 인해 '이동 자체가 최적화될 것'으로 기대하고 있 한다. _(도시조성추진부 오가타 과장)

후쿠오카는 대중교통이 잘 갖추어져 있다고는 하나 도쿄 지역이나 간사이 지역의 도심지에 비해 자동차 이용이 많은데, 2005년 조사에서는 이동 수단의 40% 이상을 차지했다. 교통 체증이 생기고 중심부에는 버스 노선이 집중되어 더욱 교통 체증이 생기기 쉽다. 마이루트를 통해 자동차 이외의 이동 수단도 이용하게 되면 교통 체증 완화에 도움이 될 것 같다. 앱의 이용 내역을 근거로 니즈에 맞는 이동 수단 제공에 대해 재검토도 할 수 있다.

도시와 교통망, 횡적 연계 강화

마이루트를 사용한 유도책에도 도전했다. 2019년 2~3월에 후쿠오카 중심부의 덴진과 하카타를 목적지로 경로 검색했을 경우, 중심부에서 2~3km 떨어진 경로상의 주차장을 예약하면 주차 요금이 50% 할인되는 쿠폰을 전송했다. 자동차에서 대중교통으로 갈아타는 '파크 앤드 라이드(Park & Ride)'를 활성화시키려는 의도이다. 중심부로 자동차 유입을 억제하려는 후쿠오카시의 시책에도 부합한다. 본격 실시를 위해 수면 하에서 멀티 모달의 검색 성능도 높여 왔다. 2019년 7월 말 업데이트에서 경로 검색 엔진 제공처가 내비타임재팬으로 교체되어 개선했다.

예를 들면 이동 경로에 날씨와 기온 정보를 추가로 표시했다. 비바람이 강하면 택시 이용이 증가하는 등 모빌리티 선택의 요인으로 작용하기 때문에 활용도가 더 좋아졌다.(내비타임재팬, 모리 유다이 MaaS 사업부장)

목적지까지의 이동 시간 산출 정확도가 가장 가까운 역 출구나 버스 정류장의 위치에 따라 몇 분씩 차이가 나기 때문에 더욱 정확하게 표시했다. 또한, 자전거가 지나갈 수 없는 고가다리 같은 곳을 제외시키고 실제로 달릴 수 있는 경로만을 표시했다.

도시와 교통망의 횡적인 연계를 강화할 계획인 서일본 철도는 부동산 개발에도 착수했다. 앱을 통한 소프트 면에서의 이동의 최적화뿐만 아니라, 최적화되는 이동을 하드 면에서 짜 맞춘 도시 조성도 염두에 두고 있다. 대중교통이 재검토되어 거리에서 필요한 주차장 수가 줄어들면, 부동산의 새로운 활용도 생길 것 같다. MaaS 는 거리의 모습을 크게 바꾸어 놓을 수도 있다.

홋카이도 여행을 앱 하나로

다음은 '윌러(WILLER)'가 재빨리 서비스를 시작한 관광 MaaS 앱을 2019년 9월 초 홋카이도에서 사용해 보았다.

윌러의 관광 MaaS용 '윌러 앱'은 우선 미국 구글의 안드로이드 휴대폰 단말을 대상으로 2019년 8월 28일부터 배포가 시작되었다. 본격 서비스는 미국 애플의 iOS 단말용 앱을 배포한 10월 이후로, 당시는 시험 단계였다. 국토교통성이 도시 조성 대상으로 선택한 선행 모델 사업에도 사용되었다.

윌러가 일본에서의 MaaS 전개를 관광용부터 시작한 의도는, 각 지역 내 명소를 돌며 관광할 때의 편리성을 높이려는 것만은 아니다. 각 현의 관광지나 공항을 연결해 나감으로써 지역 간 경계를 넘나드는 루트를 만들 수 있다. (무라세 시게타카 사장) MaaS를 신속하게 넓은 지역에 전개하는 데 효과적이라고 보기 때문이다.

관광 MaaS 앱으로 홋카이도 동부를 1일 이동

소형 EV 'i-ROAD'

오츠크해

19:30 메반베츠공항   17:17
아마
시리

오츠크 유빙관   17:30

우토로온천   쿠나시리섬
○

11:00   초소형 모빌리티

10:43
미도리

9:00   마슈 호수

7:45
카와유온천

6:03   구시로

구시로 습원

마슈 호수행 버스표는 별도 구매

태평양

N

약170km를 달리는 센모
본선(JR구시로역)

홋카이도 동부와 그룹사가 운행하는 교토 단고 철도의 선로 주변에서도 관광 MaaS를 실시했다. 나아가 여행 상품 등을 내놓고 있는 동해 연안 지역으로 확대하려는 구상을 갖고 있다. 관광에서 시작해 신속하게 전국을 커버하는 MaaS 형성을 목표하고 있다.

여행 경로 설정부터 그 경로상에 있는 체험, 교통 예약/결제, 경로상의 길 안내, 구매한 티켓 이용까지 앱 하나로 해결된다는 사전 광고다. 그래서 이 앱의 서비스 지역인 홋카이도 동부로 여행을 계획했다.

구시로역에서 여행은 시작되다

홋카이도 동부의 중심인 구시로시(釧路市)에서 오호츠크해에 접한 아바시리시(網走市)까지를 잇는 JR 센모본선을 하루에 다 돌아보는 여행을 구상했다. 앱에는 구시로역을 출발지로, 아바시리역을 목적지로 설정하고 역 주변에 있는 마슈(摩周) 호수를 경유지로 입력해 검색했다.

그러자 앱이 지도상에 경로를 그리며 마슈 호수 근처에는 '초소형 모빌리티'라는 표기가 나타났다. 클릭해 보니 토요타자동차의 1인승 3륜 전기자동차(EV)인 'i-ROAD'였고, 대중교통으로는 갈 수 없는 비경을 방문할 수 있다는 것이다. 신용카드 결제까지 앱에서 절차에 따라 완료했다.

구시로 시가지의 렌터 사이클이나 습지에서의 카누, 농장에서의 낙농 체험 등 경로상의 선택의 폭은 넓지만 이번에는 시간이 없어

단념했다. 한편 돌아오는 비행기를 놓치지 않기 위해 아바시리에서 메만베츠 공항으로 가는 연결 버스 승차권을 앱과 연결된 다른 예약 사이트에서 구매해 두었다.

2019년 9월 1일 오전 6시, 구시로역으로 갔다. 앱에서 JR 센모본선 등의 자유 이용 승차권을 구매할 수 있지만 이번에는 당일치기 여행이라 오히려 비싸지기 때문에 일반 승차권을 사서 열차에 올랐다. 안개 속에서 열차는 광활한 구시로 습원을 향해 달려나가고, 차창 밖으로 아름다운 강과 호수의 풍경을 바라본다.

7시 45분, 도중에 가와유온천역에서 하차할 무렵에는 안개도 걷히고 구름 한 점 없는 푸른 하늘이 펼쳐졌다. 바위 표면을 드러내며 희미하게 연기를 내뿜는 이오산(硫黄山)의 모습이 선명하다. 역에서 만난 현지 남성은 "이전에는 언제 맑은 날이 있었는지 기억이 안 날 정도"라는데, 날씨가 불안정적이었던 2019년 여름으로서는 드물게 좋은 날씨를 만난 것 같다.

앱의 여행 경로에서 경유지로 설정한 마슈 호수까지는 가와유온천역에서 버스로 가는데, 승차하려면 현지 여행사가 판매하는 자유 이용 승차권을 별도로 구매해야 한다고 한다. 이것도 앱에서 사전에 사두었더라면 편했을 텐데… 윌러에 따르면 향후 검색 대상에 포함시켜 나갈 것이라고 한다.

버스로 약 20분, 마슈 호수 제1 전망대는 방일 외국인(인바운드)을 포함해 관광객들로 붐비고 있었다. '마슈블루'라고 불리는 푸른 호수 수면과 저 멀리 아칸과 시레토코의 산줄기, 열차로 지나갔던 구시로 습원 등 늦여름 홋카이도의 웅대한 경치를 만끽할 수 있었다. 다시 버스로 가와유온천역으로 돌아가 아바시리로 가는 쾌속 열차를 기다리는 동안 역사 안에 있는 족욕장에 발을 담갔다.

초소형 모빌리티 체험

가와유온천역에서 고개를 넘어 오호츠크해 방향으로 첫 번째 역인 미도리역에서 다시 하차한다. 앱에서 예약한 i-ROAD에 승차하기 위해서다. 역에도 역 앞에도 사람들 모습은 안 보이지만, 차량이 있는 이 역 부근의 온천 시설 미도리노유를 찾아가니 예약이 되어 있어 일단 안심했다.

미도리노유의 운영회사의 구도 가즈히토 사장으로부터 차량의 발진, 가·감속, 정지, 핸들 꺾는 법 등 친절한 사전 강습을 받고 금새 익숙하게 운전할 수 있었다. 한번 타 본 사람은 모두 재미있다고 좋은 평가를 한다고 한다. 다만 배터리 용량 때문에 약 8km 거리의 가미노코 연못까지 왕복 이동이 한계라고 한다. 역에서 주변 관광지를 도는 환승 수단으로서는 한층 더 개선이 필요할 것 같다. 홋카이도답게 광활한 산야를 빠져나오면 만날 수 있는 가미노코 연못은 마슈 호수에서 흘러온 투명한 물속에 주홍빛 반점을 가진 곤들메기들이 유유히 헤엄치는 아름다운 곳이다. 미도리노유로 돌아가 접수처에 키를 반납한 뒤에는 노천탕을 겸비한 온천물에 몸을 담그는 즐거움도 기다린다.

미도리역에서 다시 아바시리행 보통 열차를 탔다. 오른쪽 차창으로는 시레토코 반도(知床半島)의 샤리다케(斜里岳)를 감상할 수 있고, 이

옥고 눈앞에는 오호츠크해가 펼쳐진다. 겨울에는 유빙으로 뒤덮인 바다도 늦여름에는 아주 잔잔하기만 하다. 1시간 남짓 승차한 후, 오후 5시 17분에 종점인 아바시리역에 도착했다.

의외의 문제점도

"빨리 안 타면 닫혀요!" 앱을 통해 역 앞으로 호출한 택시에 쫓기듯 올라타서 약 10분, 폐장 직전의 오호츠크 유빙관을 향해 달려갔다. 오호츠크해에 서식하는 천사라는 별명을 가진 클리오네(clione)를 감상하고, 섭씨 영하 15도의 실내에 전시된 진짜 유빙을 보고, 전망대에서는 금방이라도 질 것 같은 석양을 바라볼 수 있었다. 윌러 앱을 통해 효율적으로 이동하는 총알 투어도 꽤 알찼다. 하지만 오산도 있었다. 앱의 검색 결과대로라면 오후 7시대에도 있어야 할 메만베츠 공항행 연결 버스가 실제로는 운행되지 않았다. 황급히 아바시리역에 정차 중이던 막차를 잡아타고 어떻게든 공항에 도착했지만, 검색 기초 데이터와 실제와는 차이가 있을 수 있다는 것을 알게 됐다.

구시로에서 출발해 도중에 2번 하차하고 아바시리까지 가는 센모본선의 운임, 가와유온천역에서 마슈 호수까지 이동하기 위해 구매한 투어버스 승차권, 미도리역 근처에서 탄 초소형 모빌리티의 사전 결제 대금, 아바시리에서의 택시 요금을 합하면 총 10,020엔이었다. 그리고 예약 사이트에서 결제한 아바시리-메반베츠 공항까지의 연결 버스 요금은 910엔이었다.

앱을 사용하지 않았을 때의 금액과 차이는 없지만, 앱에서는 센모본선의 무제한 이용과 마슈 호수, 아바시리, 시레토코에서의 버스 승차권이 포함된 '히가시 홋카이도 네이처 패스'를 3일 이용에 8,900엔, 4일 이용 9,900엔에 구매해 화면에 띄워 사용한다는 선택지도 있었다. 이 패스로 초소형 모빌리티 이용이나 관광 체험의 할인도 받을 수 있기 때문에 여행 기간이 길 경우에는 이익이다.

편리성을 높여 이용자를 늘리려면, 타사가 운영하는 서비스나 타지역 관광용 할인 승차권, 관광 MaaS 등과의 상호 노선 연장도 필요할 것 같다. 현지에서는 "외국인 관광객들은 일본 전역에서 편리하게 사용할 수 있는 재팬 레일패스를 주로 구매하는데, 센모본선 주변에 한정된 프리패스로는 이용 증가에 한계가 있을지도 모른다."라는 목소리도 있었다. 윌러는 패스 대상 지역의 광역화를 목표로, 요금 설정도 고객 부담을 줄이는 방향으로 검토해 나갈 것이라고 한다. 실제 서비스를 어떻게 편리하게 만들어 앱과 연결시킬지가 과제라 할 수 있다.

선행 모델 사업 중 8개가 '관광지형'

전국 각지의 MaaS 실증 실험에서 국토교통성이 2019년도에 도시 조성 대상으로 선정한 19개의 선행 시범 사업(후술) 중 8개가 '관광지형'이었다. 윌러가 진출한 홋카이도와 그 외 후쿠시마, 시즈오카, 미에, 시가, 카가와, 돗토리, 시마네, 오키나와 각 현에서 각 지역을 방문하는 일본인 관광객과 외국인 관광객이 이동하기 편하도록 여러 방안을 계획하고 있다.

이들 지역이 공통적으로 안고 있는 문제는 관광 명소가 지역 내에 흩어져 있어 대중교통만으로는 이동이 어렵다는 점이다. 과거 단체 여행에서는 전세버스로 이동했기 때문에 고려하지 않아도 되는 부분이어서 표면화되지 않았다. 그런데 시대가 변해 직접 이동 수단을 찾는 개인 여행 위주로 바뀌면서 무시할 수 없게 된 것이다.

대중교통의 불편함은 그 지역에 사는 주민들에게도 역시 생활상의 절실한 과제다. 정부나 지방자치단체가 적자 상태의 철도회사나 버스회사에 보조금을 지급해 운행을 유지하는 방식은 재정난에 일손 부족, 고령화, 과소화까지 중첩되어 한계에 직면해 있다. 그래서 주목을 모으고 있는 것이 MaaS다. 이용자가 앱으로 이동 수단을 검색해 사전에 예약이나 결제를 하면, 그 데이터를 근거로 언제, 어디에, 어느 정도의 이동 수단을 준비해야 할지 사업자가 예측하기 쉽다. 소형 전기차(EV), 합승 차량의 온디맨드 배차 및 자율주행 같은 새로운 기술도 투입해 기존의 대량 수송 수단인 대중교통에 의존하지 않는 수급 균형이 맞는 이동을 실현할 수 있다.

MaaS의 현실은 쉽지 않다

하지만 그것은 각 서비스가 원활히 이용되고 데이터가 순조롭게 축적된 다음의 이야기다. 이를 위해서는 지역 내의 대중교통과 택시 등 사업자를 통합하고, 부족한 곳에는 새로운 이동 수단을 보충해 운용이나 유지 보수가 계속적으로 이루어지도록 하는 착실한 노력이 요구된다. 실현되면 이상적인 지역 서비스가 되겠지만, MaaS의 현실은 결코 쉽지 않다.

CHAPTER 2
배차 서비스,
시장 선점을 위한 경쟁 격화

배차 서비스는 춘추전국시대의 양상을 보이고 있다. 미국의 우버나 중국의 디디추싱 같은 해외 대기업이 연이어 진출하여 승차 공유를 봉인하는 한편, 택시 배차의 대상 지역을 확대하고 있다. 재팬택시(현 모빌리티 테크놀로지스) 등 일본 기업들은 대량의 대응 차량으로 이에 맞서고 있다. MaaS에는 빼놓을 수 없는 기능인만큼 한치도 양보할 수 없는 혼전이 이어지고 있다.

우버, 택시 대기업과 연이어 제휴

2019년 4월, 우버 테크놀로지스의 일본 법인 우버재팬은 다이이치교통산업 등과 히로시마의 택시 배차 서비스를 협업한다고 발표했다. 우버의 모빌리티 사업 총괄 매니저인 톰 화이트 씨는 "진정한 파트너십의 증거, 택시 업계를 향한 코미트먼트의 증거"라며 자랑스럽게 말한다.

우버재팬은 택시 배차 서비스 대상 도시를 확대하고 있다. 2018년 9월 나고야를 시작으로, 오오사카와 도호쿠에도 진출했다. 2019년 4월에는 히로시마, 교토에서도 택시 대기업 MK와 손잡고

chapter 2. 배차 서비스, 시장 선점을 위한 경쟁 격화   **147**

서비스를 시작했다.

우버는 '자가용을 이용한 유료 합승'이라는 사업 형태를 전 세계에 확산시킨 승차 공유의 대명사라고도 할 수 있는 존재다. 하지만 일본에서는 현재, 이러한 서비스는 위법으로 간주해 법적으로 인정받지 못하고 있다. 진출 당시에는 일본에서도 승차 공유 사업을 시도했으나 택시 사업자들의 맹렬한 반발로 인해 단념했다.

그 후 우버재팬은 각지에서 착실히 입지를 다져 왔다. 히로시마와 교토 진출은 다이이치교통산업, MK 등과 같은 전국 규모의 대형 택시 사업자를 수중에 넣은 만큼 앞으로의 전개에서 큰 의미를 가질 것이다. 화이트 씨는 "도쿄에서도 전개할 것이다."라며 수도권 진출에 의욕을 드러냈다.

디디추싱과 소니, DeNA도 뛰어들어 난전

중국의 디디추싱은 해외 시장에서 우버와 어깨를 나란히 하며 경쟁하고 있다. 일본에서는 소프트뱅크와 합병한 회사 DiDi 모빌리티재팬이 운영을 담당한다. 디디는 2018년 9월에 오사카에 진출하자 반년 만에 택시회사 제휴처를 12개사에서 42개사로 빠르게 확대했다. 2019년 4월에는 도쿄와 교토, 5월에는 효고에서 서비스를 개시했다. 그 후 홋카이도와 후쿠오카, 이시카와 등에도 진출해 2020년 2월까지 전국 25개 광역 자치단체에 전개했다. (주: 같은 해 7월에는 11개 현에서 서비스 중지)

MaaS 사업자를 끌어들여 배차 앱의 영토 전쟁이 격화되다.

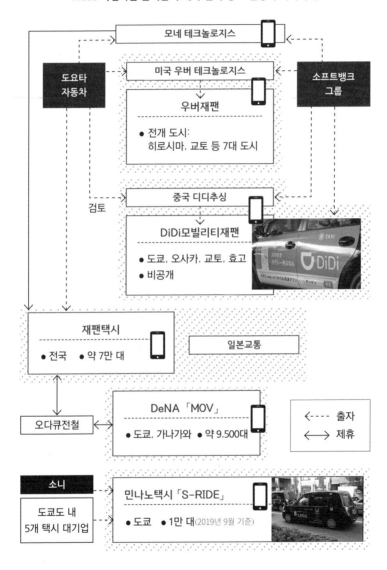

이에 맞서는 일본 기업의 선봉은 재팬택시다. 택시 업계 최대 기업인 그룹사 니혼교통을 비롯해 약 900개 업체에 달하는 택시사업자와 손잡고 이미 전국 각 지역에 진출을 완료한 상태다.

IT계 기업의 대응도 눈에 띈다. 소니가 야마토자동차교통과 고쿠사이자동차 같은 도쿄의 택시 대기업 5개사와 공동으로 민나노택시를 설립하여 2019년 4월에 배차 앱 'S.RIDE'를 시작했다.

디엔에이(DeNA)는 가나가와현 내에서 제공하고 있던 배차 앱 'MOV 서비스'(2020년 9월부터 GO로 변경)를 2018년 12월부터 도쿄에서도 시작했다. 히노마루자동차와 도토자동차, 다이이치교통산업 등과 연계한다. 2020년 8월까지 교토와 오사카, 효고, 나라, 아이치 등의 지역에도 진출했다.

우버나 디디 등의 거대한 외국계 기업과 이에 맞서는 일본 기업이라는 구도는 이후에도 계속될 전망이다. 경쟁의 행방은 이용자 수와 기술력이 좌우할 것으로 보인다.

이용자 수는 택시사업자가 어느 배차 앱을 도입할 것인지를 결정하는 척도가 된다. 편리성이 향상되고 이용자 수가 더욱 증가하게 되는 선순환을 만들어 낼 수 있을지 여부가 관건이 되기 때문이다.

이용자 수에서는 재팬택시가 한발 앞서간다. 다운로드 수는 700만 건을 넘었고 대응 대수도 약 7만 대로 월등하다. 외국 기업은 일본 내에서의 대응 대수를 공표하고 있지 않지만 DiDi는 중국에 약 5억 5천만 명, 우버도 전 세계에 9천만 명의 이용자를 보유하고 있어 방일 외국인 관광객의 인지도에서는 우위에 있다.

방일 외국인에게 인지도가 있느냐가 열쇠

교토에서는 2019년 4~5월 10일간의 연휴 기간에 DiDi 이용자 중 중국인의 비율이 약 40%에 달했다. 교토시의 2017년 조사에서는 주된 교통수단으로서 택시와 하이어택시로 대답한 외국인 관광객이 전체의 40%에 머물렀다. DiDi의 도입이 중국인 고객을 불러들이는 계기가 되었다는 사실을 읽을 수 있다.

우버의 히로시마 진출 기자회견에서 다이이치교통산업의 다나카 료이치로 사장은 "우리가 우버와 함께 일하게 되어 (외국인 관광객들이) 택시 타기가 좀 더 수월해질 것으로 기대한다."라고 말했다.

연간 합계 이용자 수가 최근 25년 사이에 절반으로 감소한 택시 사업자에게 있어 외국인 관광객 확보는 최대 과제이다. 해외 이용자가 많다는 점을 어필해 참가 사업자를 늘릴 수 있다면 결과적으로 일본에서의 이용자도 확보하기 수월해진다.

기술력도 중요하다. DiDi 모빌리티재팬의 스가노 게이고(菅野圭吾) 부사장은 "기술력이 큰 차이를 낳고 있다."라고 말한다. 인공지능 (AI) 선진국, 중국의 거대한 엔지니어 집단이 이 회사의 경쟁력을 받쳐 주고 있다.

제휴를 통해 영업 수입 10% 증가 사례도

DiDi의 강점은 배차 시간이 짧다는 것이다. AI를 활용해 효율적으로 택시와 이용자를 매칭한다. 이용자가 배차를 의뢰하면 대략 5

분 이내에 택시가 도착한다고 한다.

효율성은 택시사업자에게도 이점을 안겨 준다. 오사카의 어느 택시회사에서는 DiDI를 도입하고 나서 같은 주행 거리에서 승차율이 5%, 영업 수입이 10% 증가했다고 한다. 앞으로는 AI를 활용해 수요 지역을 예측하거나 차고로 돌아오는 경로상에 있는 주문만을 수주할 수 있도록 하는 시스템 등도 제공해 나갈 계획이다.

DiDi 모빌리티재팬의 스가노 부사장은 "앞으로 타업종까지 포함된 합종연횡이 진행될 것은 분명하다."라고 말한다. 각 업체는 이용자, 택시사업자, MaaS 플랫포머 등을 주시하며 사업을 전개해야 할 것이다.

모빌리티 테크놀로지스, 배차 앱 시장 제패

배차 앱 대기업인 모빌리티 테크놀로지스(MoT)가 2020년 7월 13일, NTT 도코모로부터 최대 200억 엔의 출자를 받는 등 합계 225억 엔의 자금 조달을 발표했다. 신종 코로나 바이러스의 감염 확대로 택시 업계에 강한 역풍이 부는 가운데서도 배차 앱의 수요는 늘고 있다. 대규모의 자금 조달을 발판으로 격전 양상이 계속되는 배차 앱 시장에서 시장 제패를 꿈꾼다.

MoT는 2020년 4월에 니혼교통계열 일본 최대의 택시 배차 앱 재팬택시와 디엔에이(DeNA)의 배차 앱 MOV 사업을 통합해서 발족했다. 니혼교통홀딩스와 DeNA가 최대 주주이며 토요타자동차 등도 출자하고 있다.

도코모는 2018년 7월에 재팬택시에 출자했다. 이번에 우선적으로 100억 엔을 추가 출자함으로써 도코모는 MoT의 기발행 주식 수의 13.06%를 보유하게 된다. 자금 조달 완료 후에도 니혼교통홀딩스와 DeNA 최대 주주의 자리를 유지한다.

신종 코로나 바이러스의 감염 확대로 택시 수요는 크게 줄었다. 전국 하이어/택시연합회에 따르면 2020년 5월 상반기 도쿄의 택시 영업 수입은 전년 동월 대비 60% 이상 감소했다고 한다.

한편 택시 배차 앱은 성장이 이어졌다. MoT도 같은 해 6월 배차 앱을 통한 승차 수는 통합 전의 두 회사 앱의 실적과 비교해 전년 동월 대비 약 20% 증가하고 있다. 신종 코로나로 스타트업의 자본 조달에도 역풍이 불지만 이러한 성장성에 대한 기대와 사업 통합을 통한 경쟁력 향상이 대형 자금 조달로 이어진 것이다.

MoT의 나카지마 히로시 사장은 "신종 코로나는 역풍일 뿐이었으며, 이러한 환경에서도 주저 없이 검토해 주었다."라며 출자에 대해 감사를 표한다. 조달한 자금의 용도에 대해서는 "택시의 디지털 트랜스포메이션(DX)뿐 아니라 스마트시티 대응이나 데이터 비즈니스, 자율주행 대응에도 투자할 것이다."라는 생각을 밝혔다.

일본의 데이터를 가장 많이 갖고 있다.

각 배차 앱 기업들은 그동안 고객이나 제휴할 택시 업체를 확보하기 위해 자체 부담으로 할인 쿠폰을 잇달아 발행하는 등 소모전 성격의 치열한 경쟁을 펼쳐 왔다. 또한, 코로나 사태 가운데서 우버재팬이 2020년 7월에 도쿄 진출을 개시했다. 소프트뱅크와 중국의 디디추싱이 출자하는 DiDi 모빌리티재팬도 사업 범위를 축소하고 도심부 등으로 집중 투자에 나섰다.

경쟁이 한층 과열될 것도 예상되지만 나카지마 사장은 "쿠폰 등을 통한 과도한 경쟁은 식상한 것 같으며, 앞으로는 얼마나 정확도 높은 배차가 가능한가 하는 테크놀로지의 승부가 될 것"으로 본다.
미국의 우버 테크놀로지스나 중국의 디디추싱 등 해외의 거대 IT 기업이 라이벌이 되겠지만, 로컬라이베이션(현지화)이 중요해지는 배차 앱은 지역마다 선두 기업이 다르다.
그리고 나카지마 사장은 "일본의 모빌리티 서비스는 일본의 데이터로 연마하지 않으면 안 된다. 일본의 데이터를 가장 많이 가지고 있는 것은 MoT다."라며 향후 경쟁에 대한 자신감을 드러냈다.

CHAPTER 3
'라스트 1마일' 선점 경쟁
전동 킥보드 상륙

　MaaS는 장거리 이동에 적합한 철도나 버스, 택시, 렌터카, 차량 공유만으로는 충분하지 않다. 거기서 더 나아가 집이나 목적지까지를 연결하는 이동 수단(모빌리티)이 더해져야 비로소 제 기능을 갖추게 된다. 이 마지막 1마일(약 1.6km) 정도의 단거리 이동에 적합한 '라스트 마일 모빌리티'의 물결은 일본에도 조용히 상륙하고 있다.

자전거와 다름없는 속도로 이동

　라스트 마일 모빌리티로서 지금 세계적으로 주목을 받고 있는 것이 전동 킥보드이다. 전동 킥스케이터 또는 E스쿠터라고도 불리는데, 최근 몇 년 사이에 미국에서 등장한 버드(Bird)나 라임(Lime) 등의 스타트업은 거액의 투자를 끌어내 유니콘(기업 평가액 10억 달러 이상의 미공개 기업)으로 성장할 정도이다. 실제 일본에서도 탈 수 있는 곳이 있었다.

　도쿄 도심에서 북쪽을 향해 지하철로 50분 거리에 위치한 사이타마 고속철도의 종점인 우라와미소노역이 일본에서 처음으로 전동 킥보드 공유 서비스를 시작한 곳이다. (주: 2020년 4월 말 서비스 종료) 개찰구를 나오면 바로 왼쪽, 눈에 띄는 곳에 10대가 상시 배치되어 있어 이용할 수 있다. 역 창구에서 헬멧을 빌리고, 미리 스마트폰에 띄워 놓은 전용 앱으로 킥보드의 잠금을 해제할 수 있다.

잠금 해제료 100엔+1분당 25엔의 이용료

킥보드의 발판 부분에 한쪽 발을 얹고, 다른 한 발로 지면을 두세 번 굴려 도움닫기 동작을 한 뒤 올라타서 핸들 오른쪽 액셀을 누르 듯 속력을 내어 달린다. 핸들 왼쪽에는 브레이크도 부착되어 있어 손동작으로 간단히 가속과 감속을 할 수 있다. 최고 시속은 19km 로 자전거와 별반 다름없다. 한번 익숙해지면 오히려 술술 쉽게 탈 수 있을 것 같다.

운영 기업은 윈드모빌리티재팬(Wind Mobility Japan)이다. 독일 베를린 을 본거지로 유럽 등 17개 도시에 전개하고 있는 윈드모빌리티의 일본 법인이다. 일본에서는 "철도회사와 제휴하고 싶었지만 어려 울 것"으로 생각했는데(오이카와 가츠미 사장), 2018년 11월 공유 서비스 전 시회에 동석했던 사이타마 고속철도와 사업 전략이 일치하였으며, 이 업체의 지원으로 순조롭게 진행되어 2019년 3월29일부터 서비 스를 시작했다.

사이타마 고속철도는 선로 주변 활성화도 내다보고 새로운 모빌 리티의 활용에 적극적인데, 과거 자율주행 전동(EV) 버스 실험 등에 서 사이타마시와 사이타마현 경찰본부와 '연계의 소지가 있었던'(사 이타마 고속철도 구리하라 아키라 경영기획 담당 부장) 것이 작용했다. 사이타마시 외에도 인근의 가와구치시 등을 주행할 수 있으며, 아직 사고나 주민들로부터 민원은 없었다고 한다.

회원 수는 2019년 5월 말 시점 300명 남짓이다. 요금은 잠금 해제료 100엔과 1분당 25엔의 이용료로 해외와 거의 동일한 수준이다. 1회 평균 이용 시간이 약 30분으로 길다는 점도 고려해 부담 없이 탈 수 있도록 시간 단위나 1일 단위의 무제한 이용도 추가 도입했다.

법 규제는 실태에 맞춰야 한다

우라와미소노역의 공유 전동 킥보드는 법적으로 2002년 경찰청 통지에 의거해 원동기 장치 자전거로 분류되어 공공도로에서 운행되고 있다. 따라서 번호판과 사이드미러 등의 장비와 이용자의 운전면허증 소지가 필요하며 차도로 달려야 한다. 이에 대해 공유 전동 킥보드 서비스를 목표로 하는 루프(Luup)의 오카이 다이키 사장은 "규제는 실태에 맞춰야 한다."며 의문을 던진다.

라스트마일 모빌리티는 전동 킥보드에 국한되는 것이 아니라 일륜차형이나 휠체어형 등 다양하며 앞으로 실용화될 전망이다. 하지만 공공도로에서는 현재, 배터리가 장착되어 있으면 모두 원동기 장치형으로 취급되어 규제를 받는다고 한다. 이러면 운전면허증을 반납한 고령자가 자가용 대신으로 사용할 수 없는 등 불편한 점이 많다.

오카이 사장은 "최고 시속 10km 정도의 저출력인데도 일률적으로 원동기 장치형으로 취급하는 것은 합리적이지 못하다."라고 주장하며, 새로운 모빌리티용 규제를 제안해 참가 환경을 정비할 생각이다. 후쿠오카시에서 실증 실험을 목표로 하고 있는 애니페이 (AnyPay, 2019년 6월에 모비라이드로 분리 독립)와 야후의 자회사인 Z코포레이션과 함께 2019년 5월에 마이크로 모빌리티 추진협의회를 설립하고 회장에 취임했다.

유럽과 미국에서 유행한 전동 킥보드, 일본에도 상륙

외국	Lime(라임)	2017년 설립, 미국, 유럽, 아시아 등 100여 개 도시에 진출. 미국 구글의 지주회사와 우버 테크놀로지스 등이 출자
	Bird(버드)	2017년 설립, 미국, 유럽, 중동 등 100여 개 도시에 진출. 세코이아캐피탈 등이 출자
	Spin(스핀)	2016년 설립, 미국 30여 개 도시에 전개. 미국 포드가 2018년에 매수
일본	WIND Mobility(윈드 모빌리티)	독일에서 진출. 2019년 3월 말부터 사이타마시 사이타마 고속철도와 제휴, 우라와미소노역에서 서비스 개시(2020년 4월 종료)
	Luup(루프)	2019년 4월 하마마츠시와 나라시, 미에현 요카이치시, 도쿄도 타마시, 사이타마현 요코제마치와 연계 협정
	AnyPay (애니페이)	후쿠오카시가 실증 실험을 지원해 2019년 3월 비공공도로가 아닌 곳에서 체험 시승회를 개최

시장 규모, 최대 54조 엔에 이를 것

우선 전동 킥보드에 대해 업계의 자체 규제 룰을 정리해 2019년 11월에 발표했다. 해외에서는 단발성 승차 서비스로 제공하는 경우가 많은데, 방치 차량이나 사고로 이어져 독일과 프랑스가 인도에서의 주행을 금지하는 등 사후 규제가 엄격해지고 있다. 이러한 상황도 의식해서 일본에 맞는 규제 정비를 목표로 하고 있다. 한편 자사에서는 하마마츠시 등 협력 자체단체와 대학에서의 실증 실험을 서두르고 있다.

자전거나 전동 킥보드 등 소형 모빌리티의 시장 규모는 2030년에 미국과 유럽, 중국에서 합계 최대 5,000억 달러(약 715조 원)에 달할 것이라는 예측도 나오고 있어 기대가 크다. 반면 발전 도중에 있기 때문에 문제점도 많

다. MaaS에서 빼놓을 수 없는 조각을 어떻게 키울지 민간과 행정 쌍방의 지혜가 시험대에 올랐다.

사이타마고속철도 우라와미소노역(사이타마시) 주변.
제공되고 있던 전동 킥보드는 '원동기 장치 자전거'로 분류되므로 차체에 번호판과 사이드미러가 부착되어 있다.

라임(Lime), 삿포로에서 시승회 개최

전동 킥보드(킥스케이터)의 공유 서비스가 미국과 유럽에서 대유행이다. 미국의 두 신흥기업의 일본 진출을 지원하는 것이 KDDI와 스미토모상사이다. 대형 통신사와 상사가 뜨거운 시선을 보내는 이유에 대해 알아보았다.

2019년 10월 18일, 삿포로시의 역 앞 지하도에서 공유 전동 킥보드 라임(Lime)의 시승회가 열렸다. 참가자들은 핸들에 달린 액셀로 가속과 커버를 도는 요령을 익히고는 신나게 시승하고 있다. "자전거보다 쉬울 것 같다."라는 반응도 있었다.

전동 킥보드는 영어권에서는 'E스쿠터'라는 이름이 더 친숙하다. 시속 30km 이상의 성능을 가지는 것도 있지만, 공유 서비스에서는 시속 20km 전후로 운용되는 경우가 많아, 공유 자전거 정도의 수준이다. 자전거처럼 다리를 들어 안장에 올라앉지 않아도 되기 때문에 스커트 옷차림의 여성도 타기 편하다.

자전거보다 가볍고 심플하게 만들어 "유지 관리도 편하다."(라임의 운영회사에 투자한 인터넷 기업, 디지털가라지의 오쿠마 마사히토 이사)는 이점도 있다. 공유 서비스가 시작된 지 불과 3년이 안 되지만 미국과 유럽을 중심으로 이용자가 급증하고 있다. 라스트마일 모빌리티, 혹은 1~2인승 소형 전동 마이크로 모빌리티의 대표주자로 부상했다.

전동 킥보드 두 강자의 강대강 대결

공유 전동 킥보드는 세계적으로 신흥 기업들에 의해 서비스가 난립하고 있다. 그중 특히 주목받고 있는 기업이 세계 100여 도시에 서비스를 전개하고 있는 미국의 라임, 그리고 거의 비슷한 규모의 버드(Bird)다.

이 두 업체는 미국과 유럽을 기반으로 아시아에도 사업을 확장하려고 하지만 앞서 말한 것처럼 일본에서는 공공도로 이용의 엄격한 교통 규제가 이를 가로막고 있다. 모터를 내장한 전동 킥보드는 2002년도의 경찰청 통지에 의거해 현재 원동기 장치 자전거로 취급되고 있다. 공공도로에서는 차체에 번호판과 사이드 미러 등의 장비가 필요하고, 이용자의 운전면허증 소지 및 헬멧 착용이 요구되는 등 제한이 따른다.

라임(Lime)은 후쿠오카시에서 전동 킥보드 시승회를 실시 (2019년 10월)

라임과 버드도 규제를 인식하고 있다. 더구나 일본에 진출할 때 제휴한 기업이 대기업인 KDDI와 스미토모상사였다. 두 회사는 모두 외부의 신규 사업에 투자를 담당하는 사업 부문을 창구로 하여 공유 전동 킥보드 시장 개척에 도전하려 하고 있다. 출발은 신규 사업이지만 시선은 빅 비즈니스에 가 있다.

KDDI, 5G 보급을 기대하고 출자

KDDI의 경우, 전동 킥보드에 주목하고 투자 기회를 찾던 중 디지털 가라지(Digital Garage)의 권유로 라임의 운영사인 미국의 뉴트론 홀딩스(Neutron Holdings)에 대한 출자를 2019년 8월에 발표했다. 실증 실험과 시험 운용을 거쳐 도쿄 등 대도시에서의 서비스를 목표로 한다는 데 일치하고 있다.

KDDI가 기대하고 있는 것은 차세대 통신 규격 5G의 보급이다. 5G에서는 대규모 동시 접속이 가능해 "인터넷과 오프라인의 사회 인프라가 융합될 것"으로 본다.(KDDI 경영전략본부 나카마 가즈히코 부장) 다양한 이동 수단을 멀티 모달로 묶어 스마트폰 앱으로 검색부터 예약과 결제까지 구현하는 MaaS에서 인터넷과 5G의 역할은 커질 것이다.

그중에서도 라스트 1마일의 이동에 적합하며 거리 구석구석까지 파고 들어갈 수 있는 전동 킥보드는 통신을 경유해 차량 한 대 한 대의 위치 파악 및 운행 가능 지역의 관리가 가능해 주행 경로 등의 이용 데이터 수집과 분석에 대한 기대도 높아진다. KDDI는 "휴대폰 매장 등의 거점을 주정차 공간으로 제공할 수 있어 결제 수단 등을 연계하기도 쉽다."라는 점을 강조한다.(나카마 부장)

미국의 전동 킥보드 양대 기업은 규모도 아주 흡사한 라이벌

Lime(라임)		Bird(버드)
뉴트론홀딩스(Neutron Holdings)	운영 회사	버드라이즈Bird Rides)
2017년	설립	2017년
미국 캘리포니아주 샌프란시스코	본사 소재지	미국 캘리포니아주 산타모니카

KDDI, Digital garage, 미국 우버 테크놀로지스, 미국 구글의 지주회사 알파벳	주요 출자자	미국 세코이아 캐피탈, 캐나다 퀘백주 연금관리공단 (CDPQ)
뉴욕, 파리, 베를린, 로마, 시드니, 리우데자네이루, 싱가포르 등 세계 100여 도시	전개 도시	워싱턴DC, 런던, 마드리드, 빈, 스톡홀름, 멕시코시티 등 세계 100여 도시
최고 시속 30km 미만, 항속 거리 약 40km의 최신 기종 generation 3 등을 제공	서비스 특징	전동 킥보드 외 최대 2인승 시트 부착 모빌리티를 개발. 판매도 실시

스미토모상사, 스마트 시티가 접점

스미토모상사는 모든 사물이 인터넷으로 연결되는 IoT로 인프라를 효율적으로 운용하는 스마트 시티에 주력한다. 스마트 시티에 연결되는 여러 비즈니스를 검토하는 가운데 유망한 투자 대상으로 공유 전동 킥보드에 주목했다. 특히 버드처럼 글로벌 전개에서 앞서가는 기업은 각지에서 차량을 어디에 몇 대 배치하면 가동률이 높아지는지 등의 운용상의 노하우를 축적하고 있다.

"버드가 서비스를 제공하고 있는 지역에서는 (버드의 전동 킥보드를 조합해 넣은) 스마트 시티를 빠르게 스타트할 수 있다."라는 생각에 2018년 중반부터 협업을 검토해 일본에서의 사업 전개를 지원하기에 이르렀다. (스미토모상사 디지털사업본부의 아이하라 도슈 신사업투자부장)

어떻게 안전을 확보하면서 도입할 것인가.

첫 시승회 실시 장소로 후쿠오카시를 선택한 것도 후쿠오카시가 스마트시티 구상을 구체화하고 있다는 점이 크게 작용했다. "일본에서는 규제 개혁 여하에 따라 여세를 몰아갈 필요가 있다." (아이하라 부장)며 언뜻 조심스럽지만, 앞으로 버드의 데이터와 스미토모상사의 네트워크를 조합한 마케팅으로 후쿠오카 등 각지에 신속한 전개를 상정하고 있는 듯하다.

일본은 국토가 좁아 도로에 충분한 주행 공간이 확보되지 않는데 어떻게 안전을 확보하면서 공유 전동 킥보드를 도입할지가 과제임에는 틀림없다. 그래도 잠재적인 비즈니스 기회가 커서, 새로운 서비스를 받아들일 규제를 신속히 정비하고 있는 미국과 유럽, 아시아 기업들을 곁눈질하며 일본 대기업들의 움직임도 점점 더 활발해질 것 같다.

오사카 세계박람회에 이동의 미래상을

자율주행차가 달리다

2025년 오사카에서 세계박람회(간사이 만국박람회)가 개최될 예정이다. 자율주행이나 대중교통의 정액 요금제 등 새로운 모빌리티 서비스를 검토하는 움직임이 간사이에서 시작되었다. 개최 장소인 오사카만의 인공섬 유메시마는 제로 베이스에서 개발이 시작되어 기업이 기술 혁신을 시도하기에는 절호의 장소이다. 세계박람회를 계기로 모빌리티 사회의 미래상을 제시할 수 있을 것인지 주목되고 있다.

2019년 3월 14일, 오사카성 공원에서 외국인 남녀 2명을 태운 자율주행차가 천천히 주행하고 있었다. 자율주행차라고는 하지만 지붕과 창문은 없고 미리 정해 놓은 루트를 달리는 자동차 프레임 같은 모빌리티 시스템이다. 시속 3~5km로 도보에 가까운 속도여서 가볍게 승·하차할 수 있다. 도보와 차량 이동의 틈새를 노린 그런 차량이다.

간사이전력이 개발하여 '이노(iino)'라는 이름으로 전개하고 있으며 다양한 서비스를 담아 콘텐츠 수입을 올리는 비즈니스 모델을

chapter 4. 오사카 세계박람회에 이동의 미래상을 **165**

그리고 있다. 오사카성 공원에서는 자동차 프레임 위에서 샤미센 연주와 일본 무용을 선보였고, 그 외 다과를 제공하는 '움직이는 바(bar)'로도 활용되었다.

"박람회장인 유메시마는 미래의 모습을 제시하는 쇼케이스로 제격입니다." 경영기획실 오카무라 오사무 이노베이션 실장은 이렇게 말한다. 간사이전력은 전력회사이면서 동시에 간사이에 기반을 둔 인프라 기업이기도 하다. 이노(iino)를 발판으로 새로운 도시 조성을 추진하는 것이 실험의 목적이다.

이노(iino)는 기술 중개 기업 나인시그마 홀딩스를 통해 파트너를 모아 자율주행 기술을 가진 독일 벤처기업과 제휴했다. 간사이전력의 젊은 층을 중심으로 완성시켰다. 처음에는 공공도로 이외의 장소에서 운행 실험을 반복하지만 박람회에서의 활용을 고려해 현지 상공단체 등과 협의해 나갈 것이다.

MaaS로 넘쳐나는 승객을 커버

"교통의 넷플릭스가 모빌리티 세계에 들어왔습니다." 2019년 2월 6일, 오사카 상공회의소에서 강연한 일본종합연구소 이노우에 다케카즈 시니어 매니저의 말에 청강자들은 숨을 죽였다.

이노우에 씨가 가리키는 기업은 핀란드의 마스글로벌(MaaS Global)이다. 2장에서도 자세하게 다루었지만, 이 회사가 제공하는 서비스 '윔(whim)'은 월 499유로(약 67만 원)로 헬싱키 시내의 대중교통과 택시 등을 이용할 수 있다. 동영상 전송 기업인 미국의 넷플릭스와 마찬가지로 서브스크립션 모델을 모빌리티 분야에 도입했다. 토요타자동차 계열 금융회사도 출자하고 있다.

오사카상공회의소는 '서비스로서의 모빌리티'를 의미하는 MaaS를 세계박람회의 기폭제로 삼기 위해 2019년 2월에 MaaS 연구회를 설립했다. 일본종합연구소 외 긴키일본철도, NTT 서일본 등이 참여했다. 스마트폰 앱을 통해 루트 검색이나 예약, 결제를 일괄적으로 처리할 수 있는 '윔(whim)'과 같은 서비스를 도입할 수 없을까 논의 중이다.

세계박람회 개최 기간 동안 방문자 수는 하루에 28만 5,000명, 피크타임에는 시간당 5만 5,000명~5만 9,000명에 이를 것으로 예상된다. 외국으로부터도 많은 관광객이 올 것으로 예상되며, 기존의 교통 체계로는 넘쳐나는 승객들을 감당할 수가 없을 것이므로 IT를 활용해 새로운 모빌리티 시스템을 구축해서 타개하려는 의도다. 유메시마 박람회장의 면적은 155ha로서 도쿄돔의 33배 넓이에 해당한다. 오사카부나 오사카시가 유치하고자 하는 통합형 리조트(IR) 예정지를 포함해 광대한 땅에서 박람회장까지 편리한 접근성을 어떻게 확보할지도 큰 과제다.

"2인승으로 이동하기 쉬우므로 면과 면을 연결하는 교통수단이 될 것입니다." 벤처기업을 지원하는 SARR의 마츠다 잇케이 CEO는 미국의 스타트업 웨이페어러(Wayfarer)가 개발하는 차세대 모빌리티 시스템에 대해 이렇게 말했다.

웨이페어러가 개발하는 것은 2인승 무인 운전 차량이다. 센서와 카메라를 탑재해 전용 차로와 정보를 교환하며 시속 50km로 자율주행하는 콘셉트이다. 1km당 투자 비용은 1억 엔 이상으로 차세대형 노면전차(LRT)에 비해 5분의 1에서 절반 정도로 낮출 수 있다고 한다.

현재의 법 제도에서 웨이페어러의 차량을 주행할 수 있을지에 대한 과제는 있지만, 미국에서는 2020년부터 주행 실험이 시작될 전망이다. 세계박람회에서의 활용까지 시야에 넣어 제공할 목적이다.

간사이, 하나가 될 수 있을까

오사카는 세계박람회 개최 결정으로 들끓고 있지만, 간사이 일대를 둘러보면 사정은 다르다. "일손 부족 해소를 위해 새로운 기술이 필요합니다." 미나토 관광버스의 마츠모토 히로유키 사장은 이렇게 말한다. 고베시 기타구에 모여 있는 '뉴타운'은 이제 고령화가 급속히 진행되는 '올드타운'이 되었다. 인구가 줄고 있는 상황에서 노선버스를 계속 유지하기 위해서는 운전자 확보가 큰 과제다.

미나토관광버스는 일본종합연구소, 간사이전력, OKI와 제휴하여 기타구에서 2019년 2월에 자율주행 실험을 실시했다. 도로변의 전신주에 설치한 카메라로 교차로를 통과하는 차량을 감지한다. 차량이 접근하면 드라이버를 태운 실험 차량에 경고를 보내는 등 미래의 자율주행 기술의 확립에 활용한다. 법 개정과 병행해 2020년경의 실용화를 목표로 할 생각이다.

교토시도 비슷한 문제를 안고 있다. 노선버스는 시 교통국 외 민간 기업도 운행하고 있다. 교통국은 일부를 민간 기업에 위탁하고 있지만, 게이한버스는 2019년 말 수탁을 중단하고 자사 버스 운행에 운전자를 충당했다.

외국 관광객이 몰리는 교토에서는 운전자 부족 현상이 표면화되어 대책을 세우는 것이 매우 중요한 과제가 되고 있다. 교토시는 자율주행에 관한 검토 회의를 2017년에 설치해 2019년에 걸쳐 제언을 위한 검토를 해 나갔다.

세계박람회는 오사카뿐만 아니라 고베와 교토를 포함한 간사이 전역, 나아가 서일본을 포함한 광범위한 지역에서 어떻게 연계해 나갈지 주목된다. 개최 후에도 지속 가능한 교통수단으로 만들기 위해서도 업계의 울타리를 뛰어넘은 논의가 필요할 것으로 보인다.

CHAPTER 5

선구적인 19개 사업을 관민이 추진

응모한 51개 사업에서 선출해 실험 개시

대도심부에서 지방의 인구 과소 지역이나 관광지까지 다양한 지역 특성에 맞추어 이동 서비스를 제공하는 '일본형 MaaS'가 본격 개시된다. 국토교통성은 2019년, 전국에서 19개의 선행 모델 사업을 선정했다. 2020년에는 38개 사업을 실증 실험 지원 대상으로 선정했다. 관민이 연계해 산업 진흥과 과제 해결에 나선다.

미국과 유럽에서 앞서가는 MaaS를 일본에서도 보급시키려고 국토교통성이 2019년도 예산으로 '뉴 모빌리티 서비스 추진 사업'을 시작해 4~5월에 걸쳐 공모했다. 51개 사업이 응모했고, 그중 선구적인 19개 사업을 선정했다. 스마트폰 앱의 개발이나 온디맨드 차량 개발 등에 드는 비용의 절반을 국토교통성이 부담하고 약 3억 엔의 예산으로 2019년에 실증 실험을 실시했다.

19개 사업 중 도심지에서의 이동에 관련된 '대도시 근교형/지방 도시형' 사업이 6개, 외국 관광객(인바운드) 대응을 포함한 '관광지형' 사업이 8개, 인구 과소 지역을 대상으로 한 '지방 교외/과소 지역형' 사업이 5개를 차지했다.

170 제3장 도심에서, 지방에서 움직이기 시작했다.

도시형 사업에서는 오다큐전철이 2019년 10월~2020년 3월까지 가와사키시와 가나가와현 하코네에서 실시하는 실험을 인정하여 무료 MaaS 앱을 마련해 철도와 버스 무제한 승차권을 디지털로 제공했다. 시즈오카 철도의 경우, 시즈오카시에서 2019년 2월에 실험한 AI를 활용한 합승 택시 사업에 대해 모니터 규모를 1,000명으로 확대해 실시했다.

	마에바시시	죠오모전철, NTT도코모, 군마대학
대도시 근교형 · 지방 도시형	히타치시(이바라기현)	미치노리HD, 히타치제작소, 이바라기대학
	츠쿠바시(이바라기현)	간토철도, KDDI, 츠쿠바대학
	가와사키시, 하코네쵸 (가나가와현)	오다큐전철
	시즈오카시	시즈오카 철도, 시즈오카시, 미라이 셰어
	고베시	일본종합연구소, 다이와자동차교통
관광지형	아칸, 시레토코(홋카이도)	윌러, JR 홋카이도
	아이즈 와카마츠시 (후쿠시마현)	아이즈 승합 자동차 (미치노리 HD 자회사)
	이즈 에리어(시즈오카현)	도큐, JR 동일본, 라쿠텐
	시마지역(미에현)	긴테쓰 그룹 HD, 시마시
	오오즈, 히에이산(시가현)	교한 HD, 오쓰시
	산인에리어 (돗토리현, 시마네현)	이치바타그룹, JTB
	세토나이 에리어(아이치현)	JR 시코쿠, 코토덴그룹, ANAHD
	야에야마 지역(오키나와현)	이시가키시, 다케토미쵸, JTB 오키나와

지방교외 · 인구 과소지형	코모노쵸(미에현)	코모노쵸, 미에현, 나고야대학
	미나미야마시로쿠라(교토부)	교토부, 미나미야마시로무라
	쿄탄고 지역(교토부)	윌러, 교토부, 효고현
	오다시(시마네현)	오다시, 히로시마대학, 시마네대학, 돗토리대학
	쇼하라시(히로시마현)	쇼하라시, 히로시마현, NTT도코모

관광지형 사업으로는 도큐전철과 JR 동일본이 시즈오카현 이즈에서의 실증 실험을 2019년 12월~2020년 3월에도 실시했다. 또한, 긴테쓰그룹 HD가 2019년 10월부터, 그리고 2020년 1월부터 총 2회에 걸쳐 미에현의 시마반도 지역에서 실험을 실시했다. 1월부터 약 3개월간은 시마 지역에 산재해 있는 관광지를 MaaS 앱에 망라해 가며 버스와 택시, 배로 해상을 이동하는 마린택시(Marine Taxi)에 온디맨드 운행 시스템을 도입했다.

게이한 HD도 오츠시나 쿄토시 일부에서 2019년 11월에 실험했다. 관광시설이나 소매점, 음식점 등의 정보를 MaaS 앱과 연계하는 것이 특징이다. 외부 기업이 시스템에 접속해 사용할 수 있도록 하는 기술 사양인 API(Application programming interface)를 활용해 앱과 음식점 정보 사이트를 연결한다.

철도회사뿐만 아니라 버스회사도 MaaS 운영의 주체를 담당한다. 동일본에서 버스사업을 폭넓게 전개하고 있는 미치노리 HD 산하의 아이즈승합자동차는 아이즈철도 등과 손잡고 관광지형 MaaS를 제공한다. 우선은 아이즈와카마츠의 중심 시가지를 도는 주유버스 앱을 시작해, JR 동일본이 2021년으로 예정하고 있는 도호쿠 지방에서의 데스티네이션 캠페인까지 내다보고 차례차례 대상 지역과 기능을 확대해 갈 생각이다.

지방에서의 과제 해결이 목표

고령화와 인구 과소화라는 지방의 과제를 해결하는 것도 일본형 MaaS의 중요한 테마이다. 여기서는 대기업 주도는 아니지만 지방자치단체와 스타트업 기업, 대학 등이 손을 잡고 대책 마련에 들어갔다.

예를 들면 시마네현 오다시(大田市)는 인구 과소 지역인 이타(井田) 지역에서 정액 요금제 택시를 시행했다. 2019년 11월~2020년 3월까지 5개월 동안의 실험에서 월 3,300엔에 평일 5일간 한정이지만 무제한 승차 서비스를 제공했다. 오다시와 정보 시스템을 제공하는 바이탈리드(Vital Lead), 현지 택시회사, 히로시마대학 등이 연계했다.

인구 과소 지역의 이동 수단으로서 노선버스 등은 비효율적이라 지속성이 결여되지만, 대신에 정액제 택시 서비스를 도입함으로써 자가용 없이도 고령자들이 외출하기 쉽도록 했다. 택시의 경우, 승객 수송뿐만 아니라 화물 운송도 결합시켜 사업의 채산성을 높여 갈 생각이다.

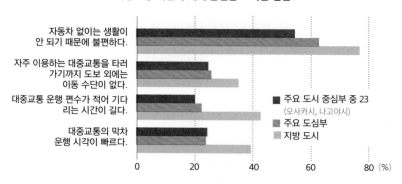

대중교통 기관에 대해 불편을 느끼는 점은?

(주) 딜로이트도마츠의 인터넷을 이용한 설문조사 결과

　일본에 있어서 기존의 대중교통에 대한 만족도는 높지 않다. 딜로이트도마츠그룹의 조사에 따르면 "자동차 없이는 생활이 안 되기 때문에 불편하다."라고 대답한 사람이 지방도시 지역에서는 76.2%에 달한다고 한다. "요금 설정이 비싸다고 생각한다."는 대답은 대도시나 지방을 불문하고 40% 전후에 이르고 있다.

　각각의 지역 사정을 감안한 MaaS 앱이나 이동 수단의 개발, 나아가서 이런 수단들을 활용해 사람들의 이동을 이끌어낼 수 있는 생활 관련 서비스를 창출할 수 있을지도 관건이 될 것 같다.

CHAPTER 6

전철과 버스, 앱으로 경계 없이 연계

관광객을 대상으로 한 MaaS가 시작되었다. JR 동일본과 도큐전철, 오다큐전철이 스마트폰을 통해 전철이나 택시 등의 예약과 결제가 가능한 서비스를 시작했다. 상업적 기능도 추가해 만족도를 높이고 선로 주변 주민들을 끌어들일 의도이다.

'라스트 1마일' 불편 해소에 앱을 활용

시즈오카현 시모다역에서 남쪽으로 1~2km 가면, 페리로드를 비롯해 요시다 쇼인 등 에도시대의 개국 관련 인물들의 관광 시설이 모여 있는 구시가지가 펼쳐진다.

"역에서 걸어가기에는 좀 멀어요." 관광차 시모다에 온 여성 회사원은 구시가지까지 어떻게 이동할지 고민하고 있었다. 가장 요긴한 것이 버스이나 도로 폭이 좁아 구시가지 안쪽까지 들어가지 않고, 비교적 비싼 택시는 피하고 싶다.

도큐전철과 JR 동일본은 온디맨드 버스를 투입하기로 하고, 2019년 4월 1일부터 서비스를 시작했다. 두 업체가 개발한 전용 앱 '이즈코'를 사용하면 이즈큐도카이택시 등 현지 3개 택시회사가 운영하는 7인승 점보 택시를 호출할 수 있다. 승하차 장소는 약 20곳으로 많아서 '라스트 1마일'의 불편함이 해소된다.

"회사의 이익이 아니라, 어떻게 하면 이즈가 지속적으로 번창할 수 있을까를 생각했습니다." 도큐전철의 사업개발실 모리타 소 씨는 이렇게 강조했다. 이번에는 이즈코에서 주유 패스도 판매한다. 목표 매수는 반년간 1만 장으로 적지만 JR 동일본 외에 오다큐그룹의 도카이자동차, 세이부그룹의 이즈하코네 철도 등도 참가한다.

각 철도회사는 철도를 기반으로 다른 교통기관과 경계 없이 연결된다.

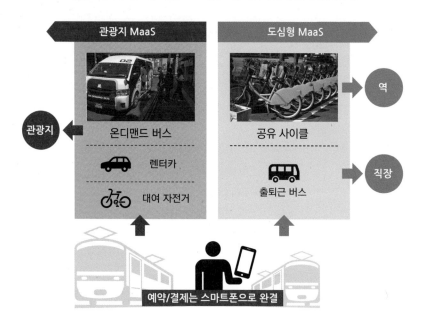

각 업체는 경쟁 관계에 있으나 2차 교통의 충실이 필수적이라는 인식에서 이즈의 관광형 MaaS 추진에는 협력적이다. 2019년 11월부터는 앱을 웹브라우저로 바꾸어 남북 50km, 동서 35km의 이즈 반도에서 실험했다. 이 정도의 광범위한 MaaS 실험을 실시하는 것은 일본에서는 처음이었다.

NTT 도코모의 데이터를 활용

한편 JR 동일본도 2019년 4월1일부터 이 실험과는 별도로 새로운 움직임을 보이고 있다. "관광객이 이즈반도에서 어떻게 이동하는지 그 패턴을 파악하려고 합니다." JR 동일본기획의 디지털솔루션국의 오사와 아츠시 부장대리는 이렇게 말한다.

활용할 데이터는 NTT 도코모가 공개하고 있는 '모바일 공간 통계'다. 이즈에서는 아직 교통카드 스이카(Suica)를 사용할 수 없는 지역이 많기 때문이다.

실험에 협력하는 데이터 분석회사 크리크앤드리버의 우에노 후미야 씨는 "스마트폰의 전파를 감지해서 1㎢당 어느 정도의 사람이 있는지를 파악할 수 있습니다."라고 말한다. 예를 들면 심야에 1㎢의 구역 내에서 밖으로 이동하지 않을 경우 숙박자일 가능성이 높다. 관광 시설에 대해서도 어느 시설이 붐비고 있는지를 어느 정도 특정할 수 있다.

JR 동일본은 스마트폰을 통해 관광객들에게 쇼핑이나 음식점 정보 등을 제공할 것을 구상하고 있다. 관광지를 방문한 여행자에게 추천 이벤트 정보 등을 자동으로 통지하는 구조다. 관광지 전체의 수익 향상으로도 이어질 수 있다.

이미 이런 푸시형 알림은 도심에서 활용되고 있다. "유익한 정보가 있습니다." 도쿄역을 걷다 보면 이런 표시가 스마트폰에 뜬다. JR 동일본기획에 의하면, 교통 정보를 제공하는 JR 동일본 앱 이용자 중 푸시형 알림에 동의한 사람에게 전송하고 있다고 한다. 이 기술은 관광형 MaaS에도 응용할 수 있다고 본다.

JR 동일본은 우선 2019년 4~6월, 관광객의 행동 패턴을 성별이나 연령별 등 세부적인 속성으로 나누어 파악하기로 했다. 이 기간은 JR 그룹의 관광 캠페인 기간 중이어서 전년도 4~6월의 데이터와 비교하면 어느 지역에서 캠페인 효과가 있었는지도 알 수 있다.

2019년 4월 1일 JR 동일본은 MaaS 추진부서를 신설했다. 민영 철도와 달리 신칸센과 지방 노선도 보유한 이 회사는 "버스와 택시까지 결합한 교통 서비스를 경계 없이 제공하는 것을 목표'로 하고 있다." (후카사와 유지 사장)

이즈에서의 대응은 앞으로 이 기업의 거점 지역인 도호쿠 지방에서 응용 전개할 예정이다. 도호쿠 지방의 숙박자 수는 전국의 1%에 머물러 있지만, 잠재 고객은 많을 것으로 보고 있다. (JR 동일본 시즈노 고문) 고객을 발굴하기 위해서는 관광지의 교통의 경계를 허무는 일은 더 미룰 수 없다. 이미 디엔에이(DeNA)와 제휴하여 역에서 렌터카를 무인으로 대여하는 실험을 실시하고 있다.

교통 공백 지역을 메우는 공유 자전거

JR 동일본은 도심의 교통 공백 지역을 메우는 수단으로 공유 자전거를 구상하고 있다. 2018년 9월부터 NTT 도코모 등과 실험을 개시했다. 전용 앱 '링고패스(Ringo Pass)'를 통해 예약 및 결제에 스이카(Suica)를 사용할 수 있도록 했다. JR 동일본의 기술 이노베이션 추진본부 이토 겐이치 과장은 "2022년까지 1개월에 3,000만 건의 다운로드를 목표로 할 것"이라고 강하게 말한다.

인구 감소가 시작되는 일본에서 계속 성장하기 위해서도 선로 주변의 가치를 높이는 것은 각 기업의 공통된 과제가 되었다.

오다큐, 5개 기업을 데이터 제휴 대상에 추가

앞서 MaaS 앱 개발에 속도를 내고 있는 오다큐전철은 제휴 기업과 쌓은 데이터 기반을 개방하고 있다. 데이터를 핵심으로 한 광역 기업 연합 결성까지 생각하고 있는 것 같다.

2019년 5월 27일 오다큐는 MaaS 앱을 위한 공통 데이터 기반인 MaaS Japan(마스재팬)의 확대를 발표했다. 새롭게 같은 철도 기업인 JR 규슈와 엔슈철도 그리고 일본항공과 재팬택시, 디엔에이(DeNA) 등 5개 기업을 데이터 제휴 대상에 추가한다는 것이다.

다양한 이동 수단을 통합해 하나의 서비스처럼 사용할 수 있도록 하는 것이 MaaS의 기본이다. 이를 위한 앱을 만들기 위해서는, 이동경로 검색이나 지도 표시, 철도, 버스, 택시 등 각종 이동 수단의 운행과 이용 예약에 관한 정보, 나아가 요금 결제 등과 관계 기업이 각각 가진 데이터를 서로 연결할 필요가 있다.

철도 선로 주변과 하코네에서 MaaS 실험

오다큐는 재빨리 2018년 12월에 경로 검색 대기업인 Val연구소와 파크24 산하의 차량 공유 대기업 타임즈24, NTT 도코모 산하 공유 자전거 대기업 도코모 바이크 셰어와 제휴하여 앱을 개발한다고 발표했다. 전동 휠체어 기업 WHILL(윌)도 제휴에 가세하여 2019년 10월부터 선로 주변 시가지와 관광지인 하코네에서 실험을 시작했다.

기반을 각 철도회사에 개방해 노력과 비용을 절약하고 개발을 가속화

| 공통 데이터 기반 MaaS Japan | ← 검색, 지도 → | Val연구소 |

일본항공
재팬택시
DeNA(디엔에이)
타임즈24
도코모 바이크 셰어
WHILL(윌)

MaaS 앱
MaaS 앱

오다큐전철

JR규슈 엔슈철도

오다큐그룹의 하코네 등산철도

실험 지역인 오다큐 신유리가오카역 (가와사키시)

오다큐는 자사 관할지역의 선로 주변 시가지와 관광지에서 앱을 사용한 MaaS 실험을
2019년 10월부터 실시

개발을 진행하는 가운데 드러난 것이 서로 다른 기업 간의 데이터 연계의 번잡함과 높은 개발 비용이다. 처음부터 개발을 시작할 경우에 드는 비용은 억엔 단위라는 견해도 있다. 반면 오다큐처럼 MaaS에 참가하는 같은 업종의 기업 등이 각지에서 비슷한 기능의 앱을 개발해 중복되는 일도 쉽게 상상된다. 장벽이 높은 것에 비해 낭비가 많다.

그렇다면 차라리 타사에도 데이터를 연결해 달라고 하는 대신에 오픈해서 앱 개발에 활용하도록 한다면 효율적일 것이라는 발상에서 2019년 4월, 공통 데이터 기반을 구상하고 발표했다. 이 기반을 이용하면 시스템 수리 비용이나 지도 정보 이용료 등 소액의 비용 부담으로 앱을 개발할 수 있다고 호소하자, 바로 "여러 교통사업자와 지자체로부터 제의가 들어왔다."라고 한다. (오다큐의 니시무라 준야 경영전략부 과장)

데이터 기반의 API를 타사에 개방

우선 오다큐 자사 에리어에서 2019년 가을에 있을 앱을 사용한 실험을 위해 기반을 개발했다. 2019년 5월에 제휴에 참가한 일본항공은 항공기의 운항 정보를, 재팬택시와 DeNA는 택시의 배차 예약을 각각 제공했다. JR 규슈와 엔슈 철도도 운행이나 시설, 승차권 등의 정보를 기반에 연결해, 오다큐의 앱에 표시하고 상품 판매 등을 할 수 있게 한다.

타사에도 데이터 기반을 개방함으로써 다른 철도회사와 지자체 등이 각각의 앱 만들기에 활용할 수 있도록 한다. 데이터 제휴에는 외부에서 시스템에 접속해서 사용할 수 있도록 하는 기술 사양 API를 활용한다. 교통 정보뿐 아니라 상업 시설 할인 우대나 관광지 투어 승차권 등 디지털 티켓 기능도 담아 편리성을 높인다.

공통 기반에 근거한 MaaS 앱끼리는 장차 규격이 통일되어 상호 연계가 쉬워지는 효과도 기대할 수 있다. 이동 수단의 연결이 활발해져 표시할 수 있는 정보가 많아질수록 이용자의 사용 편의성은 좋아질 것이다. 철도회사 주도로 일본 전역에 MaaS를 확대하고 "새로운 테크놀로지를 활용해 만나고 싶을 때 만나러 갈 수 있는 모빌리티 라이프를 제공할 것이다."라며 의욕을 보인다.(오다큐의 니시무라 씨)

주변 음식점과도 협력해 일상생활을 편리하게

오다큐는 선로 주변도 소홀히 하지 않는다. 2020년 1월 6일부터 3월 10일까지 예정으로 수도권 유수의 관광지인 하코네에서 MaaS 실험을 시작했다.(그 후 12월 31일까지 연장) 스마트폰용 MaaS 앱 '이모트(EMot)'에서는 디지털 투어 승차권도 판매하고 있다. 2019년 10월부터 도쿄 신주쿠역과 가와사키시 신유리가오카역에서 이모트를 통해 실험을 실시한 음식점의 서브스크립션(정액 요금제)은 더욱 활발하게 진행되고 있다.

마스재팬은 업종과 나라를 뛰어넘어 제휴의 대상을 넓히고 있다.

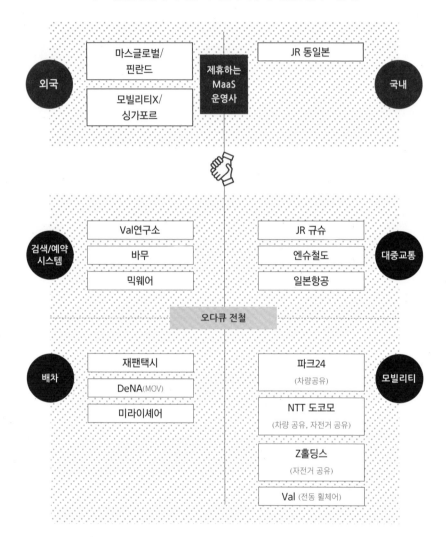

출퇴근 시 신주쿠역을 이용하는 한 40대 남성은 "혜택이 있어 좋다."라며 이모트의 서브스크립션을 평가한다. 신주쿠역과 신유리가오카역의 메밀면 가게나 주먹밥 가게에서 1일 1회 500엔 정도의 메뉴를 이용할 수 있고, 30일권은 7,800엔(최대 7,200엔 할인) 등의 혜택이 주어진다. 가게 앞의 QR코드를 찍고 점원에게 화면을 보여 주면 상품을 받을 수 있다.

오다큐 차세대 모빌리티팀의 스다 타카히코 전략매니저는 이모트를 "이동뿐만 아니라 일상생활을 편리하게 하는 앱으로 만들겠다."라고 말한다. 신유리가오카역에서는 역 앞의 마트 등에서 2,500엔 이상의 물품 구입이나 교환이 가능하며, 이 역에서 발착하는 버스(210엔 구간)를 무료 이용할 수 있는 서비스도 제공하고 있다. 일상의 니즈에서 이동 수요가 생기고 편리한 이동이 소비를 늘려 새로운 니즈를 다시 낳는 선순환을 목표로 한다.

저출산 고령화로 위기감

그런데 왜 오다큐가 MaaS를 추진하는가? 오다큐는 2018년, 처음 계획부터 50년이 걸려 염원하던 복복선화를 이루었다. 요요기 우에하라역과 가와사키 노보리토역 사이를 잇는 노선을 상하 2개 라인씩 늘려 혼잡 완화와 승차 시간 단축으로 하드웨어 면에서의 편리성이 향상되었다. 그다음은 소프트웨어 면에서의 서비스 향상을 목표하고 착안한 것이 MaaS였다.

철도회사는 출퇴근이나 통학 등 정기적으로 이용하는 승객을 대량 수송하는 것으로 수익을 올려 왔으나, 2000년대 이후는 저출산 고령화로 인해 기존의 비즈니스 모델로는 축소 균형에 빠지는 위기감이 고조되었다. 자사의 여객 수송에 얽매이지 말고 타사와도 손잡고 서비스를 제공함으로써 사업 기회를 넓히고 이용 이력을 바탕으로 운행을 효율화하는 식으로 인력 부족 대책으로도 연결시키려는 의도이다. 오다큐는 타사보다 앞서 2018년 4월에 발표한 중기 경영 계획에 MaaS를 명시하고 대응에 나섰다.

JR 동일본, 도호쿠 지방에서 관광형 MaaS

다른 철도회사에서도 움직임은 급속히 구체화되고 있다. JR 동일본은 미야기현과 센다이시와 연계해 도호쿠에서 최초로 관광형 MaaS를 구축했다. 교통기관이나 관광 시설의 검색, 예약, 결제를 일괄적으로 할 수 있는 서비스를 개발해 2021년에 도호쿠 6개 현에서 열리는 '데스티네이션 캠페인(DC)'에서 본격적으로 활용할 방침이다. JR 동일본의 사카이 키와무(坂井究) 센다이 지사장은 "동일본 대지진 이후 10년째를 맞이하는 DC용으로 관광객의 편리성을 높이려 한다."라고 말한다. 미야기현과 센다이시도 교류 인구의 확대를 중시하고 있어 MaaS를 활용해 관광지로서의 위상을 높일 생각이다.

오다큐의 데이터 기반에 참가한 JR 규슈는 현지에서 MaaS 운영을 목표로 하고 있다. 2019년 5월에는 택시 대기업인 다이이치교통산업과 포괄적인 업무 제휴를 체결했다. 앱의 연계 등을 놓고 협의를 시작했다.

규슈에서도 계속적인 인구 감소로 "이대로 가만히 있다가는 철도의 존재가 위태롭다."(아오야기 토시히코 사장) 이런 제휴를 철도역에서 그 다음 행선지까지의 이동 수단이 되는 '2차 교통'을 확충하는 데도 활용할 생각이다. 수도권에서도 게이힌 급행 전철이 선로 주변 지역인 가나가와현 미우라반도 등에서 지역 밀착형 MaaS를 전개할 계획을 갖고 있다.

보유하고 있는 데이터의 질과 양이 지역을 아우르는 기업 연합의 경쟁력을 좌우하는 시대가 다가오고 있다. 오다큐의 데이터 기반 연합이 그 선두 주자가 될 것 같다.

interview 10

이름을 드러내지 않아도
브랜드 가치 향상

오다큐전철 사장 호시노 코지 (星野晃司)

— 앱을 다른 회사에 개방한 이유는?

"MaaS에 진입하는 사업자가 많아지는 것이 일본에서 성공의 열쇠가 되기 때문입니다. 오다큐라는 이름을 드러내지는 않지만 앱을 다양한 용도로 사용해 주면 결과적으로 오다큐의 브랜드 가치 향상으로도 이어질 것입니다."

— 일본에서 MaaS는 정착할 것으로 보는가?

"일본 전국이 공통적으로 안고 있는 과제가 고령화인데, MaaS를 보급시키는 계기가 될 수도 있습니다. 고령자가 쾌적하게 이동할 수 있는 서비스를 만들면, 인구 감소 시대에도 수송량을 유지할 수 있습니다. 앱 자체도 고령자가 쉽게 사용할 수 있도록 알기 쉬운 설계를 중요시하고 있습니다. 선로 주변을 고령자가 활기차게 생활할 수 있도록 만들면 사회적 과제 해결로도 이어질 것입니다."

— 어떻게 선로 주변 활성화로 연결시킬 것인가?

"MaaS로 이동을 간편화하는 동시에 이동할 이유를 제공하는 콘텐츠 투입도 추진하고 있습니다. 각 역에서 부모와 자녀가 함께 즐길 수 있는 이벤트를 늘리고 하코네 등 관광지에서는 밤 시간을 즐길 수 있는 나이트 이코노미 요소를 개발할 것입니다. 가고 싶은 장소와 갈 수 있는 구조를 갖추면 선로 주변의 교류 인구 증가로 이어질 것이라 생각합니다."

(2020년 1월)

제4장

제조업이 펼치는
새로운 비즈니스의 지평

CHAPTER 1

AaaS

– 다이킨, 공기를 판매하다

일이 잘되는 공기, 잠이 잘 오는 공기. 다이킨공업이 꿈같은 연구 개발에 본격 도전하고 있다. 에어컨이나 사무용 가구에 장착된 센서 데이터에 생체 정보를 결합시킨다. 에어컨을 축으로 보다 쾌적한 공간을 만드는 서비스를 창출하는 것이 목적이다. 기기 판매 중심의 사업에서 서비스로 수익을 올리는 사업 구조로의 변혁을 추진하고 있다.

일이 잘되는 '공기'를 제공

2019년 7월 중순, 도쿄역 앞에 오픈한 공유 오피스 '포인트 제로 마루노우치'. 점심 식사 후 평소 같으면 졸음이 엄습해 오는 오후 시간이지만 오늘은 왠지 머리가 맑다. 다이킨이 그리는 미래의 사무실이다. 졸음 방지에 에어컨이 한몫하고 있다. NEC의 얼굴 인증 기술에 다이킨의 공조 제어 기술을 결합했다.

구조를 설명하면, 사람은 졸리면 좌우 눈꺼풀의 움직임에 큰 차이가 나는 습성이 있다. PC 카메라로 눈꺼풀의 움직임을 수집해 인공지능(AI)으로 분석한다. 졸리는 사람을 발견하면 에어컨 설정 온

오픈 이노베이션으로 새로운 서비스 창출을 노린다.

새로운 서비스의 실험장 '포인트 제로 마루노우치'

NEC

일이 잘되는 공기

눈꺼풀의 움직임을 카메라로 분석.
졸리는 사람을 발견하면 냉풍으로 자극
한다.

파나소닉

잠이 잘 오는 공기

센서로 수면의 깊이를 분석.
에어컨의 온도 조절과 조명의 밝기 변화
로 아침 기상이 상쾌하다.

산학 연계도 추진

도쿄대학

'공기의 가치화'로 포괄 연계

인재 교류와 공동 연구를 통해
'건강해지는 공기' 등을 연구

오사카대학

AI 인재를 1,000명 육성

사내 대학을 설치. 이공계 신입사원 100
명은 2년간 부서에 배속되지 않고 AI와
IoT를 배운다.

도를 자동으로 3도 낮춘다. 냉풍으로 뇌를 자극해 졸음을 방지한
다. 포인트 제로는 다이킨의 주도로 파나소닉과 사무용 가구회사
오카무라 등 9개 기업이 함께 설립했다. 모든 사물이 인터넷으로

연결되는 IoT 기술과 AI를 활용한다. 근로 방식의 개혁이 주목되는 가운데 기업이 각각의 강점을 가지고 모여 생산성을 높이는 서비스를 창출하기 위한 실험장이다.

수면 부족을 해소할 수 있는 수면실

공조 기기는 사무실 천장에 있기 때문에 실내 전체가 잘 보인다. 센서나 카메라 설치 장소로 안성맞춤이다. 다이킨의 연구 개발 수장인 요네다 유우지 집행임원은 "공간을 네트워크화하는 허브로 공조기기를 활용할 것"이라고 한다.

'개운하게 눈을 뜰 수 있는 수면실'도 만들었다. 수면 부족이 화제가 되면서 업무 중간의 낮잠 효과가 주목을 모으고 있다. 다이킨은 20년에 걸쳐 수면 연구를 계속해 호흡이나 몸의 움직임, 심박수 데이터를 통해 수면의 깊이를 추정하는 노하우를 가지고 있다. 얕은 수면 상태에서 깨우면 개운하게 일어날 수 있다는 사실을 알아냈다. 수면의 질과 실온의 인과관계도 드러났다.

수면실에서는 침대 매트에 센서를 달아 생체 정보를 수집한다. 얕은 수면 상태일 때 정확하게 바람을 날리는 '공기포'로 뺨을 쓰다듬듯이 자극해서 깨운다. 토닥토닥 어깨를 부드럽게 두드려 깨우는 이미지다. 파나소닉과도 연계하여 조명을 조금씩 밝게 하고, 빛으로 자극해 의식을 각성시켜 자연스럽게 깨는 기술을 검증한다. 두 회사는 에어컨 판매로 치열하게 경쟁하는 라이벌이지만, 이번에는 "협업하는 메리트가 더 크다."라고 판단했다.(파나소닉)

다이킨은 와인을 맛있게 느끼는 온도와 습도를 연구해, 음식점을 대상으로 서비스를 전개할 수 있을지에 대한 연구도 진행 중이다. 일본과 미국에서는 공조 시장이 성숙되어 있어 판매만으로는 큰 성장을 기대할 수 없다. 데이터를 활용한 서비스를 실용화하고 고객의 과제를 해결하는 솔루션 사업이 향후 경쟁력을 좌우할 것이다.

"만약 구글이 에어컨 사업에 뛰어든다면…?"

중국 경제의 감속과 엔고 현상으로 고전하는 제조 업체가 많은 가운데, 다이킨은 2018년에 6년 연속으로 과거 최고 영업 이익을 갱신했다. 2019년에는 신종 코로나 바이러스의 영향으로 이익이 감소했으나, 세균이나 바이러스를 억제하는 공기 청정기와 고성능 공조기기에 대한 수요는 높아졌다. 국제에너지기구(IEA)의 추정으로는 세계의 에어컨 수요는 2050년에는 현재의 3배인 60억 대로 증가할 것이라고 한다. 신흥국을 중심으로 에어컨 판매만으로도 아직 성장할 수 있다는 견해도 있다.

"미국의 구글이 에어컨 사업에 뛰어든다면 큰 위협입니다." 다이킨의 이노우에 노리유키(井上礼之) 회장은 이렇게 말한다. 느닷없는 생각이지만, 자동차 업계에서는 자율주행 기술과 공유 서비스를 놓고 자동차 업체와 IT 대기업이 패권 다툼을 벌이고 있다. 공조 업계에서도 강력한 경쟁자가 언제 어디서 나타날지 모른다.

디지털 혁명으로 산업 구조는 급속히 변화하고 있다. 이노우에 회장은 "폐쇄적인 구조로는 따라잡을 수가 없다."라며 오픈 이노베이션 쪽으로 방향을 돌렸다. 2018년 12월에는 도쿄대학과 포괄적인 산학연계 협정을 체결했다. 사회적 과제 해결을 위해 공동 연구를 시작했다.

2019년 7월 하순에는 사무라이 인큐베이트와 2일간의 해커톤(hackathon)을 개최했다. 일하는 사람의 스트레스를 완화하는 기술 등 4개의 테마로 사업 플랜을 모집했다. 도쿄대학의 연구자가 제안한 플랜이 다이킨의 시선을 끌었다.

꽃가루 등의 알레르기 물질이나 바이러스의 활동을 억제하는 물질 핵산 압타머(aptamer)를 활용하는데, 우선은 꽃가루 알레르기용 마스크로 실용화를 노린다. 압타머는 항체보다 작고 높은 밀도로 부착할 수 있다. 장래에는 에어컨의 필터에 넣으면 '건강해지는 공기'가 실현될지도 모른다.

다이킨의 오픈 이노베이션 거점인 테크놀로지 이노베이션 센터(TIC)에서 해커톤을 담당했던 미타니 타로 씨는 "의료 분야의 접근법은 자사에서는 나오지 않았다."라며 의욕을 느낀다고 한다.

현재는 타사에 1엔이라도 출자하려면 회장과 사장의 결재가 필요하지만 스타트업과의 연계는 속도가 중요하다. 의사결정 프로세스도 포함해 재검토할 방침이라고 한다.

연달아 아이디어를 쏟아내고 있으나 수익화로 가는 길은 이제부터다. 미국의 업무용 공조 분야에서 '존슨 컨트롤스'라는 라이벌 기업이 매출액의 60% 이상을 보수 등 솔루션 사업에서 벌어들이고 있는데 비해 다이킨은 30% 정도에 머무르고 있다. 이것을 50% 이상으로 끌어올릴 생각이지만 중국 기업의 기술 수준도 높아져 에어컨이 다른 가전처럼 진부해질 우려도 있다.

'소유'에서 '이용'으로, 자동차 산업을 뒤흔드는 지각 변동이 공조 업계에서도 시작되고 있다.

'Air as a Service'에 미래를 건다

다이킨은 미쓰이물산의 요청에 응해, 업무용 공조에 대한 서브스크립션 서비스 Air as a Service(AaaS)를 2018년 1월에 함께 시작했다. 고가의 공조 기기를 구매할 필요는 없으며, 정액 요금을 매월 지급하면 된다. 다이킨은 가동 상황 데이터를 수집해 고장의 징후를 파악하고 사전에 유지 보수를 한다. 수리나 점검을 위한 추가 비용도 없다.

효고현의 병원은 연간 600만 엔(약 5,900만 원)이나 되는 공조 기기의 수리 비용에 골머리를 앓고 있었지만, AaaS를 도입하면서 돌발적인 수리 비용의 부담에서 해방되었다. 한정된 자금을 최첨단 의료 기기 구매에 충당할 수 있다.

TIC의 고바야시 마사히로(小林正博) 이사는 "공조가 멈추면 환자의 생사에 지장을 초래할 수도 있기 때문에 병원에서 많이 도입한다." 라고 한다. 여름철 냉방 수요가 늘어나면 우선순위가 낮은 방의 가동을 정지하는 등 소비 전력을 억제하는 피크 컷 기능도 있다.

150개 병상을 가진 병원에 1억 2,000만 엔(약 12억 원)의 공조 설비를 도입할 경우, 2013년 시점의 계약에서 월액 요금은 약 124만 엔(약 1,200만 원)을 예상했다. 리스와 비교하면 고객사가 2013년 한 해 동안 지급하는 합계 금액(전기료 포함)은 12% 감소할 전망이다. AaaS로 데이터를 축적하면 공조 기기를 갱신할 때 최적의 설비도 제안할 수 있게 된다. 기술자들은 여름철 냉방이 잘 안 된다는 클레임을 우려해 대형 설비를 제안하는 경향이 있다. 실제 가동 데이터를 분석하면 냉방 능력이 과도한 경우도 있다고 한다.

공조도 정액 요금제로

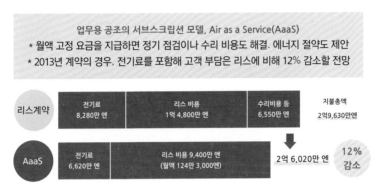

업무용 공조의 서브스크립션 모델, Air as a Service(AaaS)
* 월액 고정 요금을 지급하면 정기 점검이나 수리 비용도 해결. 에너지 절약도 제안
* 2013년 계약의 경우, 전기료를 포함해 고객 부담은 리스에 비해 12% 감소할 전망

리스계약 | 전기료 8,280만 엔 | 리스 비용 1억 4,800만 엔 | 수리비용 등 6,550만 엔 | 지불총액 2억9,630만엔

AaaS | 전기료 6,620만 엔 | 리스 비용 9,400만 엔 (월액 124만 3,000엔) | 2억 6,020만 엔 | 12% 감소

㈜ 2013년 계약은150병상 병원에서 1억 2,000만 엔의 공조 설비를 도입한 경우의 시산. 리스 비용만 8년분

영업 사원의 마인드를 바꾼다

다만 도입 실적은 병원을 중심으로 10여 건에 머무르고, 처음에 예상했던 이익률에도 미치지 못했다고 한다. 고바야시 씨는 "영업 담당자는 눈앞의 숫자를 쫓기 십상이다. 마인드의 전환이 필요하다."라고 말했다. 그들은 당장 큰 매출을 올리는 기기 판매를 우선시하기 때문이다. 영업 담당자의 평가 기준부터 재검토하지 않으면 서브스크립션(정액제) 모델로의 전환은 어렵다.

다이킨이 성장 전략의 기둥 중 하나로 주시하는 것이 서비스 등 솔루션 사업의 강화다. '공기로 해답을 제시하는 회사'. TV 광고 문구처럼 '공기'를 내세워 또 다른 성장의 답을 찾아낼 수 있을 것인가?

CHAPTER 2

PaaS

– 일본정공, 화낙, '물건+서비스'를 팔다

모든 사물이 인터넷으로 연결되는 IoT를 활용해, 제조 기업들이 서비스 사업으로의 전환에 속도를 내고 있다. 각 업체들의 전략에서 나타나는 공통점은 자사의 물건과 서비스를 세트로 하는 '물건+서비스' 전략이다. 물건만 파는 제조업의 기존 발상을 뛰어넘을 수 있을지가 생존의 열쇠를 쥐고 있다.

베어링의 손상 상태 파악

"끼익끼익…" 대형 기계를 다루는 한 업체의 간부는 사용 중인 기계에서 평소에는 들리지 않던 이런 소리가 들리면 "고장이 날까 겁난다."라고 말한다. 기계가 갑자기 고장이 나면 기계 자체의 손해뿐 아니라 생산이 중단되어 제품의 납기에도 지연이 발생하기 때문이다.

모터 등의 회전을 보다 매끄럽게 하기 위해 회전축에 부착되는 베어링은 생산설비 대형 기계인 공작 기계나 프레스 기계, 제철 기계의 주요 부품으로 사용된다. 베어링 일본 최대 기업인 일본정공은 이러한 베어링의 고장을 진단할 수 있는 IoT 서비스 '베어링 닥터(Bearing Doctor)'를 2017년부터 판매하고 있다.

베어링 닥터는 기계에 가속도 센서를 부착해 진동의 주파수 등을 계측한다. 태블릿 단말기로 취득한 데이터를 독자 개발한 소프트웨어 '아코스나비(ACOUS NAVI)'가 분석해, 베어링의 손상 상태를 파악하고 고장 가능성을 예지한다. 일본정공이 가진 노하우를 살려 주파수 데이터에서 베어링의 외경이나 내경 등의 손상 부분을 특정할 수 있다.

기존에는 숙련된 기술자를 파견해 진단하던 시간과 경비도 절감할 수 있게 된다. 요금은 1건에 60만 엔(약 590만 원) 정도로 동일한 환경을 구축하는 것에 비해 10분의 1 정도라고 한다. 2019년 여름까지 서비스 제공 건수는 누계 300건에 달했다.

기계 내부에 설치된 센서(일본정공의 베어링닥터)

베어링 닥터라는 이름처럼 기계의 건강 상태를 진단해 주는 서비스다. 하지만 베어링 닥터의 개발을 담당한 CMS 개발센터의 아치하 히로야(阿知波博也) 소장은 "사전에 감지하고 보전하는 서비스가 확산되면 베어링 등의 요소 부품 제조업체는 축소될 것"이라고 말한다. 고장 예지(豫知) 서비스를 제공하면 "아직 고장은 아니다."라는 진단도 가능하다. 기계가 가진 성능을 극한까지 끌어낼 수 있어서 판매 수량이 줄어들 가능성이 있다.

'서비스 판매'가 생존의 필수 조건

하지만 아치하 소장은 "오히려 직접 나서서 서비스를 제공하지 않으면 살아남을 수 없다."라고 위기감을 드러낸다. IoT 시대에 고장 예지 등의 서비스를 선점당하면 그 업체의 베어링 채용이 늘어 점유율도 떨어지게 때문이다.

우치야마 도시히로(內山俊弘) 사장도 "제품이 어떻게 운전되고 있는지 정보 제공을 할 수 없으면 선택받지 못한다."라고 말한다. "수익으로 공헌하려면 앞으로 3년 정도 걸릴지도 모른다. 하지만 향후 서비스 판매는 물건 판매를 지탱해 주는 무기이며 필수 조건이 될 것이다."라고 힘주어 말한다.

고장 예지 서비스는 판로 개척으로도 이어진다고 한다. "기존의 베어링만 판매하던 때는 고객과의 접점은 구매부 직원뿐이었지만 보전이나 설계 담당자와도 커뮤니케이션을 할 수 있게 된다."_(아치하 소장) 고객과 보다 깊게 연결되기 때문에 생산성을 더 향상시킬 수 있는 제품을 권유하는 것도 가능해진다. 기계 제조 업체가 표준 탑재 등을 할 수 있다면 보다 부가가치가 높은 베어링 채용 등도 제안하기 쉬워질 것으로 전망한다.

베어링 닥터의 진단 소프트웨어 '아코스나비(ACOUS NAVI)'는 외부 기업의 IoT 플랫폼을 통해서도 제공해 갈 것이다.

그 대표적인 IoT 플랫폼으로 꼽히는 것이 화낙의 '필드시스템 (FS)'이다. FS는 화낙의 주력 사업인 로봇이나 공작기계 같은 물건뿐만 아니라 '서비스 판매'를 강화하는 전략을 구현하고 있다.

필드시스템(FS)은 화낙이 NTT와 미국의 시스코 시스템즈와 공동 개발한 공장의 생산기기를 연결하는 IoT 플랫폼이다. 공작기계와 로봇 등 공장 안에 있는 여러 설비를 네트워크로 연결해 고장 예지 제조 기업이 IoT를 사용해 '물건+서비스'의 판매를 강화한다.

일본정공의 베어링닥터

센서기기를 공작기계
등의 안에 설치

베어링의 손상
부위를 추정

태블릿 단말기의 소
프트웨어에서 진동
데이터를 분석

화낙의 필드시스템

자사나 타사의
공작기계와 로봇

기기 간
연결해 제어

자사와 타사의
애플리케이션

와 제어를 한다. 2017년 10월에 일본에서 서비스를 시작했고 2019
년 여름까지 자동차 산업 등에서 수십 개 기업에 도입되고 있다.

'서비스 퍼스트'를 모토로

필드시스템(FS)은 제어할 수 있는 대상을 자사의 공작기계나 로봇
에 한정하지 않고 개방한 것이 특징이다. 일본정공이 개발한 소프
트웨어 같은 타사의 애플리케이션도 공장 제어에 활용할 수 있다.
2019년 여름부터는 설비의 작동 감시를 연간 수천 엔에 도입할 수
있는 저가의 FS 대응 애플리케이션을 제공하기 시작했다. 고장을
사전 진단하는 등의 고기능 서비스는 연간 수십만 엔이 드는 경우
도 있었지만, 설비의 작동 감시로 기능을 좁혀서 저가를 실현했다.

중소기업 등에도 FS의 도입 확대를 노린다.

화낙은 '서비스 퍼스트(Service First)'라는 정신 아래 '고장 나지 않는다', '고장 나기 전에 알린다', '고장 나도 즉시 고칠 수 있다'라는 슬로건을 내걸고 전 세계에서 보수 서비스를 제공해 왔다. IoT에 대응함으로써 서비스의 효율화와 강화를 기대할 수 있어 새 시대의 '서비스 퍼스트'를 강화하는 대책으로서 FS를 중시한다.

화낙은 FS의 도입 고객을 더욱 늘리고, 스마트공장의 플랫폼 서비스를 주력 사업인 로봇, 수치 제어(NC) 장치, 공작기계라는 세 기둥으로 다가오는 미래의 수익원으로 삼을 계획이다. NC 장치로 압도적인 점유율을 손에 넣었던 것처럼 IoT 서비스에서도 디팩트 스탠더드(사실상의 표준)를 노린다.

2018년 4월에 히타치제작소의 부사장에서 화낙으로 옮겨와 IoT를 담당하는 사이토 유타카 부사장은 "우리는 스마트공장에 초점을 맞춘 플랫폼을 목표로 하고 있다."라고 말

화낙은 다양한 기기를 연결할 수 있는 IoT 시스템 도입에 힘을 쏟고 있다.

한다. 야마구치 겐지 사장은 "선행 투자 시기로 딱 잘라 5년 정도면 형태가 잡힐 것으로 본다."라며 중장기 사업으로 IoT 서비스를 육성해 갈 생각을 밝힌다.

CHAPTER 3

CaaS
– 고마츠, 히타치건기,
'보물더미' 데이터를 건설기계가 발굴한다

전 세계에서 가동 중인 건설기계에 의해 발굴되는 데이터가 중요한 가치를 갖기 시작했다. 건설기계나 소형 무인기 드론 등으로 여러 정보를 수집해 시공의 효율을 높이기 위해 고마츠(KOMATSU)와 히타치건기(日立建機)는 데이터를 기반으로 한 서비스 구축에 나섰다. 건설기계의 가동 상황은 자원 수요나 공공 투자 등의 경기 변동을 민감하게 나타낸다. 건설기계가 낳는 데이터라는 보물에 업계 외부에서도 주목이 쏠리고 있다.

시공 오차, 2cm

고마츠는 NTT 도코모와 제휴하여 2020년 4월부터 '스마트 컨스트럭션 리트로핏 키트(Smart Construction Retrofit Kit)'라는 서비스를 시작했다.

영어의 'Retrofit'에는 '신상품을 추가 도입한다'는 의미가 있다. 고마츠의 새로운 서비스에서는 우선 도코모가 위치 정보의 정확도를 높일 수 있는 독자적인 기지국을 마련한다. 고마츠는 위성 안테나, 건설기계의 움직임을 파악하는 센서 등의 키트를 제공한다. 이 키트가 있으면 중고 건설기계나 타사 제품도 불과 2cm의 오차 범위 내에서 시공이 가능해진다.

우선은 6톤 이상의 유압 굴착기를 대상으로 하고 순차적으로 확대한다. 건설기계 판매에서 한발 더 나아간 비즈니스로 평가한다. 위치 보정 정보 서비스에 들어가던 비용을 10분의 1 수준으로 낮춘다.

키트를 장착하면 태블릿 단말기의 안내에 따라 굴착 작업을 정밀하게 해낼 수 있다. 건설 업체 작업자에게는 번거롭던 '규준 틀 설치'라는 표시를 해놓는 작업도 사라진다. 공사 진척을 데이터로 관리할 수 있게 되므로 그날의 작업량을 확인하면서 공사를 진행시킬 수 있다.

"100년이 지나도 모든 건설기계를 디지털화할 수 없다." 건설기계 업계의 거인도 이런 위기감을 안고 있다. 유압 굴착기는 일본 시장에서만 약 20만 대가 있지만, 디지털 데이터를 구사해 움직일 수 있는 것은 전체의 1~2%에 불과하다고 한다. 이번 서비스를 지휘하는 시케 치카시 이사는 "건설기계는 아직 진가를 발휘하지 못하고 있다."라고 지적한다.

건설기계 업계의 '앱스토어' 구상

고마쓰는 타사보다 앞서 플랫폼 비즈니스를 구축해 중소기업에 40만 건을 지원할 것이라고 한다. 그 시작으로 2017년에 도코모, 독일의 SAP, 소프트웨어개발회사 옵팀(OPTiM)과 제휴하여 건설 현장용으로 오픈 플랫폼 '랜드로그(LANDLOG)'를 만들었다.

랜드로그의 진면목은 반자동으로 조작할 수 있는 ICT 건설기계 및 드론 등에서 얻을 수 있는 데이터의 효과적 활용에 있다. 상사나

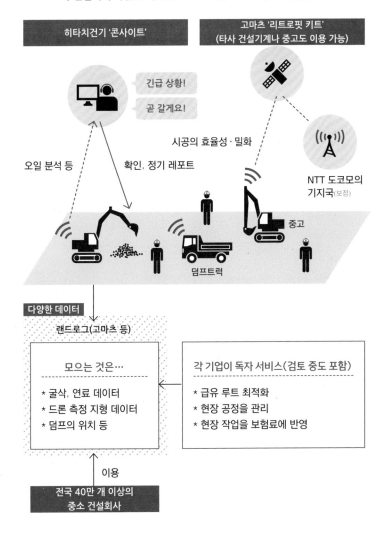

각 건설기계 기업은 새로운 에코 시스템으로 서비스 사업을 확대

히타치건기 '콘사이트'

고마츠 '리트로핏 키트'
(타사 건설기계나 중고도 이용 가능)

긴급 상황!

곧 갈게요!

오일 분석 등

확인, 정기 레포트

시공의 효율성 · 밀화

NTT 도코모의
기지국(보정)

중고

덤프트럭

다양한 데이터

랜드로그(고마츠 등)

모으는 것은…

* 굴삭, 연료 데이터
* 드론 측정 지형 데이터
* 덤프의 위치 등

각 기업이 독자 서비스(검토 중도 포함)

* 급유 루트 최적화
* 현장 공정을 관리
* 현장 작업을 보험료에 반영

이용

전국 40만 개 이상의
중소 건설회사

부품 업체가 월정액 약 1만~3만 엔 정도를 부담하면 개발한 다양한 서비스를 제공받을 수 있게 된다. 건설기계 업계의 앱스토어와 같은 구상이다.

미쓰이물산은 현장 급유차의 최적 루트를 표시하는 서비스 제공을 목표하고 있다. KYB나 가게야마건설, 도쿄해상일동화재보

고마츠는 디지털화에 속도를 내고 있다.

험, 모노타로 등 타업종 약 60개 업체가 제휴한다. 보험 업계를 대상으로 운전 데이터 등을 보험료에 반영할 수 있는 보험 상품 등 건설기계로부터 비즈니스 창출로 이어가려고 한다.

문제 발생 40분 후, 기술자가 현장에

히타치건기(日立建機)는 건설기계를 24시간 365일 쉬지 않고 검사해, 지속적인 부품/서비스 사업으로 연결시키고 있다.

"고객님 괜찮으세요?", "어떻게 알았어요? 작업 중에 쇠 울타리에 부딪힌 것 같아요.", "정비사가 도착할 때까지 건설기계를 움직이지 마세요."

대만의 건설 현장에서 실제로 있었던 대화이다. 작업 중이던 건설기계가 트러블을 일으키자 2분 후에 대리점에서 연락이 오고 40분 후에는 기술자가 현장에 도착해 엔진 파손을 미연에 방지했다.

건설기계의 실시간 검사를 가능하게 한 것이 히타치건기의 원격 감시 서비스 '콘사이트(ConSite)'다. 현장에서 일어난 고장은 콘사이트 통신망을 통해 현장 작업자와 대리점에 일제히 자동 전달된다. 고객과의 커뮤니케이션을 긴밀히 함으로써 수요를 확보하고 있다.

인도의 건설회사에서는 작업 방식의 개선으로도 이어졌다. 히타치건기가 매월 가동 상황을 분석한 보고서를 통해 같은 현장에서 움직이는 같은 기종의 유압 굴착기의 가동 효율에 차이가 있다는 것이 판명되었다.

"연비를 개선하는 팀에게 표창하겠다." 이런 제안으로 현장 개선 미팅이 활발해졌고 실제로 에코 운전이 이루어지지 않았던 팀은 유압 굴착기와 덤프트럭을 두는 위치가 좋지 않아 180도 선회해 토사를 쌓고 있었던 것으로 드러났다. 데이터로 작업을 가시화해 효율화하자 현장의 사기도 올라갔다고 한다.

데이터 활용이 생명줄

히타치건기는 서비스나 중고차, 렌탈 등 신형차 이외의 '밸류 체인' 사업의 비율을 2016년도의 35%에서 2019년에 41%로 늘렸다. AI로 수리 이력 등을 분석해 문제 성향을 파악한다. 기존의 60% 정도였던 고장 징후 검지율을 90% 정도까지 높일 생각이다.

고마츠, 히타치건기, 미국의 캐터필러 등은 건설 현장 등에서 움직이는 기계를 폭넓게 갖추고 있다. 이들 기계를 가동시켜 수집되는 데이터는 각 지역의 경기 동향을 나타낼 뿐만 아니라 경제를 예측하는 지표도 된다.

그래서 건설기계 기업에 있어서도 데이터 활용은 치열한 경쟁에서 살아남을 수 있는 생명줄이기도 하다. 건설기계 판매 모델에서 탈출을 서두르는 건설기계 기업들이 세계를 무대로 데이터 쟁탈전이 펼쳐지고 있다.

CHAPTER 4

TaaS

– 타이어를 서비스에, 데이터는 '발'로 뛰어 모은다

모빌리티(이동수단)의 '발'이 되는 타이어에 디지털 기술을 활용한 서비스 제공이 활발히 이루어지고 있다. 타이어에서 얻을 수 있는 정보를 바탕으로 사용 상황을 파악해 문제 발생 예방에 활용하는 서비스 개발을 놓고 경쟁하고 있다. 타이어를 중심으로 한 주변 서비스를 사업화함으로써 자동차 업계에 일고 있는 전동화나 자율주행 등 'CASE'의 대변혁에서 이겨내려고 하고 있다.

"공기압을 상시 감시하는 서비스를"

"운송회사 등 자동차를 많이 운용하는 기업을 대상으로 타이어의 공기압을 상시 감지하는 시스템을 제공할 수 없을까?" 스미토모고무공업이 소프트웨어 개발 업체 트라이포드워크스(Tripod), 공기압 감지 기기 제조 업체인 대만의 시스그레이션(Sysgration) 등과 함께 시작하는 서비스가 바로 이것이다.

타이어는 적절한 공기압으로 주행하지 않으면 연비가 악화하거나 손상되기 쉽다. 그래서 안전상의 이유로 업무 시작 전의 타이어 공기압 체크는 필수지만 "운송회사가 업무를 시작할 때 모든 운전

자에게 매번 타이어 공기압을 점검하도록 하기는 어렵다." (스미토모고
무의 시마야 켄 경영기획부 부장)

새로 시작하는 서비스는 타이어에 장착된 센서로 상시 공기압을 감시하는 '타이어 공기압 감지 시스템(TPMS)'이 핵심이다. 센서가 감지한 공기압과 온도, 위치 정보를 운전자의 스마트폰에 전송할 수 있고, 그 외에 운행 관리자가 각 차량의 타이어 상황을 일괄적으로 열람할 수 있어 효율적 운용이 가능하다.

유지 보수 요금과 서비스 개시 시기 등은 아직 미정이지만 운전자의 부담 경감을 고객사를 확보하는 수단으로 키우려 한다.

스미토모고무는 제휴처와 함께 차세대 기술 개발

공동 연구
군마대학 → 자율주행 연구 진행

제휴
트라이포드워크스 (센다이시) → 클라우드

제휴
Sysgration (대만) → 센서

* 공기압
* 온도
* 위치

* 데이터 축적, 분석
* 스마트폰 공지
* 보수 서비스에 활용

자율주행 시대의 필수 서비스로

이와는 별개로 스미토모고무는 군마대학(群馬大學)과 함께 자율주행에 대응하는 서비스를 공동 연구하고 있다. 특정 장소 등의 조건 하에서 운전사가 타지 않고 주행하는 레벨 4에서의 안전 운행으로 이어갈 계획이다.

군마대학은 자율주행차를 준비하고 스미토모고무는 공기압 등을 감지하는 센서를 제공한다. 2019년까지 자율주행차의 모니터에 공기압 등을 표시하는 단계까지 성공시켜, 군마대학의 관제소까지 데이터를 송신할 수 있게 되었다. 수집한 정보를 활용해 자율주행차가 펑크 났을 경우, 가까운 판매점에서 타이어를 교체하러 출동하는 등의 서비스를 검토한다.

공장이나 창고 내부 같은 한정된 지역 내에서 무인 트럭 등으로 물건을 운반하는 것은 공공도로에서의 자율주행보다 조기에 실용화될 것으로 기대되고 있다. 차세대 기술의 등장으로 자동차의 사용법이 바뀌고 있는 가운데, 타이어도 이 변화에 대응해 가고 있다.

타이어 제조 기업 브리지스톤(Bridgestone)은 디지털 기술을 활용한 서비스를 외국에서 전개하고 있다. 오스트레일리아나 아르헨티나 등의 광산 사업자를 대상으로 공기압이나 온도를 측정해 실시간으로 알려주는 서비스다. 타이어와 텔레매틱스를 합친 '타이어매틱스(Tirematics)'로서 주력하고 있다.

센서로 수집한 공기압 등의 데이터는 실시간으로 운전자나 운행 관리자에게 송신되어 타이어의 상태를 파악할 수 있다. 이상이 있으면 알람으로 알리고 문제가 발생하기 전의 적절한 타이밍에 점검 보수한다. 이미 유료 서비스로 제공하고 있지만 요금이나 사업 규모 등의 상세한 내용은 비공개라고 한다.

스터드리스 타이어(studless tire) 마모 상태, AI로 진단

브리지스톤(Bridgestone)은 고객의 문제 해결책을 서비스로 제공하는 솔루션 사업에 속도를 내고 있다. 일본에서는 하토버스(Hato Bus)와 공동으로 2대의 버스에 센서를 부착하고 타이어 공기압 등을 데이터로 시각화하는 실험을 2018년부터 계속하고 있다.

하토버스에 의하면, "공기압을 확인할 수 있는 센서는 모든 차량에 장착하고 있었지만 이번 시스템은 운전사뿐 아니라 운영 관리자에게도 직접 경고를 보낼 수 있으며, 신속하게 문제에 대처할 수 있어서 안전성을 더욱 높일 수 있다."라고 한다. 브리지스톤은 고객의 니즈를 파악하면서 실용화를 검토해 나갈 예정이다.

2019년에는 차량 데이터 관리를 취급하는 네덜란드 회사를 인수했다. 브리지스톤의 에토 아키히로(江藤彰洋) 사장은 "솔루션을 모토로 삼을 것이다."라고 강조하며, 주변 환경이 크게 변화하는 가운데 고부가가치 서비스 개발을 서두르고 있다.

2019년 9월 2일에는 그룹사를 통해 스터드리스 타이어의 마모 상태를 AI로 진단하는 서비스를 전국 전개할 것을 발표했다. 서비스 개시일은 같은 달 17일부터다. 스마트폰으로 타이어의 접지 면을 촬영해 웹사이트로 보내면 AI가 마모 상태를 진단해 양호·주의·경고의 3단계로 표시한다. 일반 타이어에 제공하고 있던 서비스를 겨울을 앞두고 스터드리스 타이어에도 확대한다.

서비스는 무료지만 타이어 마모 상태에 관한 데이터를 수집할 수 있는 데다 상황에 따라서는 타이어 교체를 권유하는 등 매출로도 연결시킬 수 있다는 계산이다.

외국 기업들도 적극적이다. 미국의 굿이어(Goodyear)는 2019년에 미국의 전기자동차(EV) 전문 리스 업체와 공동으로 EV의 타이어 교체

시기를 예측하는 실험을 시작했다. 자동으로 정비 스케줄을 설정하는 구조다. 프랑스의 미쉐린(Michelen)도 텔레매틱스 서비스를 취급하는 유럽의 대기업 마스터노트(Masternaut)를 인수하기로 합의하고 소형 상용차 등을 대상으로 서비스 사업을 키워나갈 계획이다.

상시 감시, 의무화 가능성도

자동차 업계가 변혁기를 맞이한 가운데, 많은 사업자가 데이터 활용 서비스에 뛰어들고 있다. 타이어는 자동차 부품 중 유일하게 항상 노면과 접하고 있다는 강점을 갖고 있다. 자율주행이 진화함에 따라 타이어에서 얻을 수 있는 정보의 중요성은 커지고 있다. 향후 차량 공유의 보급으로 인해 자동차 대수가 감소하더라도 데이터를 활용해 새로운 비즈니스로 연결시키려는 의도도 깔려 있다.

미국이나 유럽 등에서는 타이어의 갑작스러운 감압 등으로 인한 사고 예방을 위해 공기압을 상시 모니터링하는 장치를 의무적으로 장착해야 한다. 일본에서는 아직 법제화되어 있지는 있으나 향후 논의가 진행될 가능성도 있다. 각 타이어 기업이 타이어의 서비스화를 서두르는 배경 중 하나이다.

지금은 타이어 고장을 미연에 방지하기 위한 데이터를 활용하는 사례가 많지만, 향후에는 노면 상태 감지나 마모 상태 등 새로운 데이터를 수집·활용할 수 있게 되면 서비스 전개의 폭도 넓어질 것 같다.

블록체인 활용으로 자동 결제 기반 구축

일본의 자동차 기업 중 이동 서비스 전개에 있어서는 토요타자동차의 움직임이 두각을 보이고 있지만, 혼다 등 다른 자동차 기업도 독자적인 전략을 펼치고 있다. 다만 수익화까지 포함한 비즈니스 모델 구축은 모든 기업이 아직 모색 단계에 있다.

혼다는 독일의 BMW, 미국의 제너럴모터스(GM)와 포드모터, 프랑스의 르노와 함께 블록체인(분산형 거래 장부)을 사용해 자동 결제 기반 만들기에 들어갔다.

우선 자동차마다 디지털 ID를 부여해 제조 공장이나 구입자, 운전 중 받은 서비스 내용 등의 이력을 블록체인상에 기록한다. 통신 기능을 갖춘 전기 자동차(EV)를 사용해 고속도로 통행료나 주차비, 자동차 수리, 운전 중 간단한 식사 등의 구매 이력을 기록해 충전할 때 한꺼번에 자동으로 지급할 수 있도록 한다.

서비스를 받을 때마다 현금이나 신용카드 등을 꺼내서 지급하는 번거로움을 덜고 매끄럽게 이동할 수 있게 된다. 블록체인 국제 단체인 '모빌리티 오픈 블록체인 이니셔티브(MOBI)'를 통해 연구가 시작되었다.

유럽의 에너지 대기업과 제휴

또한, 혼다는 eMaaS(이마스)라고 하는 새로운 전략도 펼치고 있다. 혼다가 주력하고 있는 에너지(energy)와 MaaS를 융합시킨 것이다. 구체적으로는 태양광 발전이나 풍력 등의 재생 가능 에너지와 사륜

CHAPTER 5

디지털-D, 혼다 등이 속도를 내다

및 이륜차 등의 모빌리티를 연결하고, 전력의 충/방전 데이터 등을 활용해 비즈니스 모델의 확립을 꾀한다.

2020년에 최초의 양산 EV '혼다 e'를 유럽과 일본에서 발표한 것과 더불어 향후 eMaaS를 본격화해 나갈 예정이다. 재생 가능 에너지에서 얻은 전력을 전력 비용이 낮은 야간에 EV에 축적하고, 반대로 낮에는 스마트그리드(차세대 송전망)에 공급해, 인프라 전체를 바라보는 최적의 에너지 활용책을 모색한다.

이러한 eMaaS의 실현을 위해 혼다는 스웨덴의 에너지 대기업인 바텐팔(Vatenfall)과 제휴했다. 독자적인 충/방전 기술을 가진 영국의 스타트업 모익사(Moixa)와 독일의 유비트리시티(Ubitricity)에도 출자했다. 활발한 파트너십을 통해 재생 가능 에너지를 활용한 새로운 비즈니스 모델을 공동으로 개발하고 있다.

수익화가 과제

새로운 서비스 개발에 있어서는 혼다처럼 경합이나 타업종과의 연계는 빼놓을 수 없다. 2019년 닛산자동차와 디엔에이(DeNA)는 자율주행차를 사용한 교통 서비스 '이지라이드(Easy Ride)'의 실증 실험을 요코하마에서 실시했다.

일반 모니터가 전용 배차 앱에서 원하는 목적지를 지정한다. 배차되면 설정된 경로를 주행하게 되는 이 실험 차량의 승차 체험을 제공했다. 실험에서는 운전석에 스태프를 대기시켜 긴급 시 핸들 조작을 할 수 있는 태세를 갖추고, 운전은 자동으로 진행되었다. 닛산은 이 실험 결과를 반영해 2020년 전반기에 실용화를 목표로 하고 있다.

외국의 경우 다임러와 BMW, 이 두 경쟁사가 2019년 2월에 이동 서비스 사업을 통합했다. 배차와 차량 공유, 충전 등 5개 분야에서 절반씩 출자해 공동 출자 회사를 설립했다. 두 회사는 통합형 이동 서비스를 제공하는 것으로 MaaS에서 앞서 나가려는 생각이다. 같은 해 12월 발표에 따르면 이미 전 세계 1,300개 이상의 도시에서 9,000만 명이 이 공동 출자 회사의 서비스를 이용하고 있다고 한다.

다만 2019년을 돌아보면 이동 서비스는 기대와 동시에 수익 면에서의 어려움도 보이고 있다. 다임러와 BMW의 사업도 배차 서비스는 비교적 순조롭지만 차량 공유에서는 북미에서 철수를 발표한 바 있다. 포드도 승차 공유형 출퇴근 버스 서비스 체리어트(Chariot)을 종료했고, GM도 2019년으로 예정하고 있던 무인 승차 공유 서비스의 실용화 연기를 표명했다.

세계 자동차 산업에 있어 기존의 제조업에서 서비스업으로의 전환은 공통 과제가 되고 있다. 다만 수익화를 포함한 여정은 아직 멀다. 비즈니스 모델의 확립까지 포함해서 누가 먼저 앞서 나갈 것인가? 치열한 경쟁이 계속될 것 같다.

CHAPTER 6

부품 1개도 수탁 제조

– 미스미, 가공 패턴 무한해

아이디어를 형태로 만들어 지금 바로 보내 주면 좋겠다. 누구나 받아볼 수 있는 수탁 제조 서비스가 제조의 세계에 정착하고 있다. 클라우드나 3D 설계 데이터를 활용하면 발주 · 견적 · 납품까지의 전 과정이 인터넷에서 실현된다. AI와 모든 사물이 인터넷에 연결되는 'IoT' 등을 통해 숙련된 기술에 어렵지 않게 액세스할 수 있게 된다.

출하 스피드는 최단 하루

"번거롭던 부품 발주 작업이 현격하게 간편해졌습니다." 한 전기 업체의 가전개발부문 담당자는 미스미그룹 본사 웹에서 부품의 견적, 발주가 가능한 서비스 메비(Meviy)의 도입 효과를 호평한다.

메비(Meviy)는 아이디어 단계에서 설계한 부품이라 할지라도 그 자리에서 견적을 낼 수 있다. 실제 발주 이후, 출하 속도는 최단 하루다. 이용자는 클라우드에 부품의 3D 데이터를 업로드한다. '제조업의 아마존'이라 불리는 기업 미스미(MISUMI)가 자체 개발한 AI가 부품 형상을 인식하고 즉시 견적을 산출한다.

지금까지 독자적으로 설계한 부품을 발주할 경우, 가공 사업자에게 연락을 취해 의뢰하는 것이 일반적이었다. 요금 교섭을 하거나 여러 업체와 비교 검토하거나 해서 1주일 전후가 걸리는 경우도 있다.

미스미가 대응하는 부품의 종류도 다양해 금속 가공 부품, 판금 가공 부품, 금형의 구성 부품 등을 대상으로 한다. 소재에 대해서도 금속뿐이었으나 2019년 11월부터 수지(樹脂) 성형품의 수주도 시작했다.

2016년에 서비스를 개시했다. 소량 다품종의 부품을 신속하게 조달하는 니즈에 응해, 주로 제품 개발과 연구 부문의 수주가 많이 들어오게 되었다. 토요타자동차, 파나소닉과 같은 대기업 제조사들도 이용하는 등 유저 수는 3만을 돌파했다.

'IT를 사용한 비장의 소스'

생산 과정도 참신해, 수탁 제조 서비스로서의 편리성을 높이고 있다.

우선 미스미는 공장에서 사용하는 공작기계를 자체적으로 개발·제조할 수 있는 강점을 가지고 있다. 생산 라인을 최적의 레이아웃으로 하거나 로봇과 일체화하는 등 효율적이며 유연한 체제를 갖추고 있다.

수주하는 부품의 가공 패턴은 무한해진다. 미스미는 부품을 일정 형태별로 분류해 가공 시간을 최적화해서 공정할 수 있도록 시스템을 구축했다.

오랜 세월 축적된 생산 데이터 등의 노하우를 활용해 "IT를 사용한 비장의 소스"(담당자)를 주무기로 삼는다. 공작기계의 가공 프로그

램에 대해서도 형상을 검출해 자동 생성하고 스피드 생산이 가능
하도록 시스템을 만들었다.

누구나 고도의 기술을 사용할 수 있다.

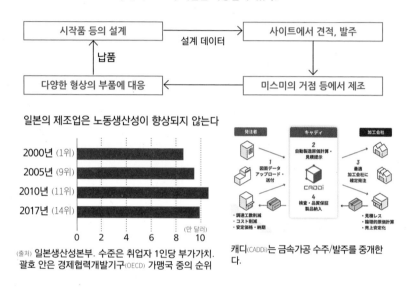

```
┌─────────────────────┐                    ┌─────────────────────┐
│   시작품 등의 설계    │──────────────────▶│   사이트에서 견적, 발주  │
└─────────────────────┘   설계 데이터       └─────────────────────┘
          ▲                                            │
        납품                                            ▼
┌─────────────────────┐                    ┌─────────────────────┐
│ 다양한 형상의 부품에 대응 │◀──────────────────│   미스미의 거점 등에서 제조  │
└─────────────────────┘                    └─────────────────────┘
```

일본의 제조업은 노동생산성이 향상되지 않는다

2000년 (1위)
2005년 (9위)
2010년 (11위)
2017년 (14위)

0   2   4   6   8   10
                    (만 달러)

(출처) 일본생산성본부. 수준은 취업자 1인당 부가가치.
괄호 안은 경제협력개발기구(OECD) 가맹국 중의 순위

캐디(CADDi)는 금속가공 수주/발주를 중개한
다.

간편함을 중시한 수탁 제조 서비스로서 제이텍트(JTEKT)도 2019년
3월부터 매칭 클라우드 서비스 팩토리 에이전트를 시작했다.

판금, 프레스 가공 등의 의뢰를 웹상에서 일단 접수하면, 자동 프
로그램이나 에이전트라고 불리는 사원이 발주 가능한 가공 사업자
를 찾아준다. 부품의 도면 데이터를 등록하면 복수의 견적을 받아
볼 수 있고, 가공 사업자와 상세한 부분을 채팅으로 상의할 수 있다.

웹 서비스를 지탱해 주고 있는 매칭 대상 기업의 등록수는 3,000개
기업 이상이라고 한다. 황당한 아이디어, 포기했던 도면이라도 네트

워크 저편에 있는 무수한 제조 전문 집단을 연결해 줌으로써 형체로 만들어 내는 잠재력을 가진다.

스타트업 기업도 뛰어들었다. 2017년에 창업한 CADDi(캐디)는 금속가공 수주/발주를 웹에서 중개하는 서비스에 착수했다. 웹상에 3D 설계도를 업로드하면 연계된 수백 곳의 동네 공장의 기술과 주문 내용을 자동으로 조회한다. 수주 가능한 공장과 비용 견적을 최단 7초만에 표시한다. 테크놀로지의 진화가 제조의 뒷무대도 변화시키고 있다.

묻혀 있던 기술도 끄집어내

고도의 기술이 요구되는 부품 제조를 막힘 없이 의뢰할 수 있는 서비스의 저변이 넓어지면, 일본 제조업의 생산성을 높일 수 있는 돌파구가 될 것이다. 부품 가공은 발주량의 증감이 커서 중소기업 입장에서는 생산 조정이 쉽지 않다. 이 때문에 이용자의 납기 스케줄이 정해지지 않아 "생산의 최종 공정 등에서 지연을 초래하는 병목현상이 생기고 있다."(기계 대기업 간부)

그러잖아도 일본의 제조업 생산성은 해마다 저하되고 있다. 일본 생산성본부에 따르면 제조업의 노동생산성은 2000년에 세계 1위였으나 2017년에는 14위로 내려왔다고 한다. 신흥국이 뒤섞인 글로벌 경쟁에 노출되면서 디지털화도 크게 영향을 주고 있다.

"부가가치를 창출하기 힘든 부품의 제조는 가능한 간단하게 끝내고 싶다."라는 속내도 내비친다.(수탁 서비스 사업자) 맹렬한 스피드로 제품의 개발 사이클이 축소되고 다종다양한 부품을 재빨리 형태로 만드는 데 대한 니즈가 늘고 있다.

향후에는 3D 프린터 등 새로운 테크놀로지의 활용도 기대되고 있다. 각종 설비를 독자적으로 도입하려면 비용이 들기 때문에 수탁 서비스 사업자에게는 비즈니스 기회가 넓어진다. 수탁 서비스 사업자도 이러한 움직임을 읽고 클라우드나 AI 등의 기술을 탐욕적으로 도입하고 있다.

한편 일본은 중소기업 등에 반짝이는 기술과 아이디어가 파묻혀 있다. 수탁 서비스는 숨은 기술을 끄집어내 새로운 이노베이션을 유발할 가능성을 내포하고 있다.

CHAPTER 7

골판지, 포장 기술을 팔다

– 오지, 사이즈 자유자재로 낭비 제로

예로부터 전통적인 제조 기업인 각 제지 업체들이 서비스 중심으로 빠르게 사업을 전환하고 있다. 인터넷 통신판매의 보급으로 골판지에 대한 수요가 다양화하는 가운데, 오지홀딩스(王子HD)와 렌고(Rengo)는 통신판매 상품에 딱 맞는 사이즈의 골판지로 포장할 수 있는 기계와 시스템을 공급한다. 용지도 수요에 맞춰 고객에게 제공한다. 일본제지(日本製紙)는 모든 사물이 인터넷에 연결되는 IoT로 공장의 설비 상태를 감시하는 시스템을 판매한다. 각 제지 회사는 물건만 판매하던 비즈니스 모델에서 탈피해 고객과의 결속을 강화시키려 하고 있다.

골판지와 포장기계를 세트로 판매

오지 HD는 2019년 12월, 골판지의 3변의 크기를 자동으로 최적화하는 포장 시스템 판매를 시작했다. 포장할 제품을 기계의 컨베이어 벨트에 올리면 센서로 크기를 인식한다. 크기에 맞추어 시트 상태의 골판지를 적절한 사이즈로 절단해 상품을 포장하는 구조다. 송장을 인쇄하고 붙이는 작업까지 자동화했다. 예를 들어 서적이나 화장품같이 작은 상품이라도 상자 안의 여분의 틈을 줄일 수 있다.

오지 HD는 자재인 골판지와 포장기계를 세트로 판매한다. 기존의 골판지는 제지공장에서 출하하는 시점부터 다양한 사이즈로 절단되어 있었다. 오지 HD는 공장에서 제조한 골판지를 자르지 않고 연결된 채로 접는 생산설비를 도입했다. 통신판매 업자나 제조 업체에 납품한다.

통신판매 업자 등은 상품에 맞는 사이즈의 골판지를 고르기 위해 지금까지 수백에서 수천 종류의 자재를 재고로 안고 있어야 했다고 한다. 오지 HD의 포장 시스템에서는 접은 상태의 골판지 하나로 포장을 할 수 있다. 창고 공간을 축소시킬 수도 있고 재고 관리의 수고도 덜 수 있다. 골판지 상자 안의 빈 곳을 채우는 여분의 포장 자재의 삭감으로도 이어진다.

포장기계는 외국 기업으로부터 들여와 오지 HD의 자회사인 오지 컨테이너가 판매하고 있다. 2019년 10월에 판매를 시작한 골판지 상자의 높이를 자동으로 조절할 수 있는 포장 시스템의 경우, 독일에서 기계를 수입했다. 오지그룹 내에서 제조판매와 그 외 기계 도입 후의 보수도 담당한다.

골판지도 '서비스화'

한편 한 걸음 앞서 골판지 사업의 '서비스화'에 나선 것이 렌고 (Rengo)다. 이 회사는 2012년에 자동 포장기의 개발과 판매에 착수했다. 현재는 통신판매 업자를 대상으로 5종류의 포장 시스템을 갖추고 있다.

렌고는 소매점에서 상자에 담아 그대로 진열할 수 있는 골판지 개발에도 힘을 기울이고 있다. '마르쉐키트'는 나뭇결 무늬가 인쇄된 골판지다. 몇 분 정도의 간단한 조립으로 채소나 과일을 매장에 진열할 수 있다. 시각적인 효과도 추구해 농산물 판매 촉진으로 활용한다.

상자 자체에 매장 판촉(POP)을 인쇄한 제품 'RSDP(Rengo Smart Display Packaging)'도 마련했다. 상자의 측면과 위쪽에 절취선이 들어 있어 칼을 사용하지 않고도 손으로 쉽게 열 수 있다. 개봉이나 진열에 소요되는 작업 시간을 약 5분의 1로 단축할 수 있다고 한다.

자사 공장의 작업을 통해 얻은 노하우를 시스템으로 외판하는 제지 회사도 있다. 일본제지는 IoT를 활용해 공장의 설비 상태를 감시하는 기기를 출시했다. 최소한의 기능으로 축소해서 가격을 낮춘 점이 특징이다. 가격은 일반적인 감시 시스템의 3분의 1 정도에 그친다.

"고성능이 아니더라도 저렴하게 보다 많은 센서를 도입하려는 니즈는 높을 것이라 판단했다."(일본제지) 공장 직원들의 의견을 살려 신규 사업으로 개발하기에 이르렀다. 2017년에 판매를 시작해 일본의 자동차 대기업 등 약 140개 기업이 사용하고 있다.

오지HD는 통신판매상품 포장으로 이용자의 편리성을 높였다.

오지HD가 판매하는 자동 포장 장치

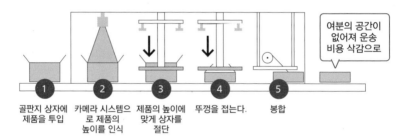

여분의 공간이 없어져 운송 비용 삭감으로

1 골판지 상자에 제품을 투입

2 카메라 시스템으로 제품의 높이를 인식

3 제품의 높이에 맞게 상자를 절단

4 뚜껑을 접는다.

5 봉합

(이미지는 높이 가변 시스템)

기존의 제품을 판매하는 것만으로는 성장에 한계가 있다. (종이, 판지의 일본 국내 수요)

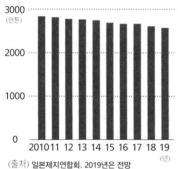

3000
(만톤)

2000

1000

0
2010 11 12 13 14 15 16 17 18 19
(년)
(출처) 일본제지연합회. 2019년은 전망

렌고는 간단한 조립으로 진열대로서도 사용할 수 있는 골판지를 판매

일본제지의 설비 감시 시스템에서는 무선 센서를 모니터 등에 설치해 진동이나 온도를 계측한다. 데이터를 컴퓨터로 확인하고 수치의 변화를 파악해서 상태를 진단할 수 있다. 고장 진단 기술자가 공장을 순회하던 기존의 방식에 비해 보전 작업 시간을 최대 80% 절감할 수 있다고 한다.

최근에는 외국에서도 판매를 시작했다. 태국에서는 대기업 섬유 업체에서 사용이 결정되었다. 일본계 기업이 많은 태국에서는 현지 공장에서 수집한 데이터를 일본에서 분석하기 원하는 니즈가 높다고 한다. 기술자가 원격으로 감시할 수 있기 때문에 현지의 숙련자 부족에도 대응할 수 있다. 기계를 연속 조업하는 섬유나 금속 가공 공장에서 수요가 기대된다. 향후는 동남아시아나 북미에서도 판매를 확대할 계획이다.

고객 확보로 '판매 모델' 탈피

소재 업체들이 물건 중심에서 서비스 중심으로 사업의 축을 옮기는 배경에는 소재의 판매만으로는 시장 환경의 변화에 대응하기 어려워지고 있다는 사실이 있다. 이제껏 각 대기업들은 소재의 품질이나 대량 생산의 강점을 활용한 가격으로 승부하는 측면이 강했다. 니즈의 다양화나 국제 경쟁을 배경으로, 고객을 확보하기 위해서는 서비스에 의한 부가가치의 향상이 요구되고 있다.

제지 외에도 아사히카세이(旭化成)는 수지로 만드는 자동차 부품의 생산 프로세스를 제안해 고객을 지원한다. 독일의 BASF는 600컬러 이상의 자동차 도료 데이터를 디지털화해 자동차 기업이 최적의 도료를 선택할 수 있는 구조를 도입했다.

소재 기업에 있어 시황에 수익이 좌우되기 쉬운 '물건'에 의존하는 리스크는 크다. 미·중 무역 마찰의 장기화는 소재 업계 전반에 타격을 주고 있다. 보다 이익률이 높은 고부가가치 제품이나 서비스에 주력하면 타사에 대해 우위성을 확보하기 쉬워진다.

각 소재 기업들은 물건과 서비스를 일체로 제공하는 방식으로 고객을 확보하려는 의도도 있다.

제5장

데이터 활용과
서비스화의 종착지

CHAPTER 1

양자 계산, 클라우드가 추진

– 보급을 저해하는 '3개의 장벽' 타파

모든 사물을 서비스로 제공하는 XaaS는 클라우드 등을 통해 IT 기업이 솔선해서 추진해 왔다. 이 IT 업계가 지금 심혈을 기울이고 있는 것이 차세대 고속 계산기인 양자컴퓨터의 서비스화다. 미국의 IBM을 비롯해 각 기업이 매진하고 있는 배경에는 보급을 저해하는 '3개의 장벽'을 클라우드로 타파하려는 의도가 있다.

게이오대학, IBM 등과 산학협동 연구 거점

"실제 양자컴퓨터 기기로 연구를 할 수 있다니, 놀라운 시대입니다." 게이오기주쿠대학 양자컴퓨팅 센터장인 야마모토 나오키(山本直樹) 교수는 이렇게 감탄한다.

야마모토 교수는 양자정보과학 연구가 전문인데, 지금까지는 기존의 컴퓨터상에서 움직이는 시뮬레이션 소프트를 사용하는 수밖에 없었다. 그런데 지금은 IBM이 개발한 양자 게이트 방식의 실제 양자컴퓨터를 사용해 산업 분야에 응용하기 위한 연구를 할 수 있다.

게이오대학 양자컴퓨팅센터 내에 있는 산학협동 연구거점 'IBM Q 네트워크 허브'는 2018년 IBM과 협업해서 만들었다. 미쓰비시케

미컬, JSR, 미즈호파이낸셜 그룹, 미쓰비시 UFJ은행, 이렇게 4개 기업이 참여하여 금융팀, 인공지능팀, 화학팀 등 3개 팀이 연구를 진행하고 있다.

게이오대학의 연구 거점에서는 클라우드를 통해 양자컴퓨터를 대여하는 IBM의 서비스를 이용하고 있다. 양자컴퓨터는 현시점에서는 일부를 제외하고 아직 실용화되어 있지 않다. IBM의 서비스는 이 '미래 기술'을 빨리 체험할 수 있어, 직접 하드웨어를 준비하지 않아도 계산 능력을 활용할 수 있다.

IBM이 양자컴퓨터 클라우드 서비스를 제공하기 시작한 것은 2016년이다. 무료 버전으로 출발하여 2017년에는 상용 버전을 시작했다. 2020년 1월 시점에서 무료 버전에는 20만 명이 넘게 등록했다. 상용 버전의 커뮤니티에는 게이오대학과 Q네트워크 허브 등 4개사와 전세계 100개 이상의 기업과 조직이 참여하고 있다.

미국 IBM과 게이오대학이 설립한 양자컴퓨터의 소프트웨어 개발 사업.
미쓰비시케미컬과 미쓰비시UFJ은행 등이 참여하고 있다.

IT 대기업, 잇달아 서비스 개시

양자컴퓨터의 계산 능력을 서비스로 제공하는 움직임은 IT 업계 전체로 확산되고 있다. 2019년 12월에 NEC와의 협업을 발표한 캐나다의 D웨이브시스템즈도 그중 하나다. 자체 개발한 '양자 어닐링(annealing)' 방식의 컴퓨터를 2018년부터 클라우드에서 제공하기 시작했다. 2019년 3월에는 일본을 상대로도 서비스를 시작해, 덴소(DENSO)와 리크루트 커뮤니케이션, OKI 그룹 같은 일본 기업의 활용 사례를 늘려가고 있다.

주요 컴퓨터의 클라우드 서비스

기업명	서비스명	제공 방식
아마존닷컴(미국)	아마존 브라켓	양자 게이트 양자 어닐링
마이크로소프트(미국)	애저퀀텀	양자 게이트
D웨이브시스템즈(캐나다)	리프	양자 어닐링
IBM(미국)	IBM Q 익스피리언스/네트워크	양자 게이트
후지쯔	디지털 어닐러 클라우드 서비스	어닐링

클라우드 대기업인 미국의 아마존닷컴과 마이크로소프트도 서비스 제공에 나섰다. 아마존은 2019년 12월, 자사의 클라우드 'AWS'를 경유해 D웨이브시스템즈 등 3개사에 양자컴퓨터를 사용할 수 있는 서비스를 시험 제공했다. 마이크로소프트도 같은 해 11월부터 자사의 클라우드 '애저(azure)'를 경유해 미국 허니웰(Honeywell) 등의 양자컴퓨터를 사용할 수 있는 서비스 접수에 들어갔다.

일반 기업의 이용을 저해하는 '3개의 장벽'

IT 기업들이 양자컴퓨터의 클라우드화에 나서는 배경에는 일반 기업의 이용을 저해하는 3개의 장벽을 무너뜨리려고 하는 의도가 있다.

첫 번째 장벽은 '하드웨어의 도입·운용이 곤란하다'는 것이다. 노무라종합연구소(NRI)의 후지요시 에이지 상급연구원은 "하드웨어의 규모나 형상, 인터페이스가 기존의 컴퓨터와는 완전히 다르므로, 일반적인 데이터 센터에는 둘 수가 없다."라고 지적한다.

양자컴퓨터를 안정적으로 작동시키려면 초전도 상태로 만들어주는 극저온 환경이나 노이즈의 영향을 억제하는 대책 등이 필요하다. 클라우드라면 이러한 제약에 얽매이지 않고 양자컴퓨터의 계산 능력만을 이용할 수 있다.

두 번째 장벽은 '소프트웨어 개발이 어렵다'는 것이다. 아직 규격이 정해지지 않은 양자컴퓨터의 소프트 개발은 전문가라 해도 어렵다. 그래서 IBM이나 아마존, 마이크로소프트는 기존의 컴퓨터와 비슷한 방식으로 소프트를 개발할 수 있는 툴을 준비하고 있다. D웨이브시스템즈도 NEC와 협력하여 개발 환경을 정비하고 있다.

예를 들면 아마존의 개발 툴에서는 프로그래밍 언어 파이썬(Python)으로 소프트웨어를 개발할 수 있다. 프로그램을 기술하면 '컴파일러'라고 하는 언어 처리 기술을 통해 양자컴퓨터의 기계언어로 번역, 클라우드를 경유해 계산 처리를 의뢰한다.

아마존의 서비스에서는 3개사의 양자컴퓨터를 사용할 수 있는데, 개별적으로 언어를 배우거나 컴파일러를 준비하거나 하지 않아도 통일된 조작성과 편한 방식으로 소프트웨어를 개발할 수 있다.

각 업체의 툴은 가상적으로 양자컴퓨터를 기존의 컴퓨터로 작동시키는 테스트용 시뮬레이션 소프트웨어나 전 세계 연구자들이 개발한

클라우드화로 일반 기업의 이용을 촉진하다.

클라우드 서비스 보급을 저해하는 '3개의 장벽' 타파를 노린다.

미국 IBM의 양자컴퓨터 「IBM Q」

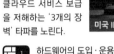

하드웨어의 도입·운용이 곤란하다.

캐나다
D웨이브시스템즈
제품

캐나다 D웨이브시스템즈 제품

소프트웨어 개발이 어렵다.

게이오대학에 개설한
'IBM Q
네트워크가 허브'

날마다 진화하는 편리한 개발 툴을 제공

투자 효과 미지수

구글이 개발한
양자컴퓨터
(미국 구글 제공)

비용을 들이지 않고 유용성을 검증할 수 있다.

소프트웨어 부품군 등을 갖추고 있다. IBM의 툴은 프로그래밍 지식이 없어도 소프트웨어를 개발할 수 있는 기능도 갖추고 있다. 최신 연구 성과를 바탕으로 기능은 계속 진화하고 있다.

고가의 양자컴퓨터를 '시험용으로 사용'

세 번째 장벽은 '투자 효과가 미지수'라는 것이다. 양자컴퓨터는 금융과 화학, AI 등 폭넓은 분야에서 유용할 것으로 지목되고는 있지만, 현시점에서는 산업계를 자극할 만한 구체적인 성과는 없다. 어디까지 유용할지 모르는 상황에서 기업들이 운용 비용을 포함해 수십억 엔에 이르는 투자를 하기란 어렵다. 하지만 클라우드 서비스라면 '시험용'으로 유용성을 찾을 수 있다.

D웨이브시스템즈의 양자컴퓨터는 하드웨어의 가격이 1,500만 달러(약 210억 원)인데, 자사의 클라우드 서비스의 경우 1시간에 2,000 달러(약 280만 원) 정도면 이용할 수 있다.

OKI는 양자컴퓨팅의 본질을 깊이 연구할 목적으로 이 서비스를 이용했다. OKI의 이노베이션 추진실의 다마이 히데아키 팀매니저는 "시간 단위의 요금으로 유용성을 검증할 수 있어 비용 면에서 많은 도움이 되었다."라고 말한다.

각 IT 기업들이 서비스 경쟁에서 각축을 벌이는 것은 선행적으로 이용 기업을 확보하기 위해서이다. 많은 기업이 이용해 준다면 용도 개척 및 과제 추출을 할 수 있다. 또한, 소프트웨어 개발에서도 협력을 얻을 수 있다. 지금부터 계속 이용하도록 하면 다수의 고객을 확보한 상태에서 실용화할 수 있다.

일본에서는 후지쯔(Fujitsu)가 타사에 앞서 2018년에 양자컴퓨터를 유사하게 재현한 '어닐링' 방식의 클라우드 서비스에 나섰다. 다만 외국에서는 어닐링 방식에 대한 인지도가 낮다는 이유도 있어 그다지 확산되고 있는 것 같지는 않다.

IBM이나 아마존, 마이크로 소프트와 같은 IT 기업이 본격적으로 나서면서 양자컴퓨터 개발에 속도가 붙고 있는 것은 분명하다. 기존의 컴퓨터를 능가하는 성능을 나타내는 '양자 초월'을 2019년에 달성한 미국의 구글도 2022년까지 상용화를 표명하고 있다.

일본 IT 기업들, 반격할 수 있을까

양자컴퓨터는 실용화 후에도 클라우드에서의 제공이 주를 이룰 것이라는 견해가 많다. NRI의 후지요시 상급연구원은 "기업 시스템이 클라우드로 이행되고 있는 추세에서 양자컴퓨터만 그 흐름을

거스를 것이라고 생각하기는 어렵다."라고 분석한다. 현재 슈퍼컴
퓨터가 그렇듯이, 막대한 계산 능력을 항상 필요로 하는 기업은 극
히 일부로 한정되기 때문이다.

NEC, 후지쯔, 히타치제작소 등 일본 IT 기업은 슈퍼컴퓨터의 계
산 능력을 네트워크를 통해 제공하는 서비스에서 어느 정도 노하우
를 가지고 있다. 양자컴퓨터 개발에서는 일본 기업이 확실히 뒤처
지는 감이 있지만, 클라우드에서의 제공이라면 슈퍼컴퓨터의 노하
우를 살려 반격을 실행할 가능성도 있다.

다가올 양자 시대에 맞서 서비스 사업자로서 확고한 위치를 굳힐
수 있을까? 아니면 또다시 클라우드 대기업의 파도에 떠밀리고 말
것인가? 일본 기업의 중요한 분수령이 될 것 같다.

CHAPTER 2

AI 활용, 전문가 필요 없어

– 클라우드화에 따라 보급 가속

우리 회사 제품의 3개월 후의 수요를 AI로 예측해 보고 싶다. 그런데 회사에는 데이터 사이언티스트가 없다. IT 기업에 발주하면 실험에만 수백만 엔 단위의 돈이 든다. 그런 이유로 AI 도입을 주저하는 시대는 지나가고 있다. 모든 사물을 서비스로 제공하는 XaaS 시대에는 AI도 서비스가 되기 때문이다.

AI 도입 후, 매출 30% 증가

"의외로 30~40대의 남성이 많다.", "30대 이상의 남성들은 20대 스태프의 설명을 들어도 구매 의욕이 생기기 어렵지 않을까?", "다른 지점에 요청해서 30대 이상 스태프를 모아 보자."

대형 의류 기업 산요상회(三養商会)가 전개하는 셀렉트숍 러브리스(LOVELESS)에서는 점장과 스태프들이 매출을 높이기 위한 방안을 격주로 논의한다. 참신한 힌트를 얻기 위해 AI 스타트업 아베자(ABEJA)의 서비스 'ABEJA 인사이트 포 리테일'을 활용하고 있다.

'ABEJA 인사이트 포 리테일'은 매장의 카메라로 촬영한 영상을 AI로 분석하여, 방문객의 연령대와 성별, 재방문 고객 여부를 추정한다. POS(판매 시점 정보관리) 데이터와 결합하면 어떤 성향의 고객이 방문하고, 그중 몇 퍼센트가 제품을 구매하는지 등을 파악할 수 있다.

산요상회의 셀렉트숍 비즈니스부 매장 운영을 맡고 있는 미나미사와 류주 과장은 "각 매장의 객관적인 상황을 파악할 수 있어 전략을 세우기 쉬워졌다."라고 말한다. 후나바시 매장은 아베자의 서비스를 활용한 후 매출이 전년 대비 30%나 늘었다.

미나미사와 과장은 AI를 활용하고 있다는 것을 "현장에서는 특별히 의식하지 않고 있다."라고 말한다. 대대적인 시스템을 구축하지 않고 클라우드 서비스를 이용하고 있기 때문이다. 태블릿 단말기에서 활용하는 툴 중 하나로 여기는 것 같다.

AI 붐이라는 말은 이전부터 들어왔지만, 일본의 기업 중 업무에서 충분히 활용하고 있는 예는 아직 많지 않다. 재무성이 2018년 가을에 실시한 조사에 의하면, 이미 AI를 활용하고 있다고 답한 기업은 10% 남짓에 머물렀다고 한다. 같은 조사에서 활용 예정이나 검토 중이라고 답한 기업은 50% 가까이에 달한다. 관심은 많지만 도입까지 가지는 못하고 있다.

그 배경에는 AI를 제대로 활용하려면 통계학에 대한 지식이나 프로그래밍 기술을 가진 데이터 사이언티스트라고 하는 전문가를 필요로 한다는 사실이 있다.

전문가가 없는 기업은 외부에 의존할 수밖에 없는데 IT 기업에서도 AI 인력은 부족하며, "세계적으로 서로 쟁탈을 벌이는 상황이다."(IDC 재팬의 이이사카 노부코 소프트웨어&시큐어리티 리서치 매니저) 고객사들이 AI 인재를 채용하기는 쉽지 않다.

이 상황을 타개하는 비장의 카드가 될 수 있는 것이 AI의 서비스화다. AI 전문가에 의존하지 않고 업무에 적용할 수 있는 여지가 생긴다. 산요상회의 현장이 상징적인 예다.

서비스화, 미국의 IT 기업이 앞서가다

서비스화는 IT 기업 측에도 큰 이점이 있다. 소수의 인력으로 보다 많은 고객에게 AI의 편리성을 안겨줄 수 있다.

AI의 서비스화로 앞서가는 곳이 미국의 아마존닷컴과 마이크

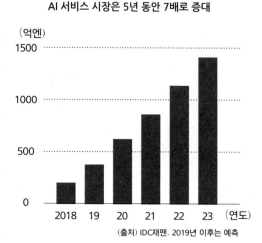

AI 서비스 시장은 5년 동안 7배로 증대

(억엔)

(출처) IDC재팬. 2019년 이후는 예측

로소프트, 구글, IBM 같은 클라우드 대기업이다. 고객사 전용 AI를 개발할 수 있는 서비스를 클라우드상에서 전개하고 있다.

이들 초기의 서비스는 AI를 개발할 때 필요한 고성능 하드웨어나 소프트웨어를 직접 조달하는 비용을 절약할 수 있다는 이점이 있다. 다만 주로 데이터 사이언티스트나 프로그래머 등 전문가들이 이용할 것으로 예상하고 만들어졌기 때문에 분석 내용에 맞추어 적절한 통계 방법을 선택하는 지식이나 AI의 학습에 프로그래밍 스킬이 요구되었다.

그 밖에 클라우드 대기업은 영상 인식이나 번역 등 이미 만들어 놓은 AI를 사용할 수 있는 서비스도 제공하지만, 이 경우 기업이 업무에 활용할 수 있는 범위가 제한적이라는 과제가 있었다.

그런데 최근의 서비스는 '좋은 부분만 취사선택'이 가능하다. 즉 AI 전문가 이외의 사람이 충분히 사용할 수 있는 간편함과 업무에 활용할 수 있는 기능, 이 둘의 양립을 추구한다.

NEC가 제조업이나 금융업을 대상으로 제공하기 시작한 '솔루션 템플릿(solution template)'이 그중 하나다. 수요 예측이나 품질 분석, 대출 심사 등 업무별로 준비된 템플릿을 선택해, 자사의 데이터를 읽어 들이게 하면 고객사 고유의 AI를 개발할 수 있다.

전문 지식이나 스킬이 없어도 분석 가능

수요 예측 AI를 개발하는 순서는 다음과 같다. 우선 수요 분석 템플릿군 중에서 조립품이나 주택 건축자재 등 예측하려는 제품의 종류에 맞는 템플릿을 선택한다. 템플릿에는 AI 개발에 필요한 데이터 항목이나 통계 방법이 이미 설정되어 있다. NEC가 지금까지 수주한 고객사의 안건을 기초로 정리되어 있다.

템플릿을 따라서 과거의 수주 실적이나 경기 상황 등의 데이터를 클라우드에 업 로드하고, AI에게 학습시키기 위해 실행 버튼을 누르고 몇 분간 기다린다. AI의 두뇌에 해당하는 학습 모델이 완성된다. 완성된 학습 모델에 분석용 데이터를 읽히면 수요를 예측해 낸다. "통계에 대한 지식이나 프로그래밍 스킬을 갖추지 못한 업무

부문이 충분히 사용할 수 있다."(NEC 디지털 비즈니스본부의 고토 노리토 매니저) 보다 본격적으로 AI를 활용하고자 하는 기업에도 서비스화가 가져다 주는 큰 이점은 크다. 예를 들어 자사 고유의 AI를 개발할 때 필요하겠지만 번거로운 작업을 간편하게 해 주는 서비스가 늘고 있다.

AI를 개발하기 전, 번거로운 작업이 바로 학습용 데이터를 준비하는 작업이다. 무작정 데이터를 학습시킨다고 AI가 똑똑해지는 것이 아니므로 학습하기 쉬운 형식으로 만드는 작업이 필요하다. 이를 수작업으로 실행하려면 막대한 시간이 필요하다.

또한, 개발 후에는 AI를 다시 단련하는 '리커런트(recurrent) 교육'이라는 작업이 성가시다. AI는 한 번 만들어 두면 영구히 사용할 수 있는 것이 아니다. 비즈니스 상황이 시시각각 바뀌기 때문에 재학습하지 않으면 점차 정확도가 떨어지게 된다.

전자인 데이터 준비 작업의 경우, 미국 소프트웨어 기업인 팍사타(Paxata)의 데이터 정형 툴 클라우드 등이 있다. 대화 형식으로 데이터 정형(整形) 순서를 설정할 수 있고, 순서에 따라 단시간에 정형한다. 수작업에 비해 수십 배의 시간 단축을 기대할 수 있다고 한다. 일본에서는 QP 등이 활용되고 있다.

후자인 재학습 작업의 경우, 후지쯔가 2019년 10월부터 금융회사를 상대로 제공하는 신용 점수 산출 서비스 'AI 스코어링 서비스'로 해결을 시도하고 있다. 신용 점수를 산출하는 AI에 자동으로 재학습을 실행하는 시스템을 투입해 높은 정확도를 유지하도록 했다.

AI 서비스의 선택의 폭이 넓어짐에 따라 이를 도입하는 고객사들도 많아지고 있다. IDC 재팬에 의하면 클라우드를 포함해 AI 서비스 시장은 2023년에 1,406억 엔(약 1조 3,800억 원)으로 2018년의 7배 규모에 달한다고 한다. 서비스화로 인해 많은 기업이 AI를 본격적으로 활용할 수 있는 시대가 바로 눈앞에 와 있다.

NEC서비스에서는 양식을 지정해 데이터를 읽히면 분석이 시작된다.

CHAPTER 3

서브스크립셥은 데이터가 생명

– 가방과 커피 부문, 신흥 기업의 대두

월정액 등으로 계속해서 요금을 지급하는 서브스크립션 서비스가 난립하고 있다. 음악이나 동영상 전송, 소프트웨어에서 패션, 음식, 가전이나 가구, 자동차, 주거할 것 없이 생활 구석구석까지를 커버할 정도로 마치 춘추전국시대와도 같다. 그중에서 독자적인 노하우를 가지고 일찍이 비즈니스 모델을 구축한 신흥 기업이 대두하고 있다. 그들의 생존 비결은 무엇일까.

고급 가방, '체험하는 기분'으로 무제한 사용

에르메스, 프라다, 루이비통 등 누구나 알만한 고급 브랜드 가방을 정액 요금으로 마음껏 사용할 수 있다. 이런 콘셉트로 여성들의 지지를 받고 있는 서브스크립션이 락서스 테크노로지스(Laxus Technologies)의 가방 렌털 서비스 'Laxus(락서스)'이다.

'락서스'는 일괄적으로 월 6,800엔(약 67,000원, 세금 별도)을 지급하고 50개 이상의 브랜드, 약 3만 점의 가방 중에서 원하는 가방을 1개 빌릴 수 있다. 기간은 1주일이든 1년이든 상관없이 무제한 이용 가능하지만, 다른 가방을 이용하려면 지금의 가방을 반납해야 하는 구조다. 2015년 서비스를 개시한 이후 순조롭게 성장해 2019년 11월 시점에는 계속 이용하는 유료 회원이 2만 명을 돌파했다.

도쿄에 사는 야마모토 유미코(47) 씨도 애용자 중 한 명이다. 현재 사용하고 있는 팬디 가방은 친구들과 식사 모임 등에서 잘 사용하고 있다. "갖고 싶던 가방을 구입했는데도 나중에 싫증나는 경우도 있다. 락서스는 체험하는 기분으로 여러 가방을 돌려가며 사용할 수 있어 편하다."라고 말한다.

의류 대기업에서 러브콜, 43억 엔에 자회사화

이 락서스를 2019년 10월 말, 의류 대기업인 월드가 43억 엔에 인수해 자회사로 운영한다고 발표했다. 월드는 성장 투자 차원에서 추가로 100억 엔(약 980억 원) 규모의 자금 지원도 할 것이라 밝혔다. 서비스 면에서의 연계도 추진해 나갈 것이라고 한다.

월드는 락서스에 대해 "테크놀로지를 기반으로 한 독특한 비즈니스 모델을 갖고 있다."라고 평가한다. 그 내용에 대해 구체적으로는 "데이터 활용 기술이며, 살아남기 위한 생명줄"이라고 락서스의 고다마 쇼지 사장은 설명한다. 취재에서 그 일면을 볼 수 있었다.

히로시마시 중심부의 복합 빌딩에 있는 락서스의 오피스 겸 창고에는 선반 한 면에 유명 브랜드 가방 6,000~7,000점이 진열되어 있다. 주문이 들어오면 가방의 재고를 확인하고 포장해 출하한다. 반납된 가방은 클리닝하고 그 외 필요에 따라 보수하고 다시 보관한다.

RFID 태그를 장착해 보수 및 관리

선반에 보관 중인 가방의 브랜드나 크기, 형태가 제각각이라 관리가 힘들 것 같지만, 직원은 보수나 재고 확인 등의 작업을 차례차례 순조롭게 해 나간다. 실제로 서비스 시작 이래 가방 분실은 한 건도 없었다.

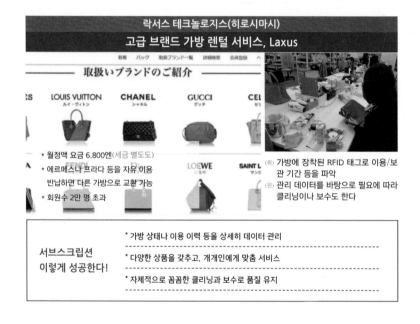

그 비결은 가로세로1~2mm 크기의 아주 작은 무선 자동 식별(RFID) 태그에 있다. 락서스는 취급하는 모든 가방에 태그를 넣어 개별 ID를 등록한다. 가방의 이용/보관 기간, 가동률, 보수 이력, 이용한 회원에 대한 정보 등 상세한 데이터를 기록한다.

가방이 반납되면 전용 기계로 태그를 읽어 들여 상태를 확인한

다음, 보수해서 어느 선반에 보관했는지도 함께 기록하고 있어 RFID 태그 데이터를 통해 효율적인 상품 관리와 나아가 회원들의 이용 성향을 파악하는 데도 활용하고 있다.

스마트폰 전용 앱의 이용 데이터도 아울러 분석해, 회원이 어느 브랜드에 관심을 가지고 있는지 등을 파악한다. 락서스는 이들 데이터를 통한 고객 분석을, 서브스크립션형 비즈니스에서 중요한 부분인 요금 설정과 해약률을 조절하는 데 활용하고 있다.

사용 상황을 파악해 고객을 선별

락서스는 데이터 수집을 전제로 "요금을 낮출 수 있었다."라고 한다. 서비스 개시 전에는 월 3만 엔(약 29만 원) 미만을 예상하고 있었다. 가방을 험하게 다루거나 반납 트러블 등으로 일정 수량을 못 쓰게 되면 손실이 발생하기 때문에 그만큼 높게 책정해야 한다는 생각이었다. 그러나 데이터를 근거로 험하게 사용하는 고객은 오히려 탈퇴시키고 가방을 깨끗하게 사용하는 고객을 엄선하면 비용 관리가 가능해 가격을 낮출 수 있을 것으로 판단했다.

고객이 좋아할 만한 가방을 추천하는 리코멘드(recommend)에도 데이터를 활용한다. 앱에 영상을 표시해 호불호를 묻고, 과거의 이용 데이터와 합쳐 AI가 학습한 결과를 통해 자동으로 선호하는 가방을 찾아내서 우선적으로 표시한다고 한다.

가방이 분실/파손되기 어려운 관리 체제의 구축과 우량 고객의 확보를 정밀한 데이터 활용으로 실현한 락서스의 고다마 사장은 "3

만 점의 이용 이력에서 가방과 소비자의 관계성이 드러나고 있다.”
라며 자신감을 드러낸다.

커피 무제한 이용으로 영업 이익률 30%

데이터 분석을 사업 확대로 연결시키고 있는 서브스크립션의 승자는 음식 업계에서도 찾아볼 수 있다. 도쿄 신주쿠의 파비(Favy)는 커피 정액제 무한 리필 카페 ‘커피마피아’를 운영하고 있다.

커피마피아의 요금은 월 3,000~6,500엔(약 3만~6만 4,000원)이며, 요금에 따라 핸드드립 커피도 한 잔씩 마실 수 있다. 그 밖에도 파비는 서브스크립션형 고깃집 ‘29ON(니쿠온),’ 등도 운영하고 있다. 2019년 11월 시점에 4개 매장을 개점한 커피마피아의 영업 이익률은 30% 가까이를 자랑한다.

2019년 11월 중순, 커피마피아 긴자점을 이용한 가지우라 다카유키 씨(35)는 하루에 3번 방문할 때도 있다고 한다. “맛이 좋고 친숙한 얼굴의 점원이 있는 것도 좋다.”라고 말하더니, 회원 ID가 표시된 스마트폰을 비추고 익숙한 손놀림으로 커피를 받아 들었다.

이 회원 ID를 통한 고객 관리가 파비의 강점이다. ID로 축적되는 “데이터를 우량 고객 확보에 어떻게 활용할 것인지가 중요하다.”라고 파비의 다카나시(高梨巧) 사장은 강조한다.

방문 고객의 성향에 따라 메뉴를 조정해 흑자화

파비의 ‘커피마피아’는 이용자가 인터넷이나 매장에서 신청하면

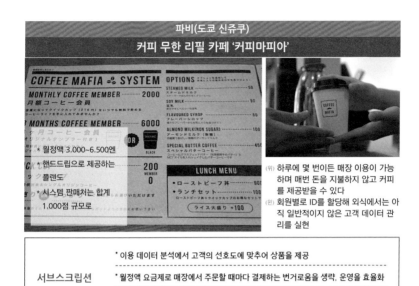

파비(도쿄 신쥬쿠)

커피 무한 리필 카페 '커피마피아'

(위) 하루에 몇 번이든 매장 이용이 가능하며 매번 돈을 지불하지 않고 커피를 제공받을 수 있다

(왼) 회원별로 ID를 할당해 외식에서는 아직 일반적이지 않은 고객 데이터 관리를 실현

서브스크립션 이렇게 성공한다!	* 이용 데이터 분석에서 고객의 선호도에 맞추어 상품을 제공
	* 월정액 요금제로 매장에서 주문할 때마다 결제하는 번거로움을 생략. 운영을 효율화
	* 직영점에서 쌓은 노하우를 담은 시스템을 구시가츠다나카 등 대기업을 포함한 타사에 판매

회원 ID를 부여하고 매장 방문 시 스마트폰상의 ID를 점원이 체크한 다음, 커피 등을 제공한다. ID로 회원의 방문 빈도나 주문 이력, 매장에서 추가로 구매한 음식 등의 구매 데이터가 축적된다.

인터넷 계통의 서비스와 달리 오프라인 음식점에서는 고객 데이터를 수집, 분석하는 것이 어렵지만, 파비는 데이터를 상품 구비나 운영 개선에 활용하고 있다. 높은 영업 이익률은 그 성과라고 할 수 있다.

예를 들면 지금은 도넛 등의 사이드 메뉴가 풍부하지만 서비스 개시 당시에는 거의 커피 위주여서 예상을 넘는 고객의 출입으로 인해 적자를 면치 못했다. 주 5일 영업에 1인당 월 16회의 이용을 예상했으나, 데이터를 보면 생각보다 많다. 최근에는 22.8회다.

커피 원두도 고급 원두를 사용해 비용이 더 늘어났다. 그래서 커피 이외의 사이드 메뉴를 확충했더니 매출이 호조를 보였다. 이렇게 개시 9개월 만에 흑자로 돌아섰다.

구시카츠다나카에도 시스템을 판매

파비의 노하우에는 대기업 음식 체인점도 주목하고 있다. 2019년 여름부터 서브스크립션형 고객 관리 시스템의 외부 판매를 시작하자 레인즈 인터내셔널과 구시카츠다나카 홀딩스가 잇따라 자사의 이자카야 등에 도입했다. 이미 합계 1,000개 매장을 넘어섰다. 업태 개발로 협업을 검토하는 대기업도 나오고 있다.

파비는 시스템 판매 외에도 커피마피아 등 자체 브랜드를 프렌차이즈 체인(FC)으로 매장을 늘려갈 방침이다. 향후 5년 안에 100개 매장 규모로 확대할 계획이다. 다카나시 사장은 "외식 서브스크립션 하면 '파비'라고 할 정도의 존재로 키울 것이다."라며 의욕을 보인다.

락서스와 파비의 사업 규모는 대기업에 비하면 아직 작다. 그러나 이들 두 신흥 기업이 독자적인 비즈니스 모델을 구축해 업계에서 존재감을 높인 것은 분명하다. 향후의 성장 여부에 따라서는 대기업이 기존의 사업 모델을 재검토하지 않으면 안 될지도 모른다.

스타트업 속속, 일본 시장 1.5배로

리서치 회사 야노경제연구소에 따르면 서브스크립션 관련 일본의 시장 규모(소비자 지불액 기준)는 2018년에 5,627억 엔(약 5조 5,100억 원)이었다고 한다. 2023년에는 1.5배인 8,623억 엔(약 8조 4,500억 원)으로 확대할 전 망이다. 다양한 분야에서 전문 스타트업이 주목을 모으고 있다.

특히 경쟁이 치열한 의류 제품에서는 '에어클로젯(airCloset)'이 대표적이다. 300개 브랜드 10만 점 이상의 의류를 갖추었고, 회원 수는 25만 명을 돌파했다. 가구를 취급하는 '서브스크라이프(Subsclife)'는 가전제품 등도 추가해 라이프스타일의 제안에 힘을 기울이고 있다.

고객별 맞춤형으로 샴푸를 정기 배달하는 '메듈라(MEDULLA)'를 운영하는 '스파티(Sparty)'나 정액 요금으로 오래된 민가 등에서 주거할 수 있는 서비스를 제공하는 '어드레스(ADDress)'도 유망주다. SNS를 통해 새로운 서비스 정보가 곧바로 확산되고 체험을 원하는 소비자를 끌어들인다.

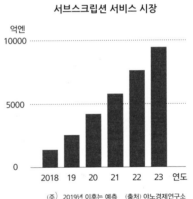

서브스크립션 서비스 시장

(주) 2019년 이후는 예측 (출처) 야노경제연구소

다만 서비스가 난립하는 중에는 사업의 성장이나 수익 확보가 힘들어, 향후 비즈니스 모델의 성패가 주목된다.

수업 동영상, '완전 실패'에서 서브스크립션으로 재생

"솔직히 처음에는 완전 실패였죠." 리크루트 마케팅 파트너스의 온라인러닝 사업추진실 사사베 가즈유키 부장은 이렇게 말한다. 결혼 정보지 '젝시' 등이 주로 하는 이 회사는 대학 수험생을 대상으로 하는 서비스 '쥬켄(受驗) 서플리' 내의 수업 동영상 전송 사업을 서브스크립션으로 재생시켰다.

2012년 서비스 개시 당시에는 녹화한 강의를 1과목당 약 5,000엔 (약 49,000원)에 제공하는 구매 모델이었다. 일반 입시학원에 비해 저렴하다는 것이 강점이었다. "교육 서비스의 형태를 바꿀 것"이라고 다짐했지만 회원 수는 목표치의 5분의 1 정도로 기대가 빗나갔다.

회의를 통해 원인 분석을 거듭한 결과, "이용자는 일반 입시학원과 가격을 비교하는 것이 아니라 인터넷 서비스로서 가격이 비싼지 어떤지를 보고 있다."라는 것을 것을 알게 됐다. 한편 당시 일본에서 유행할 조짐을 보이던 것이 '훌루(Hulu)' 같은 서브스크립션형 동영상 전송이었다.

"우선은 팔려야 한다."라는 생각에 2013년에 과감히 수업 동영상을 무제한 이용으로, 요금도 훌루 등에 맞추어 월 980엔(약 9,500원, 세금 별도)으로 아주 저렴하게 설정했다. 그러자 회원 수가 급증했다.

2016년에는 '스터디 서플리'로 리뉴얼했다. 초·중등 학생으로 서비스 범위를 확대해 영어 능력 시험 대비 영어 강좌 등도 개설한 결과, 2019년 9월 말 시점으로76만 명의 유료 회원을 확보하고 있다.

지속적인 이용률을 높이기 위해, 승부는 '첫 3일간'

회원이 모이면, 서브스크립션의 그다음 과제는 지속적인 이용률이다. 리크루트는 지속률 개선을 위해 데이터를 활용했다. 전문 분석팀을 꾸리고, 예를 들면 시청 기록을 근거로 도중에 시청을 그만두는 이용자가 많은 수업 동영상은 교체한다. 이해도를 높이기 위해 출제된 문제의 정답률이 낮으면 그 문제의 해설 동영상을 새로

서브스크립션 비즈니스 구축을 향해 시행착오를 반복

회원 모집에 성공, 지속률 향상으로

스터디 서플리(리크루트 계열사)

앱 학습 기능으로 만족도를 높인다

* 수업 동영상 전송. 비즈니스용 영어강좌도
* 월980엔(세금 별도)부터
* 회원 수 75만9,000명(2019년 9월말 시점)
* 시청 기록으로 동영상을 추가/개량

신규 참여도 잇달아

음료 브랜드 'acure'의
인지도 확대가 목표

옵튠(시세이도)

* 스킨케어 화장수를 제공. 2019년 7월 개시
* 월 1만엔(세금 별도)
* 자택에 배달하는 5종류의 스킨을 전용기기에서 조합
* 피부 상태나 날씨 등의 데이터로 최적의 화장수를

테부라토엔(유니참)

* 어린이집을 상대로 기저귀 무제한 이용 2019년 7월 개시
* 월 2,980엔(세금 별도) * 이용시설 100곳 이상

에브리패스(JR동일본계)

* 음료수 1일 1병 자동판매기에서 이용 가능. 2019년 10월 개시
* 월 약2,480엔   * 500명을 대상으로 시험 제공

수익화 모색은 장기적으로

NOREL(IDOM)

보통의 중고차 매매에 비해
수익 관리가 복잡

* 자동차 교환 무제한. 중고차 외 신형차, 고급차도 이용 가능
* 월5만9,800엔(세금 별도) * 회원수 2만9,000명 초과

의류는 일찍 명암이 갈림

메챠카리(MECHAKARI)

* 의류 제품 160개 브랜드 렌탈
* 월액 5,800엔(세금 별도)
* 회원수 2만 명 초과
* 반납품은 자체 사이트에서 판매해 정가의 70%를 회수

슈트박스(AOKI)

* 비니지스 웨어 렌탈
* 서비스 개시 반년 만에 철수
* 운영비가 많이 들고 신규 고객도 확보하지 못함.

(주) 2019년 11월 시점

작성해서 추가한다.

영어 강좌에서는 이용 개시일부터 3일간 학습했는지의 여부가 지속률을 좌우한다는 사실도 파악했다. "여기까지 분석하고 나면, 우선은 첫 3일간을 어떻게 하면 사용하게 할 것인가에 주력할 수 있다. 우선적으로 취해야 할 시책이 무엇인지 보이게 된다."라고 사사베 씨는 말한다.

또한, 입시학원에 갈 수도 있지만 이쪽을 선택할 수 있도록 서비스의 내용 확충에도 힘을 기울인다. 예를 들면 영어에서는 수업 동영상 전송뿐만 아니라 들은 영어를 스마트폰에 입력하거나 따라서 발음할 수 있는 기능을 앱에서 제공하도록 했다.

그동안 뮤직 플레이어와 참고서, 노트와 펜을 준비해야 했던 학습법을 스마트폰 하나로 간단하게 실현해 회원들의 고민에 대처했다. 비즈니스맨을 위한 비즈니스 영어 강좌나 TOEIC은 월 2,980엔(약 29,000원, 세금 별도)으로 고단가화로 연결시키고 있다.

어린이집에 일회용 기저귀, 맞벌이 가정의 수고를 덜어

회원의 과제를 해결하는 것이 지속적인 지지를 받을 수 있는 열쇠가 된다는 사실은 다른 사례를 통해서도 알 수 있다. 예를 들면 '유니참(unicharm)'이 2019년 7월, 보육 인재 서비스 '베이비잡(Baby Job)'과 연계해 어린이집 대상 일회용 기저귀 무제한 서비스를 시작했다. 월정액 2,980엔(약 29,000원, 세금 별도)에 몇 장이든 사용할 수 있으며, 이는 일회용 기저귀를 구매하는 것과 비슷한 가격이라고 한다.

보통은 이름을 기입한 일회용 기저귀를 보호자가 등원할 때 지참하는데, 맞벌이 세대에게는 번거롭고 상당한 부담이었다. 서비스의 인기가 높아져 2019년 11월 시점 100곳 이상의 어린이집이 도입하고 있다. 2020년 7월부터는 어린이집을 위한 업무 시스템 '코드몬(CoDMON)'의 스마트폰 앱에서 이용 신청이 가능하게 되었다.

장기 계약 유지해 고객의 지급을 최대화

서브스크립션의 비즈니스 모델을 구축했다 하더라도 지속 가능한 이익을 얻기까지는 시간이 걸린다.

중고차 매입점 '걸리버(Gulliver)'를 운영하는 '이돔(IDOM)'은 2016년 여름에 자동차 서브스크립션 '노렐(NOREL)'을 시작했다. 한 번 구매하면 10년 정도 보유하는 것이 일반적인 자동차를 최단 90일 만에 바꿔 탈 수 있는 것이 강점이다.

걸리버가 매입한 재고 차량 외, 플랜에 따라서는 BMW 등의 신형 차량도 탈 수 있다. 여름에는 오픈카, 겨울에는 다목적 스포츠카(SUV) 등으로 즐길 수 있다는 점이 호평을 받아 등록 회원은 개시 3년이 지난 2019년 11월 시점에 2만 9,000명을 넘어섰다. 하지만 "이 사업만 단독으로 놓고 보면 적자가 이어지고 있다."(NOREL사업부 야마하타 나오키 매니저) 단발적으로 자동차를 판매하는 것과는 비교도 안 되는 수익 관리의 복잡함이 그 이유다.

중고차 매매는 차량 매입 가격에 인건비 등의 비용을 합하면 판매가는 자연히 정해진다. 반면 서브스크립션에서는 한 명의 고객이 계속 이용하도록 함으로써 서비스에 지급하는 누계 금액 LTV(Life Time Value)를 최대화하는 것이 중요하다. 처음에는 렌탈로 적자가 발생하더라도 오랫동안 계약이 지속되면 전체 기간 중에서 이익을 확보하는 전략이 된다.

다만 시황에 따라서는 서브스크립션으로 차량을 빌려주는 것보다 중고차로 파는 것이 이익이 날 수도 있다. 출시 이후 시간이 지나 주행 거리가 늘어나면 시장 가격이 떨어지는데다 돌발적인 정비비가 발생하기 쉽다는 문제도 있다.

상품으로 제공하는 렌털 차량의 LTV를 극대화하는 것이 서브스크립션과 모순이 될 수도 있다는 것이다. 야마하타 씨는 "고객 LTV와 상품 LTV 사이에 반드시 불일치가 생긴다. 이 방정식을 푸는 것은 매우 어려운 일"이라고 말한다.

다른 투자 대상 찾아 철수하는 전략 판단도

장기간 수익 회수를 기다리지 않고 빨리 단념한 업체가 신사복 대기업 아오키(AOKI)다. 2018년 4월에 비즈니스 웨어 정액 렌탈 서비스 '슈트박스(suitsbox)'를 시작했으나 불과 반년 남짓 지난 같은 해 11월에 철수했다.

렌털을 통해 상품을 체험해 보게 하고 매장 방문으로 유도해, 구매나 젊은 층 확보를 노렸으나 "운영비가 늘어난 데다 예상만큼 구매나 신규 고객 확보로 이어지지 않았다."(AOKI) 다른 성장 분야인 주문 정장 쪽으로 경영 자원을 돌리자는 판단을 했다.

회원 수가 늘어나 사업 자체는 상향세에 있는 '스터디 서플리'도 단일 사업으로서의 수지는 비공개하고 있다. 기저귀 서브스크립션도 "배송비 등이 있어 이익을 내기는 어렵다."라고 한다. 현시점에서는 고객과의 접점 만들기나 브랜드의 이미지 향상을 기대한 선행투자의 색채가 강해, 수익화와는 거리가 멀다.

모든 사물(X)이 서비스로 제공되는 XaaS의 시대에서 서브스크립션은 서비스로 어떻게 수익을 창출할 것인가에 대한 유력한 해법 중의 하나임에는 틀림없다. 다만 필요한 수익을 어느 정도의 기간에 획득해 나갈지, LTV의 시점도 감안한 각 기업의 전략이 주목된다.

CHAPTER 4

누구나 항상 최신 버전으로
데이터를 분석
– 타블로, 클라우드에서 제공

전문 지식이 없어도 다룰 수 있어

미국의 소프트웨어 기업인 태블로 소프트웨어(Tableau Software)는 클라우드를 통해 소프트를 제공하는 SaaS(Softwear as a Service) 영역에서 주목을 모으고 있는 기업 중 하나다. 업무에 관한 다양한 데이터를 가시화해 분석하는 소프트를 제공하고 있다. SaaS의 선두 주자이자 미국의 고객 정보 관리(CRM) 최대 기업인 세일스포스닷컴(Salesforce. com)'이 약 1조 7,000억 엔(약 16조 8,000억 원)에 매수한 것도 화제였다.

이 회사의 분석 소프트웨어 태블로는 Business Intelligence(BI) 라고 하는 분야의 툴이다. 가장 큰 특징은 데이터 분석에 대한 전문 지식이 없는 사람이라도 간단히 사용할 수 있다는 점이다. 선택한 데이터에 대해 최적의 그래프를 자동으로 표시하거나 간단한 마우스 조작으로 다양한 시각으로 집계를 전환해 최적의 그래프를 표시하는 기능 등을 갖추고 있다. 현장에서 담당자가 직접 사용하면서 의사 결정에 유용하게 적용할 수 있다.

태블로가 등장하기 이전의 BI 툴은 사용법이 어려워 현장 담당자는 전문가에게 데이터 분석을 의뢰하는 것이 일반적이었다. 태블로 일본 법인의 사토 유타카(佐藤豊) 사장은 "데이터를 분석하는 사람과 의사 결정을 하는 사람이 따로 존재하고 있었기 때문에 데이터가 폭발적으로 늘어났을 때 분단이 발생해 인간이 본래 갖고 있는 상상력이나 지성, 경험을 발휘할 수 없는 리스크가 있었다."라고 말한다. 이러한 과제를 해결하기 위해 1997년에 스탠퍼드대학의 컴퓨터연구소에서 연구를 시작한 것이 이 회사의 출발이다.

그 후 2003년에 스핀아웃(spinout)해서 창업했다. 이후 "사람들이 데이터를 보고 이해하도록 돕겠다."라는 회사의 미션을 줄곧 내걸고 있다. 사토 사장은 "타블로를 도입하는 기업의 전 사원들이 모든 데이터에 대해, 그 기업에서 허용하는 한 최대한으로 활용할 수 있는 환경을 목표로 하고 있다."라고 말한다.

이노베이션의 진화에는 SaaS가 필수

태블로의 분석 소프트는 디지털 마케팅이나 재무 분석, 영업 지원, 공급망 관리 등 다양한 분야에서 활용되고 있으며 미국 넷플릭스, 버라이즌 커뮤니케이션스, 독일의 지멘스 등 전 세계 8만 6,000개 이상의 기업을 고객으로 보유하고 있다.

일본에서는 NTT 데이터, 야후, 라쿠텐, 시세이도, 리크루트 등이 고객이다. 예를 들면 시세이도의 경우, 자체 사이트의 290만 고객 데이터를 분석해 가시화했다. 이를 사업 전략에 적용하고 동시에 실시간으로 고객의 구매 경험 향상에 활용하고 있다.

사토 사장은 "일본 시장은 세계에서도 톱 클래스의 성장률이다."라고 말한다. 일본 기업의 이용이 늘고 있는 배경에는 디지털 변혁으로의 움직임이 있는 것 같다. 업무의 디지털화를 추진하는 가운데 업무에 관한 데이터를 업무 개선이나 새로운 비즈니스 창출 등에 활용하려는 움직임이 활발하다. "지금까지 데이터를 읽을 수 없었던 사람이나 데이터와 대화할 수 없었던 사람이 이해할 수 있도록 하는 툴로서 널리 쓰이게 되었다."라고 한다.(사토 사장)

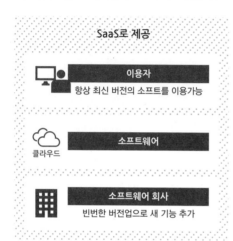

SaaS로 제공

이용자
항상 최신 버전의 소프트를 이용가능

소프트웨어
클라우드

소프트웨어 회사
빈번한 버전업으로 새 기능 추가

태블로는 2018년에 패키지 소프트웨어 판매에서 서브스크립션형 비즈니스로 방침을 전환했다. 또한, 최근에는 클라우드에서 BI 툴을 제공하는 SaaS형 서비스에도 힘을 기울이고 있다.

그 이유에 대해 사토 사장은 "(데이터 분석의) 이노베이션을 진화시키기 위해서는 SaaS화가 필수라고 생각하기 때문이다."라고 말한다.

태블로는 연간 3억 달러(약 4,200억 원)의 연구개발비를 투입해 AI 등의 새로운 기능을 개발하고 1년에 4번 버전업할 때마다 이를 추가하고 있다.

SaaS형 서비스를 이용하면 항상 최신판 태블로를 사용할 수 있어 새로운 기능을 활용한 보다 고도의 분석이 가능하게 된다. 사토 사장은 "우리 이노베이션의 혜택을 받기 위해서도 SaaS 이용이 베스트라고 생각한다."라고 말한다.

일본 기업, 반격이 필수

IT 업계에서는 창업 당시부터 SaaS를 제공하고 있는 미국의 세일즈포스 닷컴(Salesforce.com)이나 인사/회계 소프트웨어 기업 워크데이(Workday)와 같은 클라우드 네이티브 기업뿐만 아니라 미국의 마이크로소프트(Microsoft)나 어도비시스템즈(ADBE) 등 기존의 소프트웨어 회사도 태블로 소프트웨어처럼 SaaS 쪽으로 선회하고 있다. 마이크로소프트가 SaaS형 업무 소프트웨어 '오피스 365'를 제공하기 시작한 것은 그 상징이라고도 할 수 있다.

SaaS가 널리 보급될 수 있었던 이유 중 하나로 도입 시 장벽이 낮다는 점을 들 수 있다. 업계에서는 하드웨어의 저가 행진이 계속되는 한편, 구매형 업무 소프트웨어는 라이선스 가격이 상대적으로 고액이다. 게다가 강화된 기능의 최신 버전으로 갱신하려고 하면 유상 처리되는 경우가 적지 않다.

이에 비해 SaaS는 서브스크립션 방식으로 제공되는 경우가 많아 구매하는 것보다 초기 비용을 낮출 수 있다. 게다가 계약 기간 중에는 버전업 요금이 필요 없어 항상 최신판을 이용할 수 있다.

리서치 회사 IHS 테크놀로지에 따르면 2021년 SaaS 세계 시장은 2018년 대비 약 51% 증가한 1,204억 달러(약 171조 원)로 확대할 전망이라고 한다. 일본의 경우, 명함 관리 소프트웨어 '산산(Sansan)'이나 회계 소프트웨어 '프리(Freee)' 등의 신흥 기업이 등장하고 있지만, 기존의 소프트웨어 기업이나 IT 대기업은 늦은 감이 역력하다. 세계적인 조류에 올라타기 위해서도 일본 기업들의 반격이 필요하다.

CHAPTER 5

BGM으로 근무 방식 개혁
유센 (USEN), 오피스용으로 전송

음악 서브스크립션 서비스가 일본 소비자에게 침투한 것은 스웨덴의 스포티파이 테크놀로지(Spotify Technology) 등 외자계 기업이 잇달아 진입한 최근 몇 년의 일이다. 한편 매장 등 기업용 음악 서브스크립션은 유센넥스트그룹(USEN-NEXT GROUP)의 유센(USEN)이 이전부터 취급하고 있었다. 그런 이 회사가 최근 주력하는 것이 오피스의 생산성 향상과 건강 경영에 공헌하는 음악 전송 서비스다. 근무 방식 개혁에 일조를 할 것으로 보고 전국적으로 도입하는 기업이 늘고 있다.

컨시어지(concierge)가 채널을 선택

계절을 느낄 수 있는 사무실, 오피스 가구 대기업 오카무라(OKAMURA)의 아카사카 지점에서는 사계절을 느낄 수 있는 음악이 흐르고 있다. USEN의 기업용 BGM 서비스 'Sound Design for OFFICE'를 사용하고 있다.

오카무라의 사무실에는 장식이나 조명 등 직장 환경을 관리하는 '컨시어지'가 있다. 하루 2회 정도 사원들의 모습을 살피며 BGM 채널을 바꾸고 있다. 여름 축제나 크리스마스 등 계절 이벤트나 세미나 등이 있으면 그 상황에 맞는 곡을 틀어 준다.

"직원들은 사무실에서 계절의 변화를 느낄 수 있어 좋다는 반응입니다." 컨시어지인 오에다 요시에 씨의 말이다. 다구치 요시노리 아카사카 지점장에 의하면 "이전에는 너무 조용하다는 의견이 많았다."라고 한다. 적절히 집중할 수 있는 환경을 조성해 개인의 생산성을 높이자는 생각에 BGM 도입을 결정했다.

110개 이상의 BGM 채널 보유

Sound Design for OFFICE

집중력 향상
* 일하는 사람의 생산성을 높이는 바로크 음악
* 일하는 사람의 실수를 경감하는 클래식 등

릴랙스
* 릴랙세이션 기타
* 해변의 릴랙스 타임 등

리프레시
* 사무실의 치어업 뮤직
* 워킹 마치 등

생각을 환기
* 귀가를 재촉하는 음악
* 사기 고양 ~ 록키 테마곡 등

오카무라의 아카사카 사무실,
천정의 스피커를 통해 BGM이 흘러나온다.

영업2과의 이나타 모에 씨는 "기분을 업(up)하고 싶을 때는 BGM이 있는 공간으로 가면, 업무 내용에 맞추어 기분을 전환할 수 있습니다."라고 말한다. "사무실을 거실처럼, 카페처럼 만드는 추세여서 BGM 도입의 장벽이 낮아지고 있다."라고 한다. (다구치 지점장) 최근에는 오카무라가 고객에게 사무실 환경을 제안할 때 BGM을 소개하는 사례도 나오고 있다고 한다.

귀가를 재촉하는 BGM

USEN의 BGM 서비스는 기본 플랜이 월 5,000엔(세금 별도)이며, 집중력 향상, 릴랙스(relax), 리프레시(refresh), 알아차림 등 네 가지 장르로, 총 111개 채널의 BGM을 들을 수 있다. 채널은 계속 추가하고 있다.

2019년에 추가한 채널은 '귀가를 재촉하는 음악'이다. 도쿄예술대학과 공동으로 900명의 회사원의 심리 상태를 조사해 BGM을 만들었다. 귀가 시의 심리 상태를 예상하고, 생각처럼 일이 진행되지 않을 때 어울리는 애수를 띤 음악부터, 순조롭게 일이 진행되었을 때 어울리는 밝은 곡조까지 3곡을 준비했다. 1곡당 5분씩 반복해서 틀어 준다. 일반 가게의 폐점 시간에 주로 틀어 주는 '석별의 정' 노래처럼, 퇴근 시간의 스테디셀러 음악이 되도록 목표하고 있다.

BGM 서비스가 생긴 것은 2013년이다. 당시에는 '근무 방식 개혁'이라는 용어는 없었지만, 회사에서 스트레스 체크의 의무화가 논의되는 등 사원들의 건강 관리를 도모하는 건강 경영이 확산되고 있었다. USEN 사내에서 건강 경영에 도움이 되는 음악 서비스를 만들고 싶다는 의견이 나왔다.

당시에도 매장용 음악 서비스를 사무실에 도입하는 기업은 있었다.

하지만 J-POP은 너무 산만하다는 반응도 있어 사무실용 서비스를 개발하기에 이르렀다.

도입한 기업의 만족도는 높다. 음료 업체 다이도드린코(Dydo Drinco)가 이를 도입하고 나서 2019년 11월에 실시한 설문조사에서는 직원의 80%가 BGM이 "좋은 것 같다."라고 응답했다. "리프레시 된다", "마음이 편안해졌다"라는 반응이 있었다.

미쓰이홈(mitsuihome)은 종례 타이밍에 록키 테마곡을 틀고 있다. BGM 도입 후 잔업 시간이 24% 줄었다고 한다.

오피스에 대한 만족도는 높지 않다.

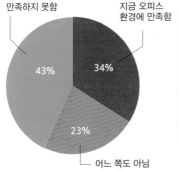

만족하지 못함

지금 오피스 환경에 만족함

43%

34%

23%

어느 쪽도 아님

(주) 2012년부터 2017년에 걸쳐 25.947명의 회사원을 대상으로 조사.
(출처) 오카무라

활용 사례는 다채롭다.

도입 기업	도입 내용
단세이샤	재즈의 커버곡이나 '귀가를 재촉하는 음악'을 내보낸다.
자이맥스	위성사무실 ZXY(지자이)에서 영업 종료 10분 전에 '석별의 정'을 내보낸다.
미쓰이홈	아침. 오전. 점심. 오후에 채널을 조정. 종례 시 '록키 테마곡'을 내보낸다.
가도마시청	시민들의 대기실에 BGM을 도입

(주) 오피스용 BGM의 도입 사례

서비스 해약률은 매장용 서비스와 마찬가지로 1%를 밑돈다. 최근 2, 3년은 "근무 방식 개혁의 확산으로 문의가 더 많아졌다."고 한다.

(오피스용 BGM 영업을 담당하는 USEN ICT Solutions의 노무라 다이가 오피스디자인 부장)

2019년 12월 시점, 서비스를 도입한 기업은 약 6만 9.000개사에 달한다. 2020년에는 새롭게 5,000개사에 도입을 목표로 하고 있다.

향후에는 기업의 엘리베이터나 화장실 같은 곳에도 BGM을 전개해 나갈 생각이다. 근무 방식 개혁이나 생산성 향상에 관심이 모이는 가운데 오피스용 BGM이 한층 더 확산될지 주목된다.

직장에 '치유' 환경 개선

오피스에서의 BGM 전송 서비스는 음악 관련 기업에서 확산되고 있다. 빅터 엔터테인먼트(Victor Entertainment)는 사무실 식물 인테리어를 제공하는 생화 판매 대기업 히비야화단과 업무 제휴하고 있다. 히비야화단의 오피스 식물 인테리어 서비스와 더불어 빅터 엔터테인먼트의 스피커와 '시냇물 소리', '산들바람 소리' 등 고음질의 자연 음원을 팔고 있다.

업무용 음악 전송 업체 페이스(Faith)는 릴랙스를 돕는 힐링 음악을 전송하고 있다. 자연의 소리와 피아노, 기타를 조합해 편안한 느낌을 주는 음악과 자율신경의 균형을 맞추는 음악을 제공하고 있다.

최근에는 사무실을 꾸밀 때 오감에 어떻게 호소할지가 중요해지고 있다. 그 때문에 히비야화단 이외의 생화 판매 대기업도 오피스의 식물 인테리어에 힘을 기울이고 있다.

USEN은 사무실용 BGM을 제안하는 데 있어 소리의 연구에도 힘을 쏟고 있다. 사이타마의과대학의 네고 하루히사 명예교수의 연구에서는, 오피스용 BGM을 들은 사람의 100%가 체온이 올라가고 몸을 편안하게 해 주는 부교감신경이 자극되고 있었다. 서비스의 효과도 제시하면서 도입하는 기업을 늘려나가는 것이 목표다.

각 기업들이 서비스를 경쟁하는 가운데 기업의 사무실 환경은 점차 다듬어질 것 같다.

CHAPTER 6

'달리는 병원'이 오지 마을을 순회

– 필립스, 전용차로 왕진

규제화 동향을 지켜보며 확대

필립스 재팬(Philips Japan)이 헬스케어와 차세대 이동 서비스 MaaS를 결합한 사업 창출에 나섰다. 나가노현 이나시에서 시작한 이동형 진료차의 실증 실험에서는 환자의 자택 등에 찾아가 멀리 있는 의사의 진료를 온라인으로 받을 수 있는 방식을 제안했다. 고령화와 의사 부족 등 지방이 안고 있는 과제 해결을 통해 기기 판매에 머무르지 않고 계속적인 서비스 전개로 이어간다.

"헬스케어와 MaaS를 결합시킨 일본 최초의 서비스가 될 것입니다." 필립스 재팬의 츠츠미 히로유키 사장은 이렇게 힘주어 말한다. 2021년 3월까지의 실증을 통해 사업화의 형태를 검토한다.

토요타자동차, 소프트뱅크 등이 출자한 모네 테크놀로지스와 연계하여 토요타의 승합차를 기반으로 전용 차량을 개발했다.

온라인 진료에 사용하는 화상회의 시스템과 혈압계, 심전도 모니터, 혈당 측정기 등이 차량에 탑재되어 있다. 간호사가 직접 타고 환자를 찾아가 진료소나 병원에 있는 의사에게 온라인 진료를 받을 수 있도록 돕는다. 의사나 간호사의 정보 공유에는 인터넷이너셔티브(IIJ)의 클라우드 서비스를 사용한다.

이나시(伊那市)는 도쿄 23구를 합친 것보다 넓은 면적을 갖고 있으며, 고령화와 의사 부족이 심각한 과제이다. 시라토리 다카시 시장은 "의사가 있는 지역이 편중되어 있어, 멀리 있는 환자의 집을 방문하면 반나절이나 걸리고 만다. 온라인으로 왕진할 수 있는 이런 방식은 매우 도움이 된다."라고 말한다.

원격의료에 대한 규제 완화의 동향을 주시하면서 실증 내용을 확대해 갈 계획이다. "이번에 1차 실증 실험을 했으며 향후 2차, 3차 대응도 검토 중이다."(필립스재팬 츠츠미 사장)

예를 들어 온라인 진료를 받은 환자가 약사에게 복약 지도도 온라인으로 받을 수 있도록 목표하고 있다. 약국까지 가지 않아도 처방약을 받을 수 있게 된다. 병원에 설치하는 것과 같은 영상 진단 기기를 차량에 탑재해, 본격적인 검사를 차량 안에서 실시하는 방안도 고려 중이다. 차량의 위치 정보 등을 활용한 서비스도 검증해 나갈 생각이다.

일본 의료 시스템의 변혁을 지향한다

실증에 참가하는 모네테크놀로지스는 자율주행과 고속 통신 규격 5G의 활용을 바라보고 MaaS의 실현에 본격적으로 나설 생각이다.

미야카와 준이치(宮川潤一) 사장은 "장래에는 이동형 클리닉이나 조제 약국을 실현시키고 싶습니다. 5G는 대용량 데이터를 통신할 수 있기 때문에 더욱 상세한 환자 데이터를 공유하거나 의료 종사자가

클라우드화로 지자체 등의 이용을 촉진

필립스, 모네 테크 놀로지스, 지자체가 연계

토요타자동차의 차량을 기반으로 개발

1
간호사가 직접 타고 환자의 집으로

2
화상회의 시스템으로 의사가 진찰

3
의료기기로 환자의 상황을 확인

지역을 넘나들며 연계할 수도 있을 것입니다."라고 말한다.

필립스는 이번 실증 실험을 결국에는 수도권을 포함해 전국으로 확대하려는 생각이다. "의료의 효율화 등 일본 의료 시스템의 변혁으로 이어갈 것이다."라며 츠츠미(堤) 사장은 의욕을 드러낸다.

의료와 MaaS의 결합을 축으로 하는 움직임은 확산되고 있다.

요코하마국립대학은 산·관·학 연계 시설인 '쇼난헬스이노베이션파크'에 새로운 연구 거점을 설치한다. MaaS와 의료, 헬스케어를 결합하는 새로운 산업 창출이 목적이다.

새 연구 거점 'YNU 이노베이션허브헬스(가칭)'를 요코하마 국립대학의 부학장이며 도시 교통 계획 전문가인 나카무라 후미히코(中村文彦) 교수의 연구실이 견인하고 있다.

새 교통 시스템 구축을 목표로 소프트웨어 개발 등의 연구를 추진하고 있으며, 2018년부터 케이힌 급행 전철과 연계해 요코하마 시내에서 전동 소형 저속차의 실증 실험 등에도 매진해 왔다.

테마 중 하나는 오픈 이노베이션이다. 지역의 의료/헬스케어를 둘러싼 환경을 향상시킬 목표로 다양한 기업이 참가해 의료와 교통, 도시 조성의 형태를 종합적으로 검토할 계획이다. 그 성과가 기대된다.

5G로 확산될 가능성

열쇠를 쥐고 있는 것은 역시 고속 통신 규격 5G의 보급이다. 의료와 관련된 여러 데이터를 지연 없이 전송할 수 있다는 이점은 크다.

차세대 의료의 양상이 크게 바뀔 가능성이 있다.

NTT 도코모는 도쿄여자의과대학 등과 공동으로 '스마트 수술실'을 추진하고 있다. 여러 의료기기를 네트워크로 연결하고, 수술실 내부 정보를 통합해서 서로 교신할 수 있도록 하려는 시도다. 예를 들면 스마트 수술실에 있는 집도의에게 다른 장소에 있는 숙련의가 실시간으로 어드바이스하는 등의 구조가 실현된다.

NTT 도코모는 실제로 2019년 11월, 히로시마대학병원 내에 설치한 스마트 수술실과 NTT 도코모의 중국 지사를 5G로 연결시켰다. 뇌외과 수술을 집도하는 의사에게 외부에 있는 의사가 수술 영상을 보면서 지시하는 실증 실험에 성공했다.

MaaS와도 친화성이 높다. 수술기기를 차량에 탑재해 원격 지역이나 재해 지역에 파견할 수도 있다. 이동형 진료 차량이 그대로 스마트 수술실이 되는 미래상도 그릴 수 있다.

구급차 이송과 5G를 결합하는 아이디어도 있다. 환자를 진료하게 될 의료기관과 구급차를 네트워크로 연결해, 환자 정보를 실시간으로 공유하는 것이다. 이송 중의 환자에게 적절한 처치를 하거나 환자를 수용할 의료기관이 적절한 준비를 할 수 있게 된다.

의료나 환자에 관한 데이터를 얼마나 유효하게 활용하는지는 차세대 의료의 중요한 테마이다. MaaS의 등장은 그 계기가 될 것이다.

CHAPTER 7

이사, 모든 절차를 스마트폰 하나로 해결

― 인도의 OYO(오요), 가구 딸린 집을 정액제로 무제한 이용

XaaS의 물결이 부동산 업계로 밀려오고 있다. 임대 물건 영역에서는 인도의 저가 호텔 운영회사 OYO(오요)가 일본 자회사를 통해 2019년 3월부터 가볍게 이사할 수 있는 임대 물건 사업을 시작했다. 그 밖에도 정액 요금으로 무제한 주거 서비스를 내놓는 스타트업도 등장하고 있다.

도심과 전원, 두 거점 생활자의 증가가 호재

오요재팬은 오요라이프 서비스를 운영하고 있다. 이 회사는 웹사이트에서 물건을 소개하고, 소비자가 검색을 통해 마음에 드는 물건을 발견하면 가볍게 옮겨가서 살 수 있다. 임대 물건을 빌릴 때 일반적으로 지급하는 보증금이나 사례금 등의 초기 비용이 필요 없으며 임대료에는 수도 요금과 난방비가 포함되어 있다.

맨션 타입의 물건인 경우, 1개월 임대료가 10만~100만 엔이며, 독채의 경우는 30만~100만 엔으로 가격 폭이 있지만, 스마트폰으로 예약부터 계약/지급까지 일괄적으로 완결하는 것이 강점이라고 한다. 세탁기나 냉장고 등의 가구나 가전제품이 딸려 있는 집에 빈

손으로 들어가 살 수 있다고 강조한다.

입주자에게는 자신의 라이프 스타일에 맞는 서브스크립션 서비스를 제공한다. 100개 이상의 사업자와 제휴하고 있다며 가사 대행 서비스나 차량 공유, 수납 서비스 등에서 골라서 이용할 수 있다고 한다.

젊은 층을 중심으로 자동차 등의 소유에 집착하지 않는 소비자가 늘고 있는 데다 도심과 시골, 두 거점에서 생활하며 참신한 라이프 스타일을 즐기는 소비자가 늘고 있는 것이 호재이다. 창업 6개월 만에 6개 지역의 900여 개 전철역 근처에 임대 물건을 확보했다.

OYO(오요)는 개인을 대상으로 하는 비즈니스 외에도 법인 고객 전용 서비스도 취급한다. 2019년 말 시점, 500여 개 기업에서 1,200여 건의 계약 실적이 있다고 한다. 기업 전용 컨시어지를 통해 대응 창구를 일원화시키고, 그 밖에 전기나 가스 같은 공공 서비스의 수속 대행도 하고 있다.

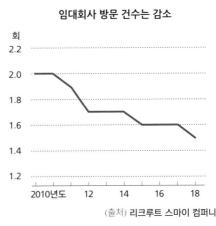

임대회사 방문 건수는 감소

(출처) 리크루트 스마이 컴퍼니

업계의 상거래 관습을 바꾸어 놓을 가능성도

OYO(오요)가 사이트에서 소개하는 물건은 물건 소유자로부터 집을 빌리거나 해서 확보하고 있다. 비즈니스 모델로서는 수요가 예상되지만, 임대 물건의 가동률이 90% 이상의 높은 수준을 유지하고 있는 부동산 회사가 많아 물건 확보가 어려워지고 있다. 게다가 이 서비스 이용자의 입주 기간은 일반적인 임대 물건의 이용자에 비해 단기간이라 "입/퇴거에 수반되는 수고나 부담이 커서 제휴를 거절했다."라고 도쿄의 한 부동산 회사 사장이 밝혔다. OYO(오요)는 야후와 합병한 회사에서 임대 사업을 전개하고 있었으나 야후 측이 OYO 측에 주식을 매각해 합병 관계를 풀었다.

여러 오너로부터 임대 계약을 둘러싸고 민원이 들어왔었다고도 한다. 물건을 빌릴 때 누구나 느끼는 임대 계약의 번거로움을 해소하려는 의도에 대해 어느 정도 니즈는 있겠지만, 임대 사업에는 다양한 이해가 얽혀 있다. 비즈니스 모델로서는 아직 과제가 남아 있는 것 같다.

그렇다고는 하나 OYO(오요)의 비즈니스 모델은 부동산 업계의 상거래 관습을 바꾸어 놓을 가능성이 있다. 이제까지는 소비자가 임대 물건을 빌리려면 부동산 중개업소를 실제로 둘러보고 중개업소에서 입주 신청서 등 여러 서류를 작성해야 했다. 사업자 측도 대량의 팩스를 주고받아야 했다.

하지만 리크루트스마이컴퍼니의 조사에 따르면 소비자가 중개회사를 방문하는 횟수는 감소하고 있다고 한다. 인터넷 부동산 정보 사이트를 검색해서 매물을 결정한 뒤 부동산 중개업소를 방문하는 소비자가 늘고 있기 때문이다. 이런 소비자들의 경우, 스마트폰으로 물건 검색뿐 아니라 임대 계약까지 일괄적으로 해결하는 것에 대해 그다지 거부감은 없을 것이다.

사업자 입장에서도 번잡한 서류 처리가 줄어들면 업무의 효율화로 이어질 수 있을 것이다. 쌍방의 이해가 맞으면 OYO(오요)의 비즈니스 모델은 업계의 상거래 관습을 크게 바꾸어 놓을 가능성을 내포하고 있다.

무제한 거주, 빈집 활용

2018년에 설립된 스타트업, 어드레스(ADDress)는 정액제 무제한 서비스를 제공하고 있다. 월 4만 엔의 이용료로 전국에 산재해 있는 옛 민가나 빈집 등을 자유롭게 이용할 수 있다. 2019년 봄에 시작한 서비스인데 수백 명의 이용자와 더불어 2019년 12월 시점 4,700명이 회원 등록을 기다리는 인기 서비스가 되었다.

전국에 약 850만 호 가까이 된다는 빈집의 활용은 사회문제가 되고 있다. 어드레스는 일하는 장소나 시간에 제약을 받지 않는 클라우드 워커에게 정액 요금으로 무제한 서비스를 제공하는 것으로 빈집 문제를 해결하려고 한다.

이 같은 움직임은 대기업에서도 주목하고 있다. JR 동일본이 그룹사를 통해 어드레스에 출자했고 그 밖에 ANA 홀딩스가 업무 제휴했다. 두 회사는 자사 서비스와의 시너지 효과를 노리고 있다.

판촉을 넘어 '연결'을

효고현립대학 교수 **가와카미 마사나오**

가와카미 마사나오(川上昌直)

효고현립대학 국제상경학부 교수, 경영학 박사

후쿠시마대학 준교수 등을 거쳐 2012년 효고현립대학 경영학부 교수, 학부 개편으로 2019년 4월부터 현직. 전문 분야는 비즈니스 모델, 머니타이즈.

서브스크립션의 난립은 향후 어디로 향할 것인가. 경영학자 가와카미 마사나오 효고현립대학 교수는 서브스크립션을 지속적인 수익을 내는(recurring) 비즈니스 모델의 하나로 평가하고, 리스 계약 등과의 차이와 서브스크립션에 있어 기업과 이용자와의 '연결'의 중요성을 강조한다. 한편 안일하게 서브스크립션에 뛰어드는 것에는 경종을 울리고 있다.

– 서브스크립션 붐이 계속되고 있는데…

"리먼 쇼크로부터 10년이 지난 2018년부터 분위기가 고조되었습니다. 2019년에는 신조어/유행어 대상에 노미네이트되었을 정도로 이례적인 움직임입니다.

음식점 등은 텔레비전에서도 꽤 다루고 있는데 남아 있는 곳은 적습니다. 그런데도 컨설팅 업자가 진출을 권유해 중소기업이 컨설팅 업자들의 각축장이 되고 있습니다."

– 왜 서브스크립션에 뛰어드는 기업이 많은가?

"서브스크립션이 '정액제'로 번역된 것이 원흉입니다. 서브스크립션의 원어(subscription)에는 계속 구매, 정기 구매라는 의미밖에 없는데 제대로 이해하지 못하고 있습니다. 정액제 외에 종량요금제도 있는데, 예를 들면 미국의 아마존닷컴의 클라우드 아마존 웹서비스(AWS)는 종량제 서브스크립션입니다.

물건의 소유에서 이용으로의 전환이 있고 나서 서브스크립션이 확대되는 것인데, 지금 일본에서 서브스크립션이라고 부르는 서비스의 대부분은 요금 부과 부분만을 흉내 내고 있습니다. 서비스 요금을 선불로 받을 수 있으니 너도나도 뛰어드는지 모르겠지만, 서브스크립션 버블이라고 할 수 있습니다."

서브스크립션은 지속적 수익(recurring) 모델의 일종

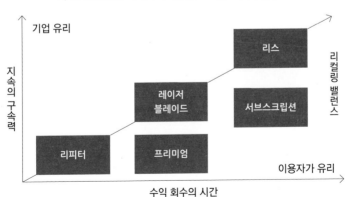

(출처) 가와카미 교수 저서《연결을 만드는 방법》

- 일본의 서브스크립션의 실태는?

"대부분이 판촉 서브스크립션, 즉 프로모션입니다. 소개 사이트에 광고를 대신하는 판촉 목적이 많습니다. 비용 대비 효과가 맞으면 해도 괜찮겠지만 판촉이 상시화하면 상품 가치가 추락할 위험이 있습니다.

서브스크립션은 디지털 영역에서 확산되었는데, 이는 서비스에 드는 한계 비용이 낮기 때문입니다. 약 10년 전에 유행했던 '프리미엄'과 비슷합니다. 비 디지털 영역에서는 한계 비용이 낮지 않으면 정착하지 못해 쓸모없게 됩니다."

- 서브스크립션이 실패하거나 철수하게 되는 경우에는 어떤 공통 요인이 있는가?

"잘 안 되는 서브스크립션의 경우, 금전적 메리트 외에 회원 특혜가 없는 경우가 많습니다. 뜨내기 고객과 회원을 제대로 구분하지 못하고 똑같은 서비스를 제공하고 있는 기업이 대부분입니다. 이렇게 하면, 회원 입장에서는 요금을 계속해서 지급하는 의미가 없습니다.

일시적 이용자가 아니라 회원, 멤버로서 기업이 인지하고 있는지가 중요합니다. 멤버십이 없는 서브스크립션은 반드시 무너집니다. 회원 특혜도 없이 정액제만으로는 이용자가 실컷 이용하다가 금세 질려 버리게 될 뿐입니다. 회원만의 가치를 가격 이외의 부분에서 제공할 필요가 있습니다."

- 회원 특혜로 성공한 케이스는?

"디지털 계통 서비스에서 예를 들면, 미국의 넷플릭스의 경우 오리지널 동영상을 전송하거나 회원들을 상대로 시청을 추천하는 리코멘드의 정밀도를 높이거나 하는 것이 뛰어납니다. 아날로그 쪽에서는 서브스크립션은 아니지만 항공사의 마일리지 혜택 같은 것이 회원제를 잘 활용하고 있는 사례일 것입니다.

이용할지 말지 망설이고 있는 서비스가 정액 요금으로 제공된다면 들어가기가 쉽다는 것이 서브스크립션의 이점입니다. 판매에서 서비스 모델로 전환하는 데 가장 성공한 케이스가 미국의 소프트웨어 대기업 어도비(Adobe)입니다. 그런데도 클라우드용 서브스크립션에서는 수익이 한 번 떨어져 회복하는 데 3년이 걸렸습니다. 만만한 일이 아닙니다."

– 동영상 전송이나 어도비(Adobe)처럼 소프트웨어를 인터넷으로 제공하는 SaaS 기업에는 서브스크립션이 보급되고 있지만, 비 디지털 분야의 물건을 취급하는 서브스크립션의 가능성은?

"예를 들면 랙서스 테크놀로지스는 사용한 고급 가방을 새것처럼 되돌려 놓는 기술이 있습니다. 제조 강국 일본다운 서브스크립션이라 할 수 있을 것입니다. 마찬가지로 복구 기술을 가진 장인들을 거느린 가구 서브스크립션도 있습니다. 복구나 업데이트 등의 기술을 갖춘 서브스크립션은 미국에서도 별로 없을 것 같습니다.

다만 물건을 취급하는 서브스크립션이 계속 확산될 것인가에 대해서는 비관적으로 보고 있습니다. 프리마켓 앱 메르카리(Mercari)에서의 중고품 매매로 '소유에서 이용으로'에 반하는 대체 현상이 생기기 때문입니다. 한계 비용도 듭니다. 물건을 취급하는 서브스크립션은 물건을 소유하는 기업에 있어 리스크가 큽니다. 가늘고 길게 이익을 회수해 나가는 모델이 될 수밖에 없습니다."

– 서비스 제공 기업과 이용자와의 지속적인 관계성, 연결성도 서브스크립션의 성패를 좌우할까요?

"그것이 전부입니다. 기업은 지속적인 수익 모델로 전환하려 해도 좀처럼 바꿀 수 없습니다. 비즈니스의 마네타이즈(monetize, 수익화) 부분만 바꾸려고 해도 이용자들에게 가치를 제시하는 이 중요한 부분이 따라 주지 않기 때문입니다. 가치 제시와 수익화의 균형이 맞지 않으면 역시 잘 안 됩니다.

서브스크립션은 이용자가 마음 먹으면 언제든 그만둘 수 있습니다. 서비스 이용의 주권은 완전히 이용자에게 넘어가 있으므로 이용자에게서 매출을 취한다는 발상으로는 무리입니다. 이제는 진정한 의미의 고객 제일주의로 임하지 않으면 서브스크립션 시대에는 어떤 기업도 살아남을 수 없습니다."

– 저서인 《연결을 만드는 방법》에서는 지속적 수익 모델의 요금 부과 포인트가 터치 포인트(touch point)이기도 하다는 설명이 있던데…

"터치 포인트란 이용자와의 접점을 말하는데, 이용자를 응대하는 깊이나 이용자 수에 따라 차이가 있습니다. 예를 들면 책에서 다루고 있는 도쿄도 마치다시의 텐카노 야마구치는 '전 제품을 정가로 구매하면 애프터서비스로 뭐든지 해 드립니다.'라는 비즈니스를 실행합니다. 전철역 주변에 할인점이 6개나 있는 가전제품 격전지인데도 불구하고 무려 4억 엔의 매출 총이익을 내고 있습니다.

뭐든지 하겠다는 애프터서비스가 무료라고 해서 대충 때우기 식으로 하지 않기 때문에 터치 포인트를 만들 수 있었던 것입니다. 그대신 한정된 이용자를 정중하게 개별적으로 대응하는 서비스를 제공하기 위해 야마구치는 한 곳의 매장에서만 판매하고 있습니다. 서브스크립션이 아닌 판매 모델이지만 이용자와의 연결 고리를 잘 형성하고 있어, 이런 곳이 서브스크립션을 한다면 성공할 것입니다. 애당초 고객이 재구매를 하는 서비스라면 굳이 서브스크립션을 할 필요는 없습니다. 수익에 상한선을 만들게 될 뿐입니다."

(2019년 11월)

[특집 한국편]

한국형 XaaS, '손님이 짜다면 짠 거고, 손님은 왕이다'

CHAPTER 1

서비스의 지배 범주와 진화(進化)

XaaS(Anything-As-A-Service)는 한마디로 '무엇이든 서비스로 제공한다' 는 것으로, '제품에서 서비스', '소유에서 사용'으로의 패러다임 전환이다. 우리나라 말로 좀 더 자세히 풀면, '서비스형 시스템', '서비스로서의 모든 것', '모든 것을 서비스화(化)'로 옮길 수 있겠다.

패러다임은 섣불리 사용할 수 있는 단어가 아니다. 한 시대 사람들의 견해나 사고를 지배하는 이론적 틀이나 개념의 집합체를 의미하기 때문이다. 그럼에도 불구하고 XaaS는 가히 패러다임의 일대 전환이라 부를 만하다.

기업은 고객의 달라진 소비 욕구에 더욱더 민감하게 반응해야 하며, 그러기 위해서는 구매 욕구를 넘어선 사용 욕구까지 살펴야 한다. 이제는 상품이라는 자원에 사용상의 이점이나 즐거움까지 결합하여 서비스화(Servicizing) 해 주어야 한다는 의미다. 이는 지금의 메가트랜드인 구독경제(Subscription Economy)를 통한 지속 가능 경영으로 나아가는 의무 경로이다.

XaaS는 구독 기반 서비스로 클라우드에서 제공되는 서비스를 비롯해 그밖에 여러 범주의 IT 인프라 및 소프트웨어 서비스를 포함하고 있다.

뉴노멀(New normal) 소비 패턴인 XaaS가 주도하는 시대의 도래는 경제·경영의 당연하고도 자연스러운 흐름이다. 디지털 트랜스포메이션과 4차 산업혁명의 시대에 우리는 이미 접어들어 있고, 클라우드, IoT, 빅데이터, 자율주행, 스마트팩토리, 스마트팜, 스마트시티와의 공유와 연결이 메인 테마로 당연시된 세상이다.

4차 산업혁명의 시대, 거의 모든 산업군을 망라해 XaaS화 드라이브에 박차를 가하고 있다.

그래서 그런지 이제 우리가 향할 곳이 더 빤히 보인다. 바로 이러한 디지털 신기술들과 그것들을 통한 IT의 파괴적 혁신을 기반으로 한 '기업–소비자'와 '기업–기업' 간의 이전에 없던 '새로운 서비스의 창조'다.

CHAPTER 2

'기업 – 소비자'와 '기업 – 기업' 간 관계 그리고 데이터

앞으로 기업은 경영 일선에서 항상 다음 질문을 자주 마주하게 될 것이다.

"XaaS의 시대, 기업은 소비자에게 과연 무엇을 제공해야 하는가?"

XaaS의 시대, 사용자 경험(UX, User Experience)을 탐구, 개발하는 데 밑바탕이 될 '기업 – 소비자' 관계가 더욱 중요하게 부각될 수밖에 없다. 이때 소비자를 제품 개발에 직간접적으로 참여하는 능동적 소비자인 프로슈머(Prosumer)로 보는 관점을 견지해야 함은 물론이다.

기업은 조직의 특장점을 XaaS화 할 수 있는 플래닝을 세워 속도감 있게 실현해야 한다. 그리고 그것이 고객에게 줄 수 있는 이익이 무엇인지 끊임없이 고민하고, 자성적이고 애자일화 된 PDCA(plan – do – chec – act)를 통해 지속적으로 기업과 소비자에게 더 나은 대안을 모색해 나가야 한다.

제품 제조 및 판매 위주의 경영에서는 제품에 대한 만족을 통한 재구매율을 높이는 것이 제품 기획과 마케팅의 관건이었다면, XaaS의 시대에는 소비자의 지속적 사용을 보장할 높은 서비스 만족도를 끌어내야 한다.

무한경쟁의 XaaS의 영역에서 경쟁력을 높이기 위해선 STP(segment, target, position)를 더욱 명확히 잡아야 하기에, 자신이 집중할 수 있는 사업 부문 외에는 아웃소싱을 하거나 파트너십을 맺어 생산성과 효율성을 높여야 한다. 이러한 측면에서 앞서 언급했던 '기업-소비자' 관계뿐 아니라 '기업-기업' 관계 역시 기존에 비해 더욱더 중요해질 수밖에 없다. 기업과 기업의 만남이 속도전에서 '기업-소비자' 관계보다 드라마틱한 시너지를 내기가 수월해 XaaS의 가치가 한층 더 효율적으로 상승할 것이기 때문이다.

XaaS의 시대에 데이터의 중요성은 두말할 필요도 없다. XaaS의 방점은 '서비스형 솔루션'에 있기 때문이다. 욕구를 해소하고 문제를 해결하는 솔루션, 이것이 최대의 효용을 발휘하려면 데이터 활용도를 극도로 끌어올려야만 한다. 기업은 필요하다면 데이터 마이닝·분석·활용을 지원하는 서비스형 데이터 솔루션들을 아낌없이 도입, 활용해야 한다는 의미다.

CHAPTER 3

정부·공공기관과 XaaS

XaaS는 전 세계적 메가트렌드로 정부와 공공기관의 경우도 예외일 수 없다. 오히려 기업과 정부, 공공기관의 협업 필요성이 기존보다 훨씬 더 커지게 되었다. IT 시장조사 전문업체 가트너(Gartner)는 공공 부문 CIO(Chief Information Officer)가 알아야 할 '2022년 10대 정부 기술동향'을 발표했는데, 여기에 당당히도 XaaS가 포진되어 있다. 가트너는 앞으로 3년 동안 정부기관에서 신규 IT 투자의 95%가 XaaS 솔루션에서 이루어질 것으로 내다보고 있다.

델 테크놀로지스(Dell Technologies)가 2020년 각국의 디지털 혁신 현황을 조사한 '디지털 트랜스포메이션 인덱스(DTI)' 보고서에 따르면, 한국의 XaaS 전환 비율은 전 세계 평균(20%)과 아시아태평양지역 평균(21%)보다 높은 28%로, XaaS 모델에 대한 기대감 또한 높은 것으로 나타났다. 전반적으로 한국의 대기업과 중견기업들은 XaaS 모델로 전환을 모색 중이거나 진행 중으로, 폭증하고 있는 고객 수요에 맞추어 IT 투자 및 사업을 확장해 나가고 있다는 반증이다.

CHAPTER 4

미래 산업의 꽃, MaaS

현재 전 세계적으로 XaaS가 가장 주목받고 있는 사업 부문은 모빌리티 분야다. 현대자동차, 토요타 등 글로벌 기업들이 MaaS(Mobility as a Service) 기업으로의 변신을 선언했다.

모빌리티의 개념과 범위는, 물리적 형태의 다변화와 친환경 에너지원의 등장, 수행 기능과 역할, 소유 여부 등에 따라 변화, 확장되고 있으며, 또한 전통적 제조업이던 자동차 산업은 전기차, 자율주행차, 커넥티드카 등이 등장하면서 하드웨어에서 소프트웨어 중심으로 바뀌고 있다. 이러한 추이는 모빌리티 산업을 구성하는 공급망 역시 민감하게 영향을 미치고 있다.

모빌리티의 범주는 '어디서든, 어디로든' 이동이 가능한 수준으로까지 확대되고 있다. 전통적인 이동 수단인 자동차, 오토바이, 자전거 외에 전동킥보드, 우버, 플라잉카, 해양모빌리티, 대중교통과 엘리베이터까지 포함된다.

2022년 '현대엘리베이터 미래비전 선포식'에서 현정은 회장은

"건물에 갇혀 있는 단순한 엘리베이터가 아닌 고객의 꿈을 이루는 '모빌리티로서의 새로운 가능성'을 현실화할 것"이라며 그룹 부활을 천명했다.

예를 들어, 고층 빌딩에 올라가 각종 서비스를 제공해야 하는 '엘리베이터에 로봇 태우기' 연구가 엘리베이터 모빌리티의 일환으로 진행되고 있다. 이에 현대엘리베이터는 작년에 모빌리티 사업과 관련, 우아한형제들과 '배달로봇-엘리베이터 연동 관련 사업 업무 협약(MOU)'을 맺었다.

MaaS가 보편화되면 물리적 이동 수단이나 운전 능력 만렙을 장착하지 않아도 보다 더 자유롭고 효과적으로 이동할 수 있으므로 사회 전체적으로 편리성과 효용성이 현저히 올라가게 된다. 특히 MaaS의 핵심을 이루는 양대 축인 차량 공유와 자율주행과 결합된 MaaS는 연평균 20% 이상 성장해 2030년 유럽·미국·중국에서 1.2조 달러에 달할 전망이다.

관련 산업 역시 다각도로 번져갔다. 차량 공유 서비스의 경우에 차량 이용 시 꼭 필요한 주차, 충전, 세차 등의 기능이 갖추어져 있어야만 하게 되었다.

자동차 산업의 경우 'CASE(Connected·Automated·Shared·Electric, 연결성·자율주행·공유화·전기차)'를 주축으로 모빌리티 혁신에 주력하고 있으며, 이 같은 총체적인 비즈니스의 변화가 선도 업체가 되기 위한 경쟁이 치열한 가운데 상당히 빠르게 전개되고 있다.

CHAPTER 5
한국의 MaaS, XaaS는
어디까지 왔는가?

스마트 모빌리티를 향하여

현대차그룹은 완성차 제조업체를 넘어 스마트 모빌리티 솔루션 제공업체로 탈바꿈하고자 빠른 행보를 이어가고 있다. 그 일환으로 자동차 제작뿐 아니라 이동과 관련한 모든 서비스를 고객에게 제공한다는 목표로 '끊김 없는(Seamless)' 이동 서비스를 제공할 플랫폼을 구축하고 있다. 이를 활성화하고자 그룹은 미래 모빌리티 사업을 선점하기 위해 5대 신사업 중 하나로 로보틱스('로봇'과 '테크닉스'의 합성어로, 실생활에 로봇공학을 도입해 생활을 편리하게 만드는 기술)를 꼽고 연구개발(R&D)에 속도를 내고 있다. 2018년에 설립한 로봇 분야 전담 조직인 로보틱스 팀을 현재는 로보틱스 랩으로 확대 개편하여 이곳에서 웨어러블 로봇과 AI(인공지능) 서비스 로봇, 로보틱 모빌리티 등을 통해 인간과 공존하는 로봇을 개발하고 있다. 로보틱스 사업을 활발히 전개하기 위해 현대차는 2021년 1조 원을 들여 미국 로봇업체 보스턴다이내믹스를 인수하였다.

이외에도 그룹 자매사인 현대자동차와 기아자동차는 전기차 서비스를 위한 M&A를 적극적으로 모색 중에 있으며, 2022년 6월에는 서울 강남구 일대에서 자율주행 택시 시범 서비스를 개시했다.

이동통신과 모빌리티의 만남

최근 이동통신사가 모빌리티 관련 사업을 확장하고 있는 것은, 모빌리티 시장이 빠른 성장세를 보이고 있기 때문이기도 하다.

한국자동차연구원에 따르면, 글로벌 자율주행차의 시장 규모는 2021년 71억 달러(한화 8조 2,999억 원)에서 2035년 1조 1,204억 달러(1,407조 4,760억 원)로 연평균 41% 성장할 것으로 전망된다.

진일보한 다음 단계의 차세대 자율주행 기술을 개발하려면 이동통신 업체와의 협업은 시급성을 요하는 긴요하고도 필수불가결한 핵심 요소다. 5G 등 이동통신 서비스가 미래 모빌리티 시장의 중심이 될 반증이다. 모빌리티 기업에 필요한 MaaS 플랫폼 역시 5G 서비스가 있어야 실현 가능하다는 것은 너무나 자명한 일이기 때문이다.

SK텔레콤과 KT, LG유플러스 등 이동통신 3사는 모빌리티 시장 선점 경쟁에 나섰다. 이동통신 3사는 탈통신 기조의 일환으로 모빌리티 사업을 신성장 동력으로 삼고, 특히 미래 모빌리티 분야의 핵심 기술 중 하나인 자율주행 분야에서 경쟁력을 확보하기 위해 힘쓰고 있다.

국내 이동통신사들의 움직임을 각기 살펴보면, 먼저 SK텔레콤은 빅데이터를 활용한 교통정보 생성·검증 사업을 확대하고 있다. SK텔레콤은 위치 기반 서비스 및 지능형 교통 시스템 전문 기업 '엠큐

닉'과 함께 통신 빅데이터 기반 교통 및 유동인구 정보 등을 활용해 도로 및 교통정보 생성·검증, ITS(Intelligent Transport System), 스마트 모빌리티, 스마트시티 등의 공동 사업을 추진 중이다.

또한, SK텔레콤은 서울 상암 자율주행차 시범지구에 차세대 지능형 교통 시스템(C-ITS)을 확대 구축하면서 미래 모빌리티의 인프라 확장에 힘을 쏟고 있다. 기존에 서울 마포구 디지털미디어시티(DMC) 일대에 국한됐던 자율주행차 운행 가능 범위를 월드컵경기장부터 난지한강공원까지로 확대하기도 했다.

SK텔레콤은 2025년을 목표로 도심항공교통(UAM) 상용화를 준비 중이다. UAM(Urban Air Mobility)은 전기로 구동하는 비행체 기반 항공 이동 서비스로, 도심에서 활주로 없이 수직 이착륙이 가능하고 다양한 육상 교통수단과 연계 가능한 친환경 이동 수단이다. SK텔레콤은 자사의 이동통신 운용 역량과 다양한 ICT 서비스를 기반으로 '커넥티드 인텔리전스'라는 상위 개념의 빅텐트를 치고 UAM이 미래 핵심 먹거리로써 도시 문제 해결에도 크게 기여할 것으로 내다보고 있다. 커넥티드 인텔리전스(Connected Intelligence)는 스마트폰 외에 다양한 기기를 연결시키고, 그 연결에 인텔리전스를 더한 고객 가치를 제공하는 것이다. SK텔레콤은 UAM 서비스를 모든 이동 수단을 통합하는 MaaS 관점에서 다양한 자사 서비스와 연계하겠다는 계획이다. 이를 위해 SK텔레콤은 글로벌 UAM 기체 제조 기업인 '조비 에비에이션(Joby Aviation)'과 전략적 업무 협약을 맺고, 이에 따라 조비 에비에이션이 미국에서 성공적으로 참여한 미항공우주국(NASA)의 실증 테스트 경험과 노하우가 2023년 국내에서 추진될 한국형 도심항공

교통 그랜드 챌린지 실증 사업에 참고가 될 것으로 내다보고 있다.

KT는 위성과 지상 기준국을 활용한 초정밀 측위 사업을 본격화했다. 미국 스위프트 내비게이션과 기술 및 사업 협력을 체결하고 오차를 4㎝ 이내로 줄인 정확한 측위 시스템을 구축하여 자율주행차를 비롯한 모빌리티 서비스 도입을 추진 중이다. 이후로는 택시, 렌터카, 건설기계, 농기계를 비롯해 스마트폰 등 모바일까지 사업을 확장할 예정이다.

스마트시티 사업의 일환으로 KT는 또한 경기 안양시 시내버스 기업인 삼영·보영운수와 자율주행 솔루션 전문 기업 '오토노머스 에이투지'와 함께 자율주행 사업 분야 협력을 위한 전략적 업무 협약을 체결했다. KT는 심야·새벽 시간대와 대중교통 사각지대에 자율주행 셔틀을 공급하는 등 시민의 이동성을 보장하는 스마트 모빌리티 도시를 구현하겠다는 계획이다.

LG유플러스는 세종시 자율주행 실증 차량의 데이터를 수집·분석하는 관제센터 실증 사업에 참여해 LTE와 5G를 결합한 방식으로 끊김 없는 관제통신 기술을 지원하고, 자율주행 솔루션 업체 에이스랩과 자율주행 차량의 이상 여부를 판단하는 차세대 기술을 개발 중이다. 또한, 수년 전부터 카카오모빌리티, 현대엠엔소프트, 네이버, 퀄컴, 엔비디아 등과 함께 자율주행 차량의 솔루션을 개발하고 있으며, 원격 호출 및 발렛주차 등의 사업에서 기술 개발에 매진하고 있다.

운전자와 보행자 보호면에서는 이동통신 3사 모두 안전운행과 시민복리 증진, 사전 기능 점검을 통해 자율주행 시대의 안전성을 확보하겠다는 일관된 방침을 천명하고 있다.

SK, KT, LG 3사의 각고의 노력과 맞물려, 모든 교통수단이 플랫폼으로 통합되는 데이터 기반 모빌리티로 완전히 새롭게 변모하고 있으며, 5G로 통신 환경이 진화해 다양한 모빌리티 서비스가 생겨나면서, 데이터를 실시간으로 수집·제공하기 위한 통신의 중요성이 나날이 강조되고 있다.

라스트마일 모빌리티의 위기

주로 대중교통 도착 지점부터 집까지의 이동 수단인 라스트마일 (Last mile) 모빌리티의 대표주자로 각광받았던 전동킥보드는 국내외 기업 모두 고사 위기에 놓여 있다. 각종 안전사고와 무단 방치 등의 문제로 정부와 지자체의 규제가 잇따르자 국내에서 공유 킥보드 사업을 하던 글로벌 기업들이 하나둘 철수하고 있다.

2021년 9월 독일 킥보드 업체인 '윈드(Wind)'가, 2021년 12월에는 싱가포르 업체인 '뉴런모빌리티(Neuron Mobility)'가 철수했으며, 2022년 6월에도 미국의 세계 최대 공유 킥보드 업체 '라임(Lime)'이 2019년 한국에 진출한 지 2년 8개월 만에 운영을 중단했다. 라임은 한국 사업 중단의 이유로 2021년 5월 도로교통법 개정안 시행에 따른 규제 강화를 꿈고 있다.

그동안 전동 킥보드는 편의성이 높아 젊은 이용자들이 단거리를 이동할 때 즐겨 이용했지만 무질서한 주차와 안전사고 등의 문제가 빈번하게 발생하면서 사회적으로 부정적인 여론이 형성되었다. 결국 개정된 도로교통법은 킥보드 이용자의 헬멧 착용과 운전면허증 보유를 의무화했으며, 지정된 구역에 주차해야 하며 불법 주차할 경우 견인돼 견인비 4만 원을 내도록 했다. 그 여파로 킥보드 이용자는 빠르게 줄어들었다. 모바일 데이터 분석 플랫폼 모바일인덱스에 따르면, 2021년 4월 라임 이용자는 24만 명에 달했지만 2022년 5월에는 8만 명 수준으로 1년여 만에 67% 급감했다.

국내 전동 킥보드 공유 서비스 시장은 2018년 9월 올룰로가 '킥고잉' 서비스를 최초로 개시하며 매년 빠른 성장세를 보였으며, 2021년 말 킥고잉을 비롯해 씽씽, 라임, 스윙, 지쿠터, 빔, 뉴런 등 20여 개 사업자가 약 6만 대의 킥보드를 운영할 정도로 규모가 커졌다. 하지만 현재는 사업자들이 비즈니스를 이어가기 어렵다며 폐업(서비스 종료)과 합병 등을 계속하고 있는 실정이다.

모빌리티, 수익화? 아직은…

자율주행·도심형 항공 모빌리티(UAM) 등 모빌리티가 미래 산업의 주축이 되리라는 기대와 달리 수익화와 수익 모델 구성은 여의치 않다. 양대 산맥인 카카오와 티맵 모빌리티만 봐도 그렇다. 카카오는 2021년에야 흑자 전환에 성공했고, 티맵 모빌리티는 아직도 적자에서 벗어나지 못하고 있다. 택시 호출이나 중개 플랫폼 등 기존 수익 모델의 한계에 부딪힌 것이다. 카카오모빌리티는 기업공개(IPO)가 난항을 겪고 매각설까지 나왔다. 초기 주요 수익 모델로 정착했던 택시 호출·중개 플랫폼 사업이 소위 골목상권 침해 등의 이유로 상생 문제가 불거졌고, 비슷한 대리운전 사업도 2022년 5월 동반성장위원회에서 대리운전을 중소기업 적합 업종으로 지정해 3년간 발을 못 붙이게 되었다.

XaaS, 내수에서 해외로의 항해 개시

XaaS는 세계적 추세라 그에 따라 내수에서 해외 시장으로 눈을 돌리는 기회가 된다. 해외 협업 툴 시장 공략을 시도하는 한글과컴퓨터가 한 예다.

글로벌 서비스형 소프트웨어(SaaS)는 한글과컴퓨터 김연수 대표가 2021년 취임과 동시에 지목한 신사업 분야다. 2022년 6월 한컴은 대만에 본사를 둔 글로벌 모바일 PDF 1위 기업이자 SaaS 전문 기업인 케이단 모바일을 통해 업무용 협업 툴 '잔디' 운영사 토스랩 투자를 발표했다. '잔디'는 대만, 일본, 베트남 등 70여 개 국가에서 30만 팀이 이용하고 있는 협업 툴로, 해외 매출 비중이 전체의 15%를 차지한다. 특히 대만과 일본에서 다수 유저를 확보하고 있으며, 2020년에는 대만 구글 플레이스토어 다운로드 1위를 기록하기도 했다.

XaaS로서의 구독 시장 바라보기

경험이 경제적 가치를 갖게 되는 '경험경제', '공유경제'에 이어 다양한 분야에서 신(新)경제 모델로 각광받고 있는 '구독경제'는 XaaS와 함께 가일층 다변화되고 활성화되고 있다.

코로나19 사태 이후 집밥과 외식의 대체 수단으로 급성장한 밀키트(meal kit) 역시 Xass의 영도력 안에 놓여 있을 수밖에 없다.

1인 가구의 증가는 밀키트 시장의 급속한 성장에 직접적이고 지대한 영향을 미치고 있다. 시장조사 업체 유로모니터에 따르면, 밀키트를 포함한 국내 가정 간편식 시장 규모는 2017년 20억 원에서 2020년 1,882억 원으로 약 100배 성장했다. 국내 밀키트 시장 업계 1위인 프레시지는 2022년 1~5월 밀키트 판매량이 전년 동기 대비 20% 증가했다고 밝혔다. 프레시지가 자체 추산한 국내 밀키트 시장 규모는 2017년 100억 원에서 2020년 2,000억 원, 2021년 3,000억 원, 2022년 4,100억 원이다. 프레시지에 따르면 2026년에는 1조 1700억 원까지 시장 규모가 확대될 것으로 예상된다.

코로나19로 비대면 트렌드가 일상화되면서 샐러드와 간편식뿐 아니라, 당 조절 식단 등 기저질환이 있는 이들을 위한 개인 맞춤식 식품과 건강기능식품 등으로 커스터마이즈 품목이 늘어나면서 여기에 구독경제가 결합하는 양상을 보이고 있다.

롯데제과는 2021년 과자 구독 서비스 '월간 과자'를 시작했는데 그 인기에 힘입어 빵과 아이스크림 구독서비스인 '월간 생빵'과 '월간 아이스' 등으로 확대했다. 색다른 스낵이나 빵, 신제품 등을 매월 정기적으로 배송받을 수 있는 차별화를 장착한 것이다. 또한, 롯데제과는 지니뮤직과 손잡고 음악 감상 100회 권과 과자 맛에 매칭되는 음악 추천 서비스 등을 제공한다.

CJ푸드빌은 다양한 샐러드를 주 3~5회 정기적으로 배송해 주는 구독 서비스를 출시했다. CJ푸드빌의 '더 플레이스'의 '더 샐러드 클럽'은 서비스 출범 직후 50일 동안 550여 개의 구독권이 완판됐다.

풀무원은 한식 정기구독 영양 균형식 '정성한상'을 론칭했다. 배상면주가는 막걸리 구독 서비스를, 무인양품은 가구 구독 서비스를 진행 중이다.

KT경제경영연구소에 따르면 음원과 식품 등을 포함한 국내 전체 구독 서비스 시장은 2016년 25조 9,000억 원 규모에서 2021년 40조 원으로 50% 이상 증가했다. 우유와 같은 유제품을 중심으로 이뤄지던 구독 서비스가 코로나19로 인한 사회적 거리두기 이후 샐러드나 과자 등 다양한 품목으로 확대된 것이다.

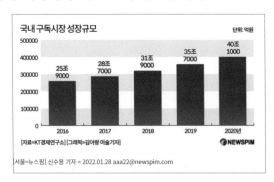

곰표 맥주의 시대, 콜라보레이션으로 新서비스를 창출하다

밀키트·샐러드 등 식품 구독은 간편하게 한 끼를 해결하는 소비자가 늘면서 일종의 트렌드로 자리매김된 지 오래다. 코로나19 이후 밀키트 사용 경험이 누적되면서 스테이크 등의 특별식에서 국, 탕, 찌개 같은 일상식 제품으로까지 그 수요가 확대되었다.

이에 식품 관련 구독 서비스는 더욱 다양화되었고, 이종(異種) 기업 간 콜라보레이션 역시 또 하나의 트렌드가 되고 있다. 심지어 가전 업체나 보험회사와 협업하는 식품 기업도 생겨났다.

hy(한국야쿠르트)와 풀무원 등은 삼성전자와 손잡고 밀키트 전용 메뉴와 조리 기기를 공동 개발해 구독 서비스를 내놓았다.

CJ제일제당은 자사몰인 CJ더마켓에서 '마이(My) 큐커 플랜' 구독자를 위한 서비스를 시작했다. 마이 큐커 플랜은 삼성전자의 '비스포크 큐커'를 기반으로 하는 삼성의 간편식 정기 쇼핑 약정 서비스다. 비스포크 큐커는 에어프라이어, 그릴, 전자레인지, 토스터 기능을 모두 갖춘 삼성전자의 신개념 조리 기기다. 소비자들은 CJ더마켓에서 마이 큐커 플랜에 가입할 수 있고, 비스포크 큐커에 최적화된 CJ제일제당의 제품, 레시피 등의 서비스도 구매할 수도 있다. 전용 식품관인 '큐커 식품관'도 개설해 입점 업체를 늘려나가고 있으며, 이미 CJ제일제당·오뚜기·앙트레 등 비스포크 큐커 파트너사를 포함한 15개 업체가 입점했다.

생명보험사와 협업하는 식품 기업도 있다. 프레시지는 밀키트 정기 구독보험 상품인 'LIFEPLUS 프레시지 밀키트 구독보험(무)'을 한화생명과 출시했다. 가입 고객은 혜택으로 프레시지 밀키트를 최대 47% 할인된 가격에 주문할 수 있는 포인트를 매월 제공받게 된다.

서비스의 본질, XaaS

앞으로도 멈춤 없이 지속될 디지털 혁신은 XaaS를 통해 촉진될 것이다. IaaS(서비스형 인프라), PaaS(서비스형 플랫폼), SaaS(서비스형 소프트웨어) 등 여러 산업군이 XaaS화 되고, 클라우드상에서 모든 서비스의 알파부터 오메가가 이뤄지게 된다.

XaaS는 초기 진입과 투자 비용이 적어 기업이 소유할 필요 없이 빌려서 사용하기 때문에 인프라 구축 시간을 확연히 단축할 수 있다. 그 뿐만 아니라, 의사결정이 잘못되었다고 판단되면 애자일로 즉각 계획을 수정할 수 있다. 비즈니스의 민첩성과 유연성이 동시에 확보되는 것이다. 이러한 XaaS의 기능을 알아채 버린 공급 업체들 사이에서 '가치 제공'의 기준을 서비스로 전환한 '디지털 서비스' 가입 모델이 확산되고 있다.

섬김, 겸손, 공익의 서비스

"경영이란 보이지 않는 것을 보는 것이다."

– 이건희, 전 삼성전자 CEO

'서비스(service)'의 어원은 'servant(섬기는 청지기)'로, 스스로 먼저 마음을 건네 상대의 마음을 움직이는 것이다. 모든 것을 서비스화하는 XaaS의 시대, 서비스의 본질적인 의미에 주목하게 된다.

유형재로 받는 서비스는 말할 것도 없지만, 무형재로 우리가 흔히 말하는 "서비스 좋네.", "제대로 대접받은 기분이야!"라며 무의식적으로 느끼는 일정한 형태를 지니고 있지 않은 '서비스'가 있다. 이런 손에 잡히지도 않는 서비스의 반응 이유를 Zeithaml 연구팀은 서비스 품질 측정 도구 SERVQUAL(일명, 서브퀄) 모형으로 개발해 독사같이 5가지 척도로 규정했다. 마케팅이 심리학과 통계학의 2인 3각 플레이임을 여실히 드러내 주는 대목이다.

이 5가지로 말할 거 같으면, 웅장한 건물이나 청결한 인테리어에서 느껴지는 '유형성', 감정이입 정도에 따른 '공감성', 전문성에 대한 '확신성', 공정한 '신뢰성', 반응 속도 등으로 느끼는 '응답성'이다.

의료 서비스를 예로 들면, 좋은 시설의 대학병원에서 CS(고객만족) 교육이 잘된 전문 의료진과 행정직원들이 환자에게 친절과 믿음을 선사할 때 환자가 느끼는 질 좋은 감성적인 느낌과 기분을 서비스 품질 척도로써 측정할 수 있는 것이다.

서비스에는 섬김과 겸손의 의미가 담겨 있다. 또한, 공공성이 함의되어 있다. 'Serve'에는 '근무하다'라는 뜻도 있는데, 이는 개인적인 이익을 위해서가 아니라 '공공을 위한 편의를 제공해 주는 업무를 행한다'는 의미다. 군대에서 복무하는 것을 'Serve'라고 하는 것처럼 말이다.

XaaS를 설계할 때 '섬김, 겸손, 공익'을 고려해야 한다. SR(Corporate Social Responsibility)을 아우른 경영 트렌드에 비추어 보면, XaaS 기획 단계에서부터 요즘 소비자와 기업 사이에서 부쩍 강조되고 있는 ESG 경영인, 환경(Environment)·사회(Social)·지배 구조(Governance)를 고려하는 도덕 경영, 지속 가능 경영을 추구해야 한다. 이러한 기조에서, 제품에서 출발하든 서비스에서 출발하든 소비자와 기업 서로에게 유익한 새로운 가치를 생성하고 부여한다면 성공적인 XaaS화가 실현될 수 있다. 앞서 소개된 일본의 AaaS(Air as a Service) 사례인 '일이 잘되는 공기, 잠이 잘 오는 공기'를 연구개발 중인 다이킨 공업이 하나의 예이다.

> "오늘날 서비스를 하는 사람들은 모두가 스스로 항상 겸손하고, 신중하게, 주인(고객)의 니즈를 예측할 수 있어야 한다. 당신은 하인으로서 주인(고객)의 신임을 얻어내야 하는 것이다. 그렇지 않으면, 당신이 그들을 소유한다는 것은 영원히 불가능하다."
>
> – Bob Davis, 라이코스 창업자

※ 이 책에서는 제품, 상품, 기술, 용역, 콘텐츠, 서비스를 통틀어 '제품', 혹은 '제품과 서비스'라고 표현하였습니다.(2021, 박세정)

기업과 정부가 함께 사회적 과제를 해결해 나가야!!!

대외경제정책연구원(KIEP)의 '일본의 사회적 과제 해결형 4차 산업

혁명에 관한 연구 보고서'는 일본 정부와 기업이 4차 산업혁명 시대를 맞아 XaaS를 중심축으로 AI·IoT 등을 일본 사회가 직면한 다양한 과제를 해결하는데 적극 활용하고 있느 것에 주목하고 있다.

일본은 정부가 직접 나서서 XaaS를 장기적 국가 전략으로 설정하고 추진하며, MaaS를 위해 정부와 기업의 혼연일치되어 협업하고 있다.

일본 국립정보통신연구기구(NICT)는 세계적인 트렌드인 스마트 시티 추진을 위해 유럽위원회와 공동 기금을 마련해 '서비스형 도시 플랫폼'(City Platform as a Service) 프로젝트를 진행했으며, 일본 국가 인공지능 정책 또한 '서비스형 인공지능'(AIaaS)으로 추진되고 있다. 4차 산업혁명 기반 기술을 토대로 중앙정부와 함께 지역 IoT 플랫폼을 만들고 있는 일본 지방자치단체들은 로컬 5G 보급·활용 확대 등의 스마트시티 사업에 적극적이다. 노무라종합연구소는 국가의 미래에 대한 일본의 거시적 안목에서 고령화와 1인 가구에 최적화된 XaaS 모델을 제시한 바 있다.

이 책은 《닛케이산업신문》이 메이저 언론매체로서의 장점을 살려 XaaS에 일찌감치 주목해 여러 산업 부문에서 다각도로 접근해 온 선경험자들의 체험담과 업체별 인터뷰, 추진 이력과 사례를 현장감과 구체성을 살려 다루고 있다.

이를 삼인행필유아사(三人行必有我師, 세 사람이 앞에 걸어가면 반드시 나의 스승이 한 명은 있다)와 반면교사(反面敎師, 남의 시행착오를 나의 교훈으로 삼다)의 자세로 우리 기업뿐 아니라 정부기관도 면밀히 수요를 파악해 당면한 사회적 과제를 해결하는 쪽으로 논의와 연구가 활발히 이루어져야 할 것이다.

아무쪼록 이 책이 '우리 조직은 무엇을 어떻게 XaaS화 할 것인가'라는 화두에 유용한 힌트가 되기를 바란다.

글 속에 필자가 적을 두었던 노무라종합연구소 애널리틱스 사업부장 이시와타 쇼헤이의 인터뷰 제목인 "'팔면 끝'에서 벗어나라"가 인상적으로 다가왔다.

이것이야말로 USP(Unique Selling Point)에서 USP(Unique Servicizing Point)로 전환하라는 시대적 명제 아닐까?

글을 마치며 요즘엔 보기 힘든 어릴 적 동네 식당 안에 붙어 있던 액자의 두 글귀를 말하고 싶다.

"손님이 짜다면 짠 거다"
"손님은 왕이다!"
라고.

XaaS 관련 용어집

1 XaaS(자스)

모든 사물(X)이 인터넷을 통해 서비스로서 제공되는(aaS, as a Service) 움직임을 가리키는 개념. 소프트웨어(S)를 인터넷을 통해 이용하는 'SaaS'가 일찍부터 알려져 음악이나 영상 등의 콘텐츠도 패키지 소유에서 인터넷 시청 이용으로 이행했다. 더욱 주목받게 된 계기는 이동(모빌리티, M)의 서비스화 'MaaS'가 현실감을 띄게 되면서부터다. 자가용 소유 외에 차량 공유나 승차 공유 같은 이용 형태가 등장하고, 자율주행 등의 선진 기술이 더해져 자동차의 역할이 크게 바뀔 가능성이 열렸다. 서비스화는 콘텐츠로 전송이나 결제를 담당하는 미국의 IT(정보기술) 대기업의 대두를 시작으로 각 제품 분야에서 기존의 제조부터 유통, 판매까지의 산업 질서를 뒤집어 놓을 가능성을 내포하고 있다.

2 MaaS(마스)

이동의 서비스화를 나타내는 'Mobility as a Service'의 머리글자로 만들어진 용어. 앞서 등장한 것이 승차 공유나 차량 공유 등의 개별 서비스였다. 나중에는 자동차를 소유하지 않아도 승차 공유나 차량 공유, 렌터카, 나아가 철도나 버스 같은 대중교통, 공유 자전거 등의 다양한 이동 수단을 IT로 연결해, 일괄적으로 스마트폰에서 검색하고 최적의 경로를 조합해서 예약과 결제까지 한 번에 할 수 있는 통합적인 차세대 서비스로 알려지게 되었다. 미국과 유럽에서 선행되었고, 그중에서도 핀란드의 스타트업인 '마스글로벌'이 2016년에 착수해 2017년부터 본격적인 상용 서비스를 시작한 것이 최초라고 알려져 있다. 마스글로벌은 모빌리티의 검색과 예약, 결제 기능을 스마트폰 앱 'Whim(윔)'으로 묶어 서브스크립션(정액제)으로 무제한 이용 서비스도 실현하는 등 서비스의 통합 수준이 높다. 일본에서는 토요타자동차가 서일본 철도와 후쿠오카시에서 시작한 '마이루트'와 도큐(東急), JR 동일본 등이 시즈오카현 이즈반도에서 서비스하는 '이즈코'가 앞서가고, 그 외에도 IT나 대중교통 등 관련 기업들의 실험이 잇따르고 있다. MaaS 자체의 수익성 이상으로 MaaS에서 얻은 데이터 등을 활용한 비즈니스 기회가 기대되고 있으며, 반면 서비스 난립이나 데이터 독점으로 인한 보급 저해가 우려되고 있다.

③ Beyond MaaS(비욘드 마스)

차세대 이동 서비스 MaaS(마스)가 이동을 넘어 여러 산업과 결합함으로써 새로운 가치나 사회적 영향력을 낳는 현상을 가리킨다. 예를 들면 이동 판매 차량을 통해 음식이나 서비스 제공, 물건 판매 등이 일부에서 실현되고 있으며, 또 자율주행 등의 선진 기술이 탑재되어 전동화나 통신까지 갖춘 모빌리티의 경우, 차량 안에서 즐길 수 있는 쇼핑이나 오락, 의료 등의 서비스가 제공되기도 하고, 전동차 자체가 축전지 대신으로 사용되기도 하므로 에너지 수급 안정에도 한몫할 가능성이 있다. 자가용이 필요 없는 주택과 MaaS를 결합해서 제공하는 등 여러 비즈니스 기회가 생겨날 것으로 예상된다. 일본에서는 소프트뱅크와 토요타자동차의 공동 출자로 2018년에 설립된 모네 테크놀로지스가 그 중심에 있으며, 2019년에는 타업종의 대기업과 중소 스타트업이 연계하는 기업 연합이 형성되어 다양한 비욘드 마스를 모색하고 있다.

④ 위드 코로나(with Corona)

2019년 12월 중국 후베이성 우한시에서 발생한 것으로 알려졌고, 2020년에는 감염 확대가 세계적 대유행(팬데믹)의 규모로 발전한 신종 코로나 바이러스와의 공존 또는 공존하는 시기와 경제사회 활동의 양상을 가리키는 말이다. 신종 코로나 유행 초기에는 단기간에 종식될 것을 기대하고 '애프터 코로나', '포스트 코로나', '코로나 이후'라는 표현이 많이 사용됐다. 그러나 유행이 장기화, 심각화되고 감염이 확대와 수습을 거듭하며 백신 개발에도 시간이 걸려 당분간 종식이 어려울 것이라는 관측이 지배적이 되면서 위드 코로나라는 표현이 대두됐다. 건강상의 피해나 생명의 위험을 초래할 수 있는 감염 확대를 막으면서 어떻게 경제사회 활동과 도시 생활을 영위해 갈 것인가 하는 논의가 각 분야에서 활발하게 이루어지고 또 실행되고 있다.

5 서브스크립션(subscription)

　매월 정기적으로 일정액을 계속 지급하는 '정액제' 구조를 가리킨다. 원래는 신문이나 잡지의 '정기 구독'을 의미하는 영어였으나, 인터넷의 보급으로 인해 회원제로 월정액을 받고 대신 물건이나 서비스를 무제한으로 제공하는 구조를 서브스크립션이라고 부르는 일이 많아지게 되었다. 미국의 넷플릭스 같은 동영상 전송, 스포티파이 등의 음악 전송이 대표적인 예이며, 소프트웨어 어도비, 인터넷 쇼핑 아마존닷컴 등도 성공 사례로 꼽힌다. 미국의 우버 테크놀로지스의 음식 배달 서비스 '우버 이츠'도 서브스크립션을 시작했고, 일본에서도 음식, 의류, 명품, 심지어 자동차와 주택까지 다양한 분야에서 대기업부터 신흥 중소기업까지 잇따라 진출하고 있다. 기업 입장에서는 고객 이탈을 막아 안정적 수입을 유지하고 또 광고 판촉을 대신하기도 하며, 반면 소비자 입장에서는 일시적인 소유보다 계속적인 이용이나 체험을 중시하는 최근의 경향에 부합한다는 점에서 존재감이 높아지고 있다.

6 리컬링(Recurring)

　제품의 판매를 통해서가 아니라, 계속적인 이용을 기반으로 수익을 올리는 비즈니스 모델을 가리킨다. 월 단위 등으로 일정액을 부과하는 서브스크립션(정액제)은 리컬링의 일종으로 자리매김할 수 있다. 사용료 부과에만 국한되는 것이 아니라, 예를 들면 가정용 게임기의 소프트, 프린터 토너 등 어떤 제품의 부속품이나 소모품의 교환/보충은 지속적인 수익으로 연결되기 때문에 리컬링이라고 할 수 있으며, 제품 그 자체로는 이익을 남기지 않고 오로지 계속적인 수익으로 회수하는 모델이기도 하다.

7 CASE

　자동차의 차세대 기술과 서비스의 새로운 조류를 나타내는 영어 머리글자 4개를 연결한 합성어로서' C= Connected(연결), A= Autonomous(자율주행), S= Sharing(공유), E= Electricity(일렉트리시티, 전동화)를 가리킨다. 자동차 산업에 100년에 한 번 있을 정도의 대변혁을 몰고 올 가능성이 있다고 한다. 구체적으로는, 이 4가지 조류가 실현되면 자동차는 '소유'에서 '공유'로 전환되어, 사람이 운전을 하지 않아도 자동차가 목적지까지 실어다 줄 수 있게 되고, 가솔린을 사용하는 내연기관에서 전기식 모터가 주된 동력원이 되며, 차량 외부와의 통신을 통해 정보를 활용한 서비스 등의 사업 기회가 창출될 것으로 전망되고 있다. 큰 비즈니스 기회가 될 수 있는 반면, 방대한 센서와 레이더 등 전기장치를 탑재한 첨단 기술 자동차의 연구 개발에 거액의 비용이 들기 때문에 자동차 업체의 실적을 압박해 재편을 촉진할 가능성이 있다.

8 스마트 시티

모든 사물이 인터넷으로 연결되는 IoT 기술을 도시의 인프라 전체에 적용하고, 거기서 얻은 빅데이터와 인공지능(AI)의 분석을 활용해, 시민들의 생활 전반의 질을 향상시키는 것을 목표로 하는 차세대 도시 프로젝트를 가리킨다. 이전에는 에너지 소비량의 삭감 등 에너지 절약의 맥락에서 많이 논의되었으나, 현재는 모빌리티(이동)와 물류, 금융 결제, 헬스케어, 교육/보육, 환경 보전, 방범/방재 등 모든 분야에서 논의되고 있다. 자율주행 등 CASE, 차세대 이동 서비스 MaaS(마스), 캐시리스나 원격의료, 원격교육 등 다양한 기술이 귀결된다. 일본에서는 정부가 2020년 5월에 '슈퍼 시티법'을 만들어 스마트 시티를 지원하고, 그 밖에 민간에서도 토요타자동차가 NTT와 제휴해 시즈오카현에서 도시 건설을 계획하는 등 분위기가 고조되고 있다. 해외의 경우, 이보다 앞서 중국의 국가급 프로젝트나 미국의 IT 대기업이 움직이고 있지만, 미국 구글의 자매회사가 2020년 5월에 캐나다 토론토에서의 사업 중지를 발표하는 등 역풍도 불고 있다. 사업 중단 이유는 거리에 설치된 카메라나 센서로 데이터를 수집하는 데 대해 프라이버시 침해를 우려하는 주민들의 반대 때문인 것으로 알려져 다른 스마트 시티에도 무거운 과제를 던지고 있다.

9 에코시스템(ecosystem)

생물학의 생태계를 비즈니스 영역에 응용한 개념이다. 1993년 미국 하버드대학 연구교수인 제임스 무어(James Moore)가 발표한 논문 〈비즈니스 에코시스템〉에 소개된 것에서 유래한다. 각각의 생물이 자율적으로 서식하고 협조와 경쟁을 거듭하며 구성하고 있는 생태계의 모습이 IT 등 새로운 분야에서의 비즈니스 발전을 적절하게 표현하고 있어 널리 알려지게 되었다. 예를 들면 IT에서는 핵심 기기나 주변 기기, 기본 소프트웨어(OS), 응용 소프트웨어, 서비스, 콘텐츠 등 서로 다른 업종의 기업들이 서로 연계하는 모습을 드러내는데, 미국의 애플이나 구글과 같은 플랫포머가 에코시스템 형성에 성공한 예라 할 수 있다. 차세대 이동 서비스 MaaS에서도 타업종의 여러 기업이 서로 연계하는 에코시스템을 구축할 수 있을지가 성공의 관건이 되고 있다.

10 멀티 모달(multi modal)

다양한(멀티) 양식(모드)을 조합하는 것으로 차세대 이동 서비스 MaaS의 특징을 나타내는 말로 흔히 사용된다. 즉 자가용이나 택시, 렌터카, 차량 공유에서 철도나 버스 등의 대중교통, 공유 자전거, 심지어 도보까지 아우르는 이동 수단을 망라해 이들을 연계시켜 편리하게 사용할 수 있도록 한다는 점에서, 따로따로 교통수단을 찾아 예약하고 지급하던 기존의 형태와는 구별된다.

11 API(Application Programming Interface)

외부에서 시스템에 접속해 사용할 수 있도록 하는 기술 사양. 어떤 소프트웨어의 기능이나 데이터를 외부에서 불러내 사용할 수 있도록 절차가 정리되어 있어, API를 사용하면 번거롭게 매번 처음부터 개발하지 않아도 소프트웨어의 기능을 이용할 수 있다. 금융 분야의 핀테크에서 활용되고 있으며, 그 외 차세대 이동 서비스 MaaS의 개발에도 없어서는 안 된다. 다양한 이동 수단을 묶어서 검색하거나 예약과 결제도 가능하도록 하는 MaaS에서는 철도나 버스의 환승 안내, 운행 정보, 지도, 택시 배차, 차량 공유, 공유 자전거의 예약 상황 등 여러 기업의 시스템을 연결해 데이터를 이용할 필요가 있다. API를 통해 데이터를 연계함으로써 비용을 낮추면서 효율적인 개발이 가능하다.

12 자율주행

사람이 자동차 운전을 할 때의 주된 3요소인 눈과 귀를 통한 '인지', 뇌의 '판단', 핸들이나 액셀 제어 등의 '조작'을 컴퓨터로 대체해 자동화한 구조를 가리킨다. 자율주행 시스템에서는, 차량에 부착한 카메라나 센서, 그리고 지도 정보 등을 통해 주변 환경을 인지하고, 차를 어떻게 움직일지를 인공지능(AI) 등이 판단해서 진로 변경이나 속도 조절을 자동으로 담당한다. 정부는 미국의 자동차 기술자협회(SAE)에 준거하여 자율주행의 기술 수준을 레벨 1에서 레벨 5까지 구분하고 있는데, 핸들 조작으로 좌우 이동과 액셀/브레이크로 속도 조절, 이 두 기능을 제어하는 레벨 2까지는 운전 지원으로 자리매김한다. 레벨 3 이상에서는 시스템이 운전의 주체가 되기 때문에 사람은 핸들을 잡은 손과 전방을 향한 시선도 뗄 수 있다. 2020년에는 레벨 3의 가동 환경을 시속 60km 이하의 고속도로 등으로 정하는 국제 기준이 성립되어, 일본에서도 레벨 3이 개정법 시행으로 해금되었다. 차 안에서의 이동 시간을 운전 이외의 다른 일에 사용할 수 있게 되는 등 이점이 많아 이동 서비스화를 부추길 것으로 기대되고 있다.

13 디맨드 버스(demand bus), 온디맨드 버스(on demand bus)

이용자의 수요에 맞추어 운행하는 버스 체계. 일반적인 합승 노선버스는 이미 시간표나 승하차할 버스 정류장이 정해져 있지만, 디맨드 버스의 경우, 운행 시간대 내에서 예약 시간을 정하고 집 앞이나 집 근처 등 예약한 장소까지 차량을 호출해서 목적지까지 갈 수 있다. 일본에서는 1972년에 한큐버스가 오사카에서 운행을 시작한 것이 첫 사례라고 한다. 노선버스의 운행 경비를 조달할 수 있을 만큼의 이용량이나 인구 과소 지역에서 효율적 운행이 가능할 것으로 기대되었으나, 이전에는 전화를 통해 예약 접수가 이루어졌고 여러 사람을 태우고 목적지까지 가는 경로 설정에 인력과 노력이 필요했다. 컴퓨터나 인공지능(AI)을 활용한 경로 설정, 스마트폰을 통한 예약 접수 등으로 인력 절감이 가능해, 재차 인구 과소 지역이나 교통 불편 지역에서의 이동 수단으로, 그리고 관광지를 돌아보기 위한 수단으로 기대되고 있다. 향후 자율주행도 도입될 전망이다.

14 전동 킥보드(전동 킥스케이터)

모터를 내장하고 자동으로 달리는 탈 것으로, 본체의 보드 부분에 두 발을 올리고 서서 타는 1인승 이동 수단. 해외에서는 'E스쿠터'가 일반적인 호칭이다. 일본의 현행 도로교통 규제에서는 원동기 장치 자전거로 취급되기 때문에 차량 번호판이나 브레이크, 방향 지시등을 갖춰야 하며, 주행 시에는 헬멧 착용과 운전면허증 소지가 필요하다. 자전거에 비해 페달을 밟지 않아도 되기 때문에 하반신이 약한 사람이나 여성도 타기 쉬우며, 공유 서비스에서는 킥보드의 위치를 위성 위치 확인 시스템(GPS)으로 파악해 각각의 작동을 원격 관리하는 것도 가능하다. 일본에서도 보급을 위해 실험이 진행되고 있지만, 앞서 유행한 유럽이나 미국 등지에서는 최근 규제 정비로 자유로운 이용이나 공공도로 주행에 대한 규제가 강화되고 있는 측면도 있다.

15 공유 자전거

1대의 자전거를 특정한 복수의 사람이 이용하는 회원제 서비스. 유럽과 미국에서 먼저 시작됐지만 세계적으로 붐이 일어난 것은 2017년 무렵이다. 거액의 투자를 받은 모바이크나 ofo(오포)라는 중국 기업이 거리에 자전거를 배치해 스마트폰으로 자전거의 QR코드를 읽어 들이면 사용할 수 있으며, 사용 후 아무 데나 두면 되는 서비스를 전개해 인기를 휩쓸었다. 그 후 자금 조달 악화와 경쟁 격화, 게다가 방치 자전거도 사회문제가 되면서 중국식 붐은 사라졌지만 환경이나 건강에 대한 인식이 높아짐에 따라 공유 자전거는 그 이후도 착실하게 지지를 얻고 있다. 일본에서는 NTT 도코모가 2011년에 실증 실험을 시작했고, 지금은 자회사가 지자체로부터의 수탁 운영을 포함해 전국에 전개하고 있다. 근거리 출퇴근과 쇼핑, 관광 시 이동 수단으로 기대되는 반면, 이용한 후 자전거를 다시 대여 장소에 재배치하는 번거로움과 비용이 과제가 되고 있다.

16 차량 공유

1대의 자동차를 특정한 복수의 사람들이 이용하는 회원제 서비스. 1대의 차를 불

특정 다수의 이용자에게 사업소에서 대여하는 렌터카에 비해 차량 공유는 스마트폰으로 미리 예약한 후 회원의 IC 카드 등으로 주차장에 배치된 자동차의 도어록을 해제해서 사용하게 된다. 이용 시간과 차종, 주행 거리에 따라 요금이 부과되며 사고 등 만일의 사태에 보상을 받을 수 있는 보험료와 기름값 등도 요금에 포함돼 있다. 15~30분 단위의 짧은 시간도 이용이 가능하므로 렌터카에 비해 쉽게 이용할 수 있으며 자가용 대용으로 사용하면 보험료, 세금, 차량 점검 등의 유지 비용을 절약할 수도 있다. 일본에서는 주차장 운영 업체 파크 24가 최대 기업이며 부동산이나 대형 통신 기업, 자동차 기업도 진출하고 있다.

17 승차 공유

자가용차로 승객을 픽업하는 서비스. 미국의 우버 테크놀로지스, 리프트, 중국의 디디추싱(DiDi) 등이 세계 최대 기업으로 알려져 있다. 단, 일본에서는 영리 목적의 승차 공유는 불법 영업으로 취급되기 때문에 사례는 임의로 하는 비영리 배차 서비스가 도쿄 일부 지역과 인구 과소 지역에서 인정되고 있을 뿐이다. 자가용 대신으로 일반 택시를 사용하여 여러 승객을 함께 태우는 합승 택시 보급을 위한 시도가 각지에서 시작되고 있다.

18 배차 앱

이용자가 필요할 때 택시나 승차 공유 차량을 호출할 수 있는 스마트폰 앱, 또는 앱을 통한 서비스 그 자체를 가리킨다. 미국의 우버 테크놀로지스나 리프트, 중국의 디디추싱(DiDi), 싱가포르의 그랩(Grab), 인도네시아의 고젝(Gojek) 등이 대표적이다. 일본에서는 승차 공유가 금지되어 있기 때문에 호출할 수 있는 것은 택시나 하이어 택시로 제한된다. 일본 내 최대 기업은 구재팬택시와 디엔에이(DeNA)의 서비스를 통합한 모빌리티 테크놀로지스(MoT)다. 배차 앱은 이동 데이터의 보물창고이므로 배차 기능을 기점으로 결제나 택배 등 일상생활에서 사용하는 서비스를 일괄해서 제공하는 슈퍼 앱으로 진화하는 사례도 고젝 등 해외에서 늘고 있다.

19 디지털 트랜스포메이션(DX)

기업이 빅데이터나 인공지능(AI), 모든 사물이 인터넷으로 연결되는 IoT 등의 IT(정보기술)를 구사해 제품이나 서비스, 비즈니스 모델을 변혁하는 것을 뜻한다. 나아가 IT로 업무와 조직 운영, 기업 문화까지도 개혁하는 것을 가리킨다. 2004년 스웨덴 우메오대학(Umea University)의 에릭 스톨터만(Erik Stolterman)이 주창한 "IT의 침투가 사람들의 생활을 모든 면에서 좋은 방향으로 변화시킨다."라는 개념에서 비롯됐다. 제조업에서 생산설비를 IoT 기기로 연결시켜 가동의 최적화 및 고장 예측에 활용하려는 노력이나, 오프라인 매장을 가진 소매업이 인터넷상에서 물건 구매를 가능하게 하거나, 사무실 업무가 중심인 회사가 텔레워크에 대응하기 위해 프로세스를 재검토하는 것 등을 들 수 있다. 인터넷 통신판매의 판매 동향을 분석해 마케팅에 활용하는 등 업무의 디지털화로 얻은 데이터를 AI가 분석해서 DX에 활용하는 사례도 늘고 있다. DX에 대한 대응이 기업의 경쟁력과 실적까지 좌우하고 있다.

20 빅데이터(Big Data)

스마트폰의 센서나 인터넷의 열람 이력, 카메라로 촬영한 동영상 등의 거대한 데이터 더미를 말한다. 스마트폰으로 취득할 수 있는 행동 데이터 외에도 모든 사물이 인터넷으로 연결되는 IoT 단말의 증가에 따라 소매점이나 공장 등에서의 데이터 수집이 용이하게 되었다. 수집한 대량의 데이터는 인공지능(AI)을 활용해 분석하고 인력으로는 찾아낼 수 없는 공통점을 찾아낸다. 수집되는 데이터의 규모는 과거 수백 테라바이트(테라는 1조)에서 페타(1조의 1천 배), 엑사(1조의 100만 배)로 갈수록 볼륨이 커지고 있다. 빅데이터는 분석하면 새로운 지견을 얻을 가능성이 있는 보물섬이지만, 미국의 IT 대기업 등 일부 기업에 편재되어 있는 데서 오는 왜곡도 문제시되고 있다. 유럽에서 시행된 '일반 데이터 보호 규칙(GDPR)' 등 정보 이용 규제의 움직임도 강해지고 있다.

21 오픈 이노베이션

기업 내부와 외부의 아이디어를 유기적으로 결합시켜 가치를 창출하는 방법으로 알려져 있다. 미국 캘리포니아대학 버클리캠퍼스(UC Berkeley)의 헨리 체스브로우(Henry Chesbrough)가 2003년에 처음 주장한 것으로, 기업이 기술 혁신을 계속하기 위해서는 회사 내부의 아이디어와 외부의 아이디어를 활용해 사내·외에서 발전시켜 상품화할 필요가 있다는 개념이다. 일본에서도 대기업이 회사 내의 지적 재산을 활용하면서 스타트업의 힘을 빌려 혁신에 도전하고 있으며 정부에서도 이를 장려해 붐이 일고 있지만 일부 좌절하는 경우도 있어 과제도 많다.

22 IoT(사물인터넷)

가전이나 자동차, 기업의 설비 등 여러 사물이 인터넷에 연결된 구조로, Internet of Things의 약자다. 인터넷을 개입시켜 대량의 데이터를 수집/분석해 편리성이 높은 서비스 개발에 활용하거나 오피스와 공장의 생산성을 높이거나 할 수 있을 것으로 기대되고 있다. 여러 개의 센서로 수해나 토사 재해를 감지하는 등의 활용법도 가능하다. 제조업에서는 특히 공장 내에서 다양한 데이터를 수집/분석하는 구조로 도입되어 온도와 습도, 전류계 등 다양한 센서를 생산설비에 장착해 가동 상황이나 환경 변화를 분석하고, 고장이나 부품 교환 시기를 예측하는 등에 활용하도록 하는 움직임이 한창이다. 실용화가 시작된 고속통신 규격 5G도 IoT가 사회로 침투하는 것을 한층 가속화시킬 것으로 전망된다.

23 인공지능(AI)

인간처럼 고도의 인식과 판단을 내릴 수 있는 컴퓨터 시스템을 말한다. 1956년 미국에서 개최한 공동연구회 '다트머스 회의'에서 처음으로 '인공지능(Artificial Intelligence)'이라는 단어가 사용되면서 연구가 활발해졌다. 최근은 1950~60년대, 1980~90년대에 이은 '제3차 붐'이라고 부를 정도로 주목을 모으고 있다. AI 스스로 대량의 데이터로부터 과제 해결을 배우는 딥러닝(심층학습) 등의 기술 혁신이 진행되고 있다. 문장 번역이나 화상 인식 처리 등 활용의 폭도 넓어져, 사무 처리 같은 정형화된 업무의 기계화에 활용함으로써 기업의 생산성 향상이나 인력 부족 완화에도 역할을 할 것으로 기대되고 있다.

24 양자컴퓨터

물질을 구성하는 원자 및 전자 등 극미한 세계에서 이루어진 물리 법칙인 양자역학을 응용한 컴퓨터를 말한다. 기존의 컴퓨터는 0과 1의 비트라는 단위로 정보를 표시해 계산하는데, 0과 1의 배열에 따라 방대한 양의 계산이 필요하다. 반면 양자컴퓨터는 0과 1, 양쪽 모두에 해당되는 '중첩'이라는 특수한 상태를 이용해 계산한다. 이 원리를 응용하면 기존에는 어려웠던 계산이 단시간에 가능할 것으로 기대되고 있다. 주류를 이루는 양자 게이트 방식의 기본적인 개념은 1980년대에 이미 등장했으나, 금속을 극저온까지 식히는 '초전도'라는 현상 등을 이용한 고도의 제조 기술이 필요한데, 최근에는 IT 대기업도 참여해 개발 경쟁이 한창이다.

25 어닐링(Annealing)

양자컴퓨터의 한 형식으로, 엄밀히 말하면 양자컴퓨터의 계산을 유사하게 해 내는 방법을 가리킨다. 캐나다의 'D-wave systems'가 2011년에 최초로 실용화했고, 이후 D-웨이브 시스템 등의 방식을 참고로 디지털 회로를 사용하는 기존의 컴퓨터로 편성해 최적화 문제를 재빠르게 해결하는 아이디어로서 확산되고 있다. 원래 어닐링은 '풀림'이라는 열처리 용어로 금속을 달구었다가 서서히 식히면 구조가 안정되는 현상을 가리키는 단어인데, 이것이 양자비트의 중첩 상태가 약해짐에 따라 자연히 최적의 답을 찾을 수 있다는 유사한 양자컴퓨터 계산 기술을 가리키는 용어로 사용되고 있다.

26 데이터 사이언티스트(Data Scientist)

빅데이터에서 각 데이터 간의 상관관계 등을 분석하여, 경영이나 생활에 도움이될 만한 지견을 끌어내는 전문가. 데이터의 특성을 파악해서 수집하고 통계 분석 소프트를 능숙하게 다루는 IT스킬뿐만 아니라, 각종 통계 분석에 대한 지식도 요구된다. 고객의 과제를 정확하게 파악해 전달할 수 있는 비즈니스 센스도 필요하다. 빅데이터 분석의 수요 급증에 비해 인력 공급이 충분치 않아 세계적으로 부족하다. 일본에서는 대학 등의 전문 양성기관의 부족과 기업의 인재 육성 투자가 적어 유럽이나 미국에 비해 더욱 낙후되고 있다고 한다.

27 클라우드 서비스(Cloud Service)

네트워크상에 둔 IT 기기나 데이터, 소프트웨어를 통신회선을 통해서 이용하는 클라우드 컴퓨팅의 각종 서비스의 총칭. 슈퍼컴퓨터나 대규모 스토리지(외부 기억 장치) 등을 필요할 때만 빌리는 고액의 서비스와 서버나 소프트웨어를 상시 사용하는 저렴한 서비스까지 다양한 종류가 있으며, 자체 시스템 구축에 비해 비용을 절감할 수 있어서 세계적으로 수요가 늘고 있다. 대기업으로는 미국의 마이크로소프트, 아마존닷컴의 아마존 웹서비스(AWS) 등이 알려져 있다. 한때 기기 판매가 중심이었던 IT 기업은 클라우드 중심의 사업 모델로 전환해, 대형 데이터 센터에 대한 설비 투자가 반도체 시장까지 좌우하는 등 영향력이 커지고 있다.

28 무선 자동식별(RFID) 태그

근거리 무선통신 기술을 이용해 물체의 식별에 활용하는 소형 IC칩과 안테나가 들어간 태그. 라이터나 리더라고 불리는 전용 기계로 태그에 정보를 기입하거나 읽어 낼수 있다. 태그의 형태는 라벨형과 코인형 등이 있다. 전용 기계로 수 미터 범위 안에 있는 모든 태그의 정보를 일제히 읽어 낼 수도 있어 일일이 읽어 내야 하는 바코드에비해 뛰어난 식별 수단으로써 활용이 기대되고 있다. 태그의 단가도 낮아지고 있어 일본 국내외 대형 소매업체 등에서 상품이나 재고 관리의 효율화를 위해 활용되고 있다.

29 SaaS(사스)

Softwear as a Service의 약자로 소프트웨어를 클라우드에서 제공하는 서비스를 가리킨다. 대기업을 대상으로 한 시스템은 별도로 만들기 때문에 도입이나 대규모 갱신에 시간이 걸리는 경우가 많다. 한편 SaaS의 경우, 대규모 시스템이 필요 없으며 인터넷을 통해 소프트 기능을 간편하게 이용할 수 있어 갱신하는 데 시간도 걸리지 않는다. 월 단위나 연 단위로 정액을 지급하는 서브스크립션 형태의 제공이 늘고 있다. 회계, 영업 등으로 영역을 좁혀 초기 비용을 낮출 수 있기 때문에 지자체나 중소기업에서도 쉽게 도입할 수 있다.

30 텔레매틱스(Telematics)

텔레커뮤니케이션(통신)과 인포매틱스(정보공학)의 합성어. 자동차와 관련해 수집할 수 있는 다양한 데이터를 클라우드를 경유해 분석하고 보수 점검 정비나 수리, 나아가 보험료 설정에 반영시키는 등의 활용 예가 대표적이다. 예를 들어 차량에 탑재된 전용 통신 장치나 내비게이션, 스마트폰 등의 정보 단말기를 사용하여 운전 속도나 급브레이크, 급발진 등의 횟수를 계측하여 비교적 안전한 운전 성향을 보이는 경우 보험료를 낮게 책정할 수 있다. 이러한 텔레매틱스 자동차보험의 상품화나 보급은 유럽과 미국, 그리고 일본 내에서도 서서히 진행되고 있다.

XaaS의 충격

모든 것이 서비스화하는
신 비즈니스 모델

초판 1쇄 인쇄   2022년 10월 25일
초판 1쇄 발행   2022년 11월   3일

편저 | 닛케이산교신문 편
역자 | 노규성
편/역 | 박세정
펴낸이 | 박정태
편집이사 | 이명수   출판기획 | 정하경
편집부 | 김동서, 전상은, 김지희
마케팅 | 박명준   온라인마케팅 | 박용대
경영지원 | 최윤숙, 박두리

펴낸곳   주식회사 광문각출판미디어
출판등록   2022. 9. 2 제2022-000102호
주소   파주시 파주출판문화도시 광인사길 161 광문각 B/D 3F
전화   031)955-8787
팩스   031)955-3730
E-mail   kwangmk7@hanmail.net
홈페이지   www.kwangmoonkag.co.kr

ISBN   979-11-980059-7-7 03300
가격   20,000원